정조의
예치

김지영

서울대학교 국사학과를 졸업하고 같은 학교 대학원에서 석사 및 박사학위를 받았다. 현재 서울대학교 규장각한국학연구원 책임연구원으로 재직 중이다. 조선시대 국가의례에 대한 공부에서 출발해 예치론에 기반한 국가 통치, 정치 문화, 일상 문화로 연구 분야를 확장하고 있다. 주요 논저로 〈예교의 가늠자—조선시대 경상도 지역 지리지 풍속조 연구〉, 〈조선시대 사위의례에 대한 연구〉, 《왕실의 천지제사》(공저), 《즉위식, 국왕의 탄생》(공저), 《조선의 국가의례, 오례》(공저), 《길 위의 조정》, 《숙종대왕 이순의 성인식》, 《대한제국의 전례와 대한예전》(공저) 등이 있다.

이 저서는 2015년 대한민국 교육부와 한국학중앙연구원(한국학진흥사업단)의 한국학총서 사업 지원을 받아 수행된 연구임(AKS-2015-KSS-1230005).

정조의 예치

정조학 총서3

예를 바로잡아 백성의 마음을 기르다

김지영 지음

Humanist

총론

'정조학 총서'를 펴내며

수년에 걸친 노력이 드디어 정조학 총서 4권으로 결실을 맺었다. '정조의 문(文)·무(武)·예(禮)·법(法)'이라는 주제의 학술서를 네 명의 연구자가 동시에 간행하는 일은 생각보다 쉽지 않았다. 뜻하지 않은 역병까지 겹쳐 세상이 어수선했음에도 묵묵히 연구를 수행하고 원고를 집필하여 마침내 그 결과를 세상에 선보일 수 있게 되어 너무 기쁘다. 동시에 학계의 엄중한 평가를 통과해야 하니 걱정이 뒤따른다. 실로 기대 반 우려 반의 심정이다.

총서를 함께 펴낸 네 명의 연구자는 서울대학교의 선후배들로, 알고 지낸 햇수를 따지면 수십 년이 훌쩍 넘지만 자신만의 연구 주제로 조선시대를 탐구하느라 각자의 길을 가고 있었다. 네 명이 오랜만에 함께 모여 무언가를 도모하고자, 그것도 책을 함께 써보자고 계획한 것은 6년 전쯤의 일이었다. 한국학중앙연구원의 한국학총서 지원 사업을 빌미로, 조선시대의 모순이 가장 첨예했던 18세기 후반의 시대상을 함께 연구하기로 마음먹은 것이다. 돌이켜보면 무모했지만 막상 모여서 계획을 세울 당시에는 어떻게든 잘되리라고 낙관했다. 매번 그렇게 연구를 시작하고 또 그 덕분에 치러야 할 대가 역시 녹록지 않지만 말이다.

사실 오늘날에는 18세기 후반 정조의 시대를 조선의 르네상스라고 부르는 데 익숙하다. 하지만 정작 정조 본인은 당시를 '폐단으로 곪아 터지기 직전'의 말세로 파악했다. 위기를 느꼈던 만큼 정조는 구습(舊習)을 개혁하려는 강한 의지를 품었고, 또 그러했기에 자신의 시대를 돌파하려고 다방면에 초인적인 노력을 기울였다.

군사(君師)를 자처할 만큼 학문적으로나 정치적으로 뛰어났던 정조, 그리고 그 이름에 걸맞게 정력적으로 사업을 펼쳤던 정조라는 인물, 그를 '당시의 역사적 맥락(context)'에서 읽어내야 한다는 데 기본적으로 네 명의 연구자가 동의했다. 그동안 조선의 18세기는 주로 근대주의의 시야에서 설명되어왔다. 자본주의 맹아의 흔적을 찾아 토지대장을 정리하거나 성리학의 시대를 종결하고 새로운 시대를 이끌만한 '실학'을 찾아내었다. 때맞춰 정조는 근대 국가의 여명을 준비하는 계몽군주로 묘사되곤 했다. 그러나 당대의 사료가 보여주는 정조는 실학의 시대를 열거나 근대의 계몽군주를 자처하기보다 철저하게 '부정학(扶正學)'을 추구했다. 확실히 정조는 진실한 성리학의 신도였다. 이를 어떻게 이해할 것인가? 근대주의의 프레임 안에서 조선의 성리학은 허학(虛學)과 동의어였을 뿐 아니라 청산되어야 할 과거의 유산으로 각인되었다. 부정학을 외친 정조에게 그 어떤 진취성이나 혁신을 기대할 수 없었기에, 성리학자보다는 개혁 군주의 이미지로 애써 묘사해왔던 것은 아닐까?

의도하던 의도하지 않았던 그동안 간과되어온 역사적 사실들의 의미를 간과하지 않으려는 의지야말로 연구의 첫 출발점이었다. 네 명의 집필진은 정조와 그의 말들(텍스트)을 철저하게 18세기 후반의 조선이라는 '특정한 시간과 장소에서 발화된 특수한 조건의 산물'로 해석하고 의미를 발견하고자 했다. 남겨진 말과 글은 이미 그 자체로 어떤 맥락적 의미를 함축하거나 해석을 요구한다. 기왕의 편견으로부터 시야를 돌려 정조의 말을 당대의 맥락에서 명확히 이해할수록, 정조를 현재의 목적론에 가두거나 과거의 골동품으로 내버려두지 않고 현재에 되살릴 수 있다고 보았다.

네 사람은 각각 조금 더 잘할 수 있는 분야를 택해 문학〔文〕과 군사〔武〕 그리고 교화〔禮〕와 법치〔法〕로 나누어, 정조의 생각(텍스트)을 특정한 역사적 문맥(컨텍스트)에서 읽어냈다. 정확한 의미를 독해하고 이것들을 한데 모으면 정조와 그의 시대를 편견 없이 그려낼 수 있으리라 기대했다. 아울러 정조와 그의 시대를 관통하는 역사적 조건 가운데 정학(正學), 즉 성리학을 그 중심에 놓아야 한다는 데 네 명 모두 이견이 없었다. 이는 기왕의 해석들과 달리 정조를 역사적으로 정초할 수 있는 방법론적 토대가 되었다.

정조를 당대의 맥락에서 이해하고 부정학의 의지를 정조 독해의 중심에 놓은 후에, 네 명의 연구자들은 각각 서로의 개성을 살려 글을 완성해나갔다. 백승호는 '성리학적 세계관의 구현'을 향한 정조의 문학론을, 허태구는 '문무겸전(文武兼全)'을 기초로 한 외교국방론을, 김지영은 '수신제가에서 치국평천하'에 이르는 예교론을, 김호는 '무위이치(無爲而治)의 형정론'을 화두 삼아 각자 정조와 그의 시대를 탐색했다.

막상 결과를 내놓고 보니 자연스럽게 동의하는 바와 서로 생각이 다른 부분들을 확인할 수 있었다. 생각이 같다가도 갈라지고 갈라지다가도 수렴되었지만, 이번 정조학 총서를 통해 '정조와 그의 시대'를 확실히 역사적으로 바라볼 수 있게 되었다고 자부한다. 책을 완성하자마자, 네 명이 한결같이 '정조 이후'를 연구해보자고 제안했다. 조만간 또 한 번의 무모한 계획이 세워질 듯하다.

2020년 11월

정조학 총서 필진을 대표하여

김호

책을 펴내며

이 책은 정조 이야기를 다룬다. 왕이라면 누구나 역사에 길이 남는 지도자이길 원한다. 정조는 스스로를 다혈질의 태양인이라고 했지만, 실제 정치에 임할 때에는 열 수 정도는 내다보고 한 걸음을 내딛는 사람이었다. 좋게 말하면 신중하지만, 함께 일하는 사람들에게는 까다롭고 힘든 왕이었을 것이다. 왕의 자리에서 정조는 비운에 죽은 사도세자의 아들일 수만은 없었다. 한편으론 자부심이 가득하고 다른 한편으론 각기 다른 욕망을 가진 조정 관료와 사대부, 백성을 말과 행동으로 설득하며 정치를 펴나가야 했다. 무한의 권력을 가진 듯 보이지만, 과거의 유산들과 보이지 않는 헌정적 사유들 속에서 어느 것도 맘대로 할 수 없었던 공인으로서 정조의 이야기를 담아내고자 했다.

이 책은 예교와 예치에 대한 정조의 사유와 실천을 다룬다. 정조는 후손에게 길이 복되는 정치를 꿈꾸었다. 단기적 효과를 내는 시책보다 '나라가 영구히 유지될 수 있는 방도'를 찾고자 했다. 국방과 민생, 외교 등 시급한 현안들을 처리하고 경제적 풍요, 정치적 안정, 사회적 화합을 이끌어낼 정책과 제도도 마련했다. 그러나 조선 사람들에게 더불어 풍요롭고자 하고 안정과 화합을 삶의 중요한 가치로 여기는 마음이 없다면, 사회의 근본적 개선과 항구적 발전은 불가능하다고 여겼다. 시간이 오래 걸리더라도 이런 마음을 가진 사람들을 길러낼 수 있는 방안을 찾고 실행하고자 했다. 사람들의 내면에 어떤 식으로든 존재하는 이런 마음을 잘 길러낼 수 있게 제도를 마련하고 문화를 구축하려는 정치가 예교정치이다. 이때 정치는 포괄적인 의미에서의 교육과 다름없었고, 왕은 세상을 변화시키는 교육자일 수밖에 없었다. 정조가 보기에 역사상 가장 성공적인 정치 비법 역시 여기에 있었다. 그는 군사(君師)를 자임하며 가족, 지역사회, 학교, 나라, 천하라는 모든 범주에 속하는 조선의 제도와 실천을 다시금 문제 삼고 정비하려 했다. 정조가 남긴 글, 그의 시대 사람들이 전한 그의 말과 그들이 보았던 그의 행동을 통해 군사 정조가 예교정치를 위해 했던 노력들을 충실하게 재구성하고자 했다. 정조의 24년 치세가 역사에 남긴 영향에 대한 본격적인 탐구는 다음 과제로 남긴다.

예교정치라는 큰 시야에서 조선왕조의 예제와 정치, 문화를 정리해보려는 계획은 오래전에 세웠지만 당장의 소소한 연구와 밥벌이에 매여 실행하지 못했었다. 규장각 언저리에서 공부하며 규장각 자료를 통해 연구자로 성장하는 동안, 정조와 그의 시대에 대한 해석들이 만족스럽지 않게 느껴질 때마다 내 버전의 새로운 정조 해석을 세상에 내놓겠다는 당찬 꿈을 가져왔다. 정조학 총서 기획에 참여하게 된 덕분에 두 가지 큰 계획을 엮어 세상에 내보일 결과물을 만들어낼 수 있었다. 이 책에는 작은 논문으로 발표했던 글과 이 책에만 새롭게 담겨진 글들이 섞여 있다. 5년여 동안 각기 다른 시기에 쓴 글이라 글의 밀도와 호흡에 차이가 있다. 한번에 구도를 잡고 일필휘지한 책처럼 보이려고 많이 다듬었는데도 새로 읽을 때마다 부족한 부분이 눈에 띈다. 게으른 완벽주의자의 비애를 느낀다.

비약과 비문으로 읽기 어려웠을 원고를 꼼꼼하게 매만져 한결 가독성 있는 원고로 재탄생되게 해준 휴머니스트 편집부에 감사드린다. 총서 연구를 같이하며 '정조학'에 대해 고민하고 생각을 진전시켜준 연구팀의 동료 선생님과 글의 성급함과 모자람을 일깨워주신 자문 선생님들의 애정 어린 조언에도 감사하다. 10여 년 동안 함께 책을 읽으며 조선시대 사상과 문화를 새롭게 독해하고자 분투해왔던 조선시대 지성사 세미나 팀 동학들 덕분에 넓고 깊게, 지치지 않고 공부할 수 있었다. 모두에게 고마운 마음이다.

얼마 전 아버지의 첫 번째 기일이었다. 부모와 자식 간 사랑의 마음이야말로 세상을 바꾸는 힘이라고 여겼던 조선 문화의 문법을 이해할 수 있었던 건 아버지, 어머니가 내게 베푸셨던 사랑 덕분이다. 아버지가 계셨더라면 직접 말씀드렸을 텐데. 늘 감사하지만 더 감사드린다. 최근 그동안 방치해두었던 너저분한 10년 살림살이를 정리하며 반성의 시간을 가졌다. 어느덧 엄마 글을 날카롭게 비평해줄 정도로 성장한 민수와 '기-승-전-조선시대'로 돌아가는 밥상머리 토론을 넉넉하게 이해해주는 윤수, 두 딸에게 미안하고 감사하다. 날선 토론과 비판으로 연구의 처음부터 끝까지 함께해준 나의 평생 친구, 정조의 말과 행동이 의미를 갖고 나의 사실로 엮어질 수 있었던 것은 모두 그 덕분이다. 이 책을 함께할 수 있어서 기쁘다.

2020년 10월

하늘을 받든 동네 구석진 방에서

김지영

차례

머리말

정조의 조선 예제 인식과 변통론

왜 정조의 '예'인가

정조와 정조시대에 대한 연구가 많이 있지만 정조의 '예(禮)'를 본격적으로 다룬 연구는 아직 없다. 그 이유는 여러 가지가 있겠지만 가장 중요한 이유는 다음과 같은 것이 아닐까 생각된다.

우선, 정조의 예를 거론하기 이전에 조선의 예가 학문의 주요 대상이 되어야 하는 이유에 대한 학문적 공감대가 충분하지 않다는 점을 지적해야 할 것 같다. 유교를 국가 운영의 중요한 사유 방식으로 채택한 동아시아 여러 국가에서 '예'가 매우 중요한 통치 개념이었다는 것은 너무나도 잘 알려져 있다. 인간에게 다섯 가지 주요 덕목이 '인·의·예·지·신'이라고 할 때, 예가 바로 여기에 포함된다. 우리나라 국보 1호인 숭례문 역시 예라는 글자를 포함하고 있다. '박문약례', '예의염치' 등 우리나라나 중국의 옛 건물에 걸린 구절을 통해서도 정말로 예를 중시했음을 알 수 있다. 정조의 《홍재전서》에서도 예와 관련된 내용들을 무수히 많이 찾을 수 있다. 그럼에도 불구하고 왜 '예'를 조선시대 연구의 주요 문제로 삼지 않는 것일까. 답을 미리 말하자면 옛날에 중요했다고 해서 요즘 시대에도 반드시 중요한 것은 아니기 때문이다. 우리는 예라 하면 위에 거론한 구절들을 떠올리지 않고, 루쉰의 《아Q정전》에 나오는 "예교가 사람을 잡아먹는다."는 말을 먼저 떠올린다. 연암 박지원의 〈양반전〉에서 비판의 대상이 된 것은 도둑놈과 다를 바 없는 양반뿐 아니라 아침부터 저녁까지 '예(허례)'에 빠져 일상의 중요한 것을 뒤로 하는 양반이었다. 고교 시절부터 우리는 예를 '조선시대 썩어빠진 양반의 허위의식'의 대표적 상징으로 배웠다. 우리나라 사람들은 한때 '동방의 예의의 나라'에 살고 있다는 자부심을 느낀 적도 있었지만, 지금은 '예의'를 굶어죽으면서도 수염 쓰다듬던 낡은 시대의 낡은 사유를 대표하는 것으로 여기고 있다.

위와 같은 반응에 대해 학자들은 다음과 같이 맞대응했다. 과거에 중요했던 것을 과거의 관점에서 연구하는 것 역시 중요하다, 즉 과거 사람들의 행동이나 과거의 중요한 사건을 이해하려면 과거인의 사유 방식으로 그 시대를 볼 필요가 있다는 것이다. 지금의 기준으로는 낡은 사유라 하더라도 그 역사적 기능을 이해하기 위해서는 연구를 해야 한다는 관점이다. 17세기 '예송(禮訟)' 같은 사건을 보라. 한 시대의 내로라하는 학자와 관료들과 국왕이 한데 어우러져 예(禮) 문제를 두고 싸웠고, 17세기의 고결한 지식인을 대표했던 윤휴나 송시열도 결국 그 와중에 목숨을 잃었다. 자신들의 신념(?)을, 아버지를, 선생을, 당파의 영수를 지키기 위해 뛰어들었던 많은 사람들이 치명상을 입었다. 여기에서 비롯된 분열과 반목이 100년 이상 지속되었고 조선 역사에 미친 영향도 지대했다. 예송의 원인, 과정, 결과를 이해하기 위해 조선 사람들의 예 인식에 대한 연구가 많이 이루어졌는데, 이는 당대의 역사를 당대의 관점에서 기술하고 설명하려는 문제의식의 소산이었다.

정치적 행동뿐 아니라 조선 사회, 조선 사람들의 일상생활을 이해하기 위해서도 예를 알아야 했다. 아버지와 아버지의 아버지, 그 아버지의 아버지로 거슬러 올라가는 부계 친족 제도로의 전환도 중국에서 들여온 예제를 실천하면서 가능했다. 조선 사람들의 '시집가기', '삼년상' 실천, '족보 만들기', '친족 집단의 형성과 운영' 같은 행동과 이를 뒷받침하는 국가의 법제 등을 이해하려면, 고려에서 조선으로 넘어오는 과정에서 나타난 '유교적 예'의 수용에 대해 잘 알아야 했다. 유교의 예학, 예치, 예교, 예속에 대한 철학사, 사상사적 연구들을 통해 이런 조선 사람들의 행동이 모두 종법 제도, 주자가례(朱子家禮) 및 고례(古禮) 등 유학 및 신유학의 '예' 이념과 관련이 있다는 사실을 알게 되었다. 이러한 연구의 결과 우리는 조선 사람들의 행동이나 특정 사건의 인과 관계를 더 잘 이해하게 되었다. 그러나 여전히 위의 첫 번째 문제를 제기하는 사람들을 만족시키지는 못한다. "그래, 조선의 예가 중요하지. 그렇지만 과거에 중요했던 모든 것을 우리가 알아야 하나?"라는 회의가 그치지 않는 것이다.

이러한 회의의 일부는 조선시대 사람들의 행동이나 사건의 원인이 된 예에 대한 이해 방식에서 기원한다. 다시 말해 예가 그 시대에 문화적으로 중요한 역할을 했다 하더라도 그 이상을 넘어서는 어떤 보편성을 갖추지는 못했다는 것이다. 이러한 생각을 대표하는 설명 방식의 하나가 예란 '신분 사회의 이데올로기'라는 것이다. 예 개념에서는 귀천과 상하의 구별을 중요하게 생각하는데, 이러한 분등(分等)의 개념들과 기거동작을 규정하여 신체를 구속하는 예의 실천이 결합되면, 기왕의 차별적인 정치사회 질서를 순종적으로 받아들이게끔 하는 순치의 이데올로기로서 작동하게 된다고 본다. 전통 시대의 사유 방식을 불평등한 정치사회 권력 관계를 은폐하고, 말 잘 듣고 질서 내에서 안주하는 사람들을 길러내기 위한 이데올로기로 보는 경향이 강했던 역사학계가, '분(分)', '별(別)'을 대놓고 중시하는 조선시대의 '예', '예제'에서 시대의 안정을 교묘하게 구가하려는 지배층과 지배자의 의지 이상의 의미를 발견하기는 어려웠다.

최근 십수 년 동안 조선시대 연구에서 조선의 예에 대한 연구가 비약적으로 늘었지만, 대개는 뒤에서 거론한 문제의식 위에서 이루어졌다. 국가 의례의 의궤 자료가 조선의 기록 문화를 대표하는 것으로 주목받고 오래전에 해외로 반출되었던 의궤가 국내로 돌아오게 되자, 여기에 일반인들의 관심까지 더해지면서 국가례 분야의 연구가 크게 늘어났다.《국조오례의》단계의 국가례 구상의 의미를 파악하고자 한 연구 이래로 오랫동안 답보 상태였던 예제 연구는, 등록 자료를 기반으로 조선 후기 국가 의례 활동의 실상을 재구성하는 실증적 연구들이 보태지면서 한 단계 도약할 수 있는 여건을 맞이했다. 그러나 세세한 의주(儀註)의 재구성에 매달려 단순히 의례 재현의 소스를 제공하거나, 모든 국가 의례의 의미를 한결같이 '왕권 강화' 혹은 '주요 정치적 지배 권력의 합리화' 이상으로 해석해내지 못하는 연구들이 주류를 이루면서 한때의 관심도 사그라지는 모양새다.

고려에서 조선으로의 변화를 유교적 예교 문화로의 전환으로 본 연구 이래로 일상사, 생활문화사, 여성사 분야에서 고문서, 일기 등의 자료를 활용한 민간 예제 연구도 꾸준히 제출되고 있다.[1] 그러나 조선의 예는 여전히 일반 백성들의 자유롭고 자율적인 활동을 왜곡하

---

1) 마르티나 도이힐러, 이훈상 역, 2003,《한국 사회의 유교적 변환》, 대우학술총서(재역본, 2010, 《한국의 유교화 과정-신유학은 한국 사회를 어떻게 바꾸었나》, 아카넷).

고 억압하는 장치이자 이를 작동시키는 사유 방식 이상의 의미를 부여받지 못하고 있다. 이러한 분위기 속에서, 마땅히 국가사회적인 대변혁이 있어야 할 18세기 후반이라는 시기에, 조선 후기 어떤 왕보다도 '개혁군주'로 평가받아온 정조의 예와 관련된 활동에 특별한 관심이 두어지긴 어려웠다.

조선시대의 예에 관한 연구가 늘어난 것은 새로운 자료의 발굴이나 문화사나 생활사로 전환되고 있는 연구 경향 때문만은 아니다. 한국사 분야에서 예와 관련된 실증적 연구가 지속되는 동안 전근대 동아시아 정치, 사상, 문화에서 '예'가 가진 의미에 대한 새로운 이해들이 등장했다. 이미 해외 연구자들은 예를 동양 정치의 중요 개념으로 설정하고 활발한 연구를 진행해왔다. 일본의 중국사, 중국 철학, 중국 정치 연구자들은 예를 중국 문화 이해를 위한 핵심 개념으로 이해한 바탕에서 '예치' 시스템과 '예치'의 시대적 전개 등에 대한 연구를 진행해왔고, 그 주요 연구자들의 저작들이 국내에도 번역·소개되었다.[2] 또한 중국 송대 지식인들의 고례에 대한 관심이나 예와 관련된 책의 저술이 당시의 정치사회적 개혁에 대한 열망과 맞닿아 있음을 밝힌 구미 학계의 새로운 지성사 연구들도 소개되었다. 주자를 비롯한 신유학자들의 저작 목록에 있는 가례서나 향례, 방국례, 천하례를 포함한 예경(禮經)에 대한 관심들이 가진 지성사적 의미들에 새롭게 눈뜰 수 있는 여건이 제공된 셈이었다.[3] 이러한 외부적 자극들이 조선의 예법,

---

2) 미조구치 유조 외, 동국대동양사연구실 역, 2001, 《중국의 예치 시스템》, 청계; 고지마 쓰요시(小島毅), 신현승 역, 2004, 《송학의 형성과 전개》, 논형; 카이윙 초우, 양휘웅 역, 2013, 《예교주의》, 모노그래프.

3) 피터 볼, 심의용 역, 2008, 《중국 지식인들의 정체성-사문을 통해 본 당송시대 지성사의 대변화》, 북스토리; 피터 볼, 김영민 역, 2010, 《역사 속의 성리학》, 예문서원; 위잉스, 이원석 역, 2015, 《주희의 역사세계》(상·하), 글항아리.

예제, 예 문화 연구에 영향을 주면서 연구 활동이 증가될 수 있었다.

이상의 새로운 연구 동향에 자극 받아 예서 및 예론을 조선의 정치 사회적 개혁과의 연관성 속에서 살펴본 연구들이 제출되었다.[4] 그런데 유형원, 서유구, 정약용과 같은 실학자의 예론을 대상으로 한 연구들은 주자학 또는 신유학적 예학을 전면적으로 재평가하면서 이루어지기보다는 전통적 실학 논의의 연장선상에서 예론의 의미를 파악하였다. 이들 연구에서 실학자들의 예론에 대한 고찰은 '덕치론'과 '예치론'의 이분법적 대비 위에서 이루어졌다.[5] 즉, 수신이라는 내면적 도덕 수양에서 출발해 이를 외화시키는 방식으로 유교적 이상 사회로 나아가려 했던 맹자·주자를 잇는 조선 사대부들의 '덕치론'과 순자나 왕안석 등이 주목했던 바, 욕망을 현실로 인정하고 제도에 의한 외부로부터의 통치에 관심을 보이는 '예치론'이 그것이다. 주자학의 예론과 실학자의 예론을 덕치론와 예치론으로 대비시키는 관점은 주자학 대 실학, 인치 대 법치, 전통과 근대라는 이분법을 끊임없이 적용해온 오랜 조선시대 연구의 시각들과 닮아 있다. 주자학은 개인의

---

4) 박종천, 2008, 《다산 정약용의 의례 이론》, 신구문화사; 백민정, 2014, 〈정약용 경세서의 향례 규정과 공동체 운영의 특징〉, 《동양철학》 41; 이봉규, 2015, 〈《임원경제지》를 통해 본 풍석의 예학과 경제관〉, 《풍석 서유구 연구》(하); 김문식, 2016, 〈다산 정약용의 향례 이해〉, 《한국실학연구》 31.

5) 박종천은 경전 및 역사상의 예 개념에 대한 여러 연구들을 참조하며 맹자-주자 계열의 예설과 순자-왕안석 계열의 예설의 차이가 다음 두 가지 차원의 문제에 대한 관점과 연관되어 있다고 정리했다. 하나는 예를 인간의 (내면적) 심리와 (외부적) 문화를 이어주는 매개체로 보는 관점이다. 예가 사람의 감정을 적절하게 표현해주기도 하고 인정이나 욕망을 제어하기도 하는 장치라는 것이다. 둘째는 예를 천도로 일컬어지는 대자연의 초월적 권위 혹은 보편적 질서를 표상하는 문화 체계로 보는 관점이다. 이 두 가지 중 어느 것을 중심으로 보느냐에 따라 예에 관한 학설이 두 가지로 나뉘게 된다는 것이다. 예를 인정의 절제와 욕망의 합리적 추구 수단으로 규정하면 예는 예절(禮節)보다는 예제(禮制), 수기(修己)의 수양론적 차원보다는 치인(治人)의 제도론적 차원에서 이해하게 되며, 순자와 왕안석의 예에 대한 학설은 여기에 해당한다고 보았다. 이와 달리 예를 천도와 같은 보편적 원리와 이상적 질서를 모방한 것으로 보는 관점에서면 맹자나 주자처럼 예제보다는 예의(禮義), 제도론적 측면보다는 수양론적 측면을 중시하게 된다고 보았다. 박종천, 2011, 《예, 3천년 동양을 지배하다》, 글항아리, 45~48쪽.

내면적, 도덕적 수양에만 주로 관심을 기울였을 뿐 사회와 국가를 운영하는 방법 즉 경세와 제도에는 소홀했기 때문에, 피지배층의 경제적 여건을 개선하고 도덕적·정치적 역량을 증진시켜 부국강병한 나라를 만들어내는 데 실패했다는 주장 말이다.

주자학이 치인을 위한 예제, 국가 · 사회를 위한 제도에 상대적으로 소홀했다는 것은 과연 사실일까. 공자, 맹자 이래 유가들은 예, 즉 예제, 예법을 삼대(三代, 중국 고대의 이상 사회)의 성왕이 실제로 사용한 통치 방법이었다고 보고, 예에 근거한 정치 즉 예치를 주장해왔다.[6] 구체적인 실천을 위해 주목한 것이 경전 속 삼대의 예제였다. 주자를 포함한 송대 유학자들은 삼대의 예제를 회복함으로써 송나라 사회가 직면한 정치사회적 문제들을 해결하고자 했다.[7] 왕안석은 《주례》에 관심을 가지고 국가-정부 주도의 예 재건을 꿈꾸었다. 사마광이나 정이, 주자 등은 사(士)를 위한 예제 즉 사례(士禮)가 기록되어 있는 《의례》에 주목해서, 민간의 자발적 예 실천을 돕는 예제를 포함한 예 재건을 계획했다. 조선에서 중시했던 《주자가례》가 새로운 중국 사회를 위해 가족은 어떠해야만 하는가라는 질문에 대한 대답이었다면[8], 주자의 만년작으로 알려진 《의례경전통해(儀禮經傳通解)》는 가족-지역사회-학교-정부-세계는 어떠해야 하는가에 대한 신유학적 대안을 정리한 것이었다. 물론 이 두 책 말고도 주자어류나 주자문집, 사서집주 등에 주자의 신유학적 예제에 대한 이론적 사유들이 담겨져

---

6) 고지마 쓰요시는 예치는 유가의 공통된 관심사였고, 공맹을 '덕치주의자'라고 하는 표현은 메이지 시대 일본에서 창안된 설명 방식에 지나지 않는다고 한 바 있다. 고지마 쓰요시, 신현승 역, 1999, 《사대부의 시대》, 동아시아, 154·155쪽.

7) 피터 볼, 2008, 《중국 지식인들의 정체성-사문을 통해 본 당송시대 지성사의 대변화》; 피터 볼, 2010, 《역사 속의 성리학》, 113~130쪽.

8) 피터 볼, 2010, 위의 책, 382쪽.

있다.[9] 즉 왕안석의 신법의 방법을 따르지 않았을 뿐 주자 역시 삼대의 이상을 지금 여기, 자기 시대에 구현할 수 있는 변법, 즉 제도적 기획을 갖고 있었다. 그 제도 개편의 주요 대상은 가족과 사회 프로그램이었지만, 국가 및 국가 간의 예제 역시 신유학이 해석한 삼대 제도의 핵심적 사안이 무엇인가에 따라 다르게 재구성되어야 했다. 즉 순자·왕안석과 공자·맹자·주자의 예론은 제도 중심 대 도덕 중심, 국가 주도 또는 민간 주도라는 이분법적 구도에서 하나를 선택하는 문제가 아니었다. 좋은 나라를 만드는 것을 목표로 할 때, 민간의 자발적 노력의 역할을 얼마나 신뢰하고 인정할 것인지, 동시에 국가는 이를 포괄하는 제도를 얼마나 후원하고 개입할 것인지가 중요했다. 주자학(신유학)은 이 두 가지 차원에서 정부와 민간의 혁신을 요구하고 대안을 제시하였다. 그리고 바로 이러한 주자학(신유학)의 예치, 예교의 프로그램들이 조선의 예제에 큰 영향을 주었던 것이다.

이렇듯 주자학(신유학)의 예학은 가정, 지역사회, 국가, 천하를 단위로 하여 실천되는 정치적, 사회경제적, 윤리적 개혁을 위한 기획이자 실천 프로젝트로서 이해해야 한다. 당연히 그 기획을 구체화하기 위한 제도, 즉 예제를 심도 깊게 모색하고 제안했다. 다만 그 제도가, 타인과 관계를 맺으며 살아가는 인간이 지속적으로 공존과 조화를 이룰 수 있는가를 질문했을 때, 인간의 역량에 대한 불신 위에서 외부로부터 강제하는 제도가 아니라 인간 스스로의 회복 가능성과 역량에 대한 신뢰 위에서 이를 잘 펼쳐나갈 수 있도록 이끌고 돕는 제도라는 차이가 있을 뿐이다. 앞서 거론했던 송대 지성사에 대한 새로운 연구들은 이미 주자학(신유학)을 '삼대로 돌아가자'는 기치 하에 송의

---

9) 上山春平, 1982, 〈朱子の家禮と儀禮經傳通解〉, 《東方學報》 51, 2절 주자의 예론.

정치와 사회, 문화를 근본적으로 개혁하려는 개혁 운동의 일환으로 보고 있다. 주자 역시 삼대를 이상으로 삼는 강한 경세적 지향 속에서 적극적으로 조정에 참여하고 국가 정책 기조를 바꾸려 노력했고, 물러나 있을 때에는 지역사회에서 할 수 있는 활동들을 조직하거나 제안했다는 것이다.[10] 주자는 왕안석 류의 국가 주도식 강제적 개혁과 톱다운 방식의 치인에 반대했고, 민간의 자율적 도덕 능력에 대한 신뢰를 바탕으로 한 자발적 노력들을 독려하는 가운데, 이를 기반으로 한 상향식 정치, 사회, 문화 개혁을 꿈꾸고 제안했다.[11] 주자는 그의 만년작인《의례경전통해》에 이러한 자신의 예제 개편에 대한 제언과 이 기획에 대한 경전적 근거들을 담고자 했다.[12]

---

10) 위잉스, 이원석 역, 2015,《주희의 역사세계》(상) 서설 및 1장 참조. 위잉스는 주희가 활동한 시대에 공유된 생각들 속에서 주희의 사유와 활동을 이해하고 또 이를 통해 그 시대(역사 세계)를 그려내고자 했다. 그가 지적해낸 대표적인 시대 공통의 사유는 '삼대로 돌아가자'는 기치 속에서 삼대의 이상을 동원하며 정치·사회적 질서의 완전한 재수립을 꾀했다는 점, 사대부가 '함께 천하를 다스린다'는 각성과 책무감 속에서 앉아서 말하는 단계를 넘어 일어서서 행동하는 단계로 나아갔다는 점 등이다. 왕안석의 신법에 대비되어 상대적으로 보수적 사상으로 이해되어온 주자의 학문과 정치·사회적 활동에 대해 이러한 시대적 이상과 정치적 각성을 공유한 가운데 치열하게 형성·실천한 것으로 재평가해냈다.

11) 피터 볼, 2010,《역사 속의 성리학》, 349~406쪽. 피터 볼은 이러한 신유학의 새로운 이상에 대해 "지방 사회는 국가의 후원을 받되 지역사회의 자발적인 노력에 의해 운영된다."고 설명했다. 그 결과 지역 활동주의(activism)와 사집단의 자발주의(voluntarism)의 시대가 도래하고, 명대 '신유학의 입법화' 기조 속에서 자율적 지방 공동체 창출을 국가적으로 지원하고 강제했으며, 이 법제화가 실패하기 시작했을 때 신유학은 다시 사회적 소명을 가지며, 17세기 이후 지성계의 중심적 위치를 잃어버린 후에도 지방 교육의 기초로서 지속되었다고 보았다.

12) 고지마 쓰요시, 2004,《송학의 형성과 전개》, 245~251쪽. 주자가 삼대의 제도〔古禮〕가 제대로 보전되지 않는 것을 염려해서《의례》를 중심으로《예기》,《주례》등 삼례(三禮)를 회통하여 만든 책이다. 주자 생전에 작업을 마치지 못해 제자 황간과 양복에 의해 완성되었다. 책의 구상은 여러 차례 변화했지만 최종적으로 정해진 범주는 가례(家禮), 향례(鄕禮), 학례(學禮), 방국례(邦國禮), 왕조례(王朝禮)와 상례(喪禮), 제례(祭禮) 등 7가지로 구성되어 있다. 상례와 제례를 제외한 다섯 범주는 각각 가족, 지역사회(향당), 학교, 국가, 세계(천하)의 사회 단위에서의 예제를 상정하고 있다. 주자 경세학을 명료하게 정리한《대학》에서 치인의 방법을 수신, 제가, 치국, 평천하의 범주로 구분하여 설명하였던 것과 일맥상통하면서도 대학에는 없는 '향'과 '학'을 추가하여 교화의 단위로 설정했다.

이 책은 위와 같은 주자학(신유학)의 예에 대한 이해를 바탕으로 조선의 예와 정조의 예를 조선의 전면적 개혁 의지와 연관지어 설명하고자 한다. 정조가 '부정학(扶正學, 정학인 주자학을 중시함)'을 매우 강조하였다는 것은 주지의 사실이다. 그러나 대부분의 기존 연구에서 주자학은 정조 개혁의 반대편에 있는 어떤 것이었다. 개혁군주 정조의 '개혁성'에 대해서는 정치사, 사회경제사, 사상문화사 부문에서 강조점을 달리하며 논의가 이루어져 왔다.

우선 정치사 분야에서 본 정조는 왕권의 안정을 토대로 강력한 개혁을 시도한 왕이었다. 군신공치론 위에서 정립된 붕당정치가 극단의 정치적 분열을 초래하자, 왕권을 중심으로 권력 구조를 재편하고 붕당 간 갈등을 완화하기 위해 탕평정치를 실천하려 했다고 보았다.[13] 정치 개혁의 부작용도 조명되었다. 정조의 군사론을 군주가 스승의 권위마저 독점하며 왕권을 강화하려 한 것으로 이해하고, 군주권 강화가 조선 전래의 공론 정치와 이를 가능하게 한 언론 활동을 억제하며 19세기 세도정치의 싹을 틔웠다고 비판했다.[14] 사회경제사 분야에서는 양반 중심의 신분제 위에서 오랫 동안 구축되어온 기득권 체제의 부작용을 해소하기 위한 개혁에 주목했다.[15] 신해통공, 공

---

13) 이태진, 1992, 〈정조의 《대학》 탐구와 새로운 군주론〉, 《이회재(李晦齋)의 사상과 그 세계》, 성균관대학교 대동문화연구원; 김성윤, 1997, 《조선 후기 탕평정치 연구》, 지식산업사; 박광용, 1998, 《영조와 정조의 나라》, 푸른역사; 유봉학, 2001, 《정조대왕의 꿈》, 신구문화사; 한상권, 2007, 〈정조의 군주관〉, 《조선시대사학보》 41; 한상권, 2009, 〈백성과 소통한 군주, 정조〉, 《역사비평》 89; 이태진·김백철 편, 2011, 《조선 후기 탕평정치의 재조명》, 태학사.

14) 한국역사연구회 19세기 정치사연구반, 1990, 《조선정치사》, 청년사; 유봉학, 2001, 《정조대왕의 꿈》, 신구문화사; 오수창, 2012, 〈18세기 조선 정치사상과 그 전후 맥락〉, 《역사학보》 213.

15) 박현모, 2001, 《정치가 정조》, 푸른역사; 이태진, 2002, 〈민본의식의 변천과 18세기 민국이념의 대두〉, 《국가이념과 대외인식》, 아연출판부; 유봉학, 2009, 《개혁과 갈등의 시대-정조와 19세기》, 신구문화사; 유봉학, 2012, 《실학과 진경문화》, 신구문화사; 김인걸·한상권 외, 2012, 《정조와 정조시대》, 서울대학교출판문화원.

노비 혁파, 개혁 열망을 집약한 신도시(화성) 건설, 군민 관계의 재설정과 대민소통, 과거제 개혁 등이 집중적으로 분석되었지만, 이러한 새로운 정책을 주자학적 경세론과 연결 짓지는 않았다. 사상문화사에서는 규장각 중심의 학술 활동과 지식 교류, 출판 활동을 주로 다루었다.[16] 정조가 정학으로서 주자학을 강조했다는 점은 여러 연구에서 지적되었으나, 학술과 출판, 문예의 새로운 경향을 이끈 지적 자극은 실학, 육경 고학, 북학, 한학 등 반주자학 또는 탈주자학적 사상과 관련지어 해석하였다. 결국 정조의 주자학 강조를 개혁적 성향과 결부지어 설명하고자 한 연구는 거의 없었다고 할 수 있다. 필자는 정조의 '부정학' 기치를 다시 주자학 본래의 문제의식으로 돌아가자는 제안으로 이해하고, 정조의 제반 개혁을 주자학 본래의 문제의식에 충실함으로써 달성될 수 있었던 것으로 바라보려 한다.

18세기 후반 조선이 떠안고 있던 여러 문제를 해결하는 책무를 지니고 있었던 적극적 행위자 정조가 가례, 향례, 학례, 방국례, 천하례와 관련해 무엇을 문제삼고 어떻게 바꾸려 했는지 살펴보려 한다. 정조는 왕조의 의지를 공개적으로 천명하는 의례 활동을 역대 어느 국왕보다도 활발하게 수행했다. 이는 국왕의 전제권 강화, 국왕을 정점으로 한 관료제 국가의 제일적 지배를 실현해나가려는 의지로 평가되어왔다. 그러나 정조대 국가 의례, 즉 종묘나 진전, 사친 사당에서의 제사, 사직 또는 도성 주변의 제단에서의 기곡 또는 기우 제사, 문묘에서의 제

16) 정옥자 외, 1999,《정조시대의 사상과 문화》, 돌베개; 김문식, 2000,《정조의 경학과 주자학》, 태학사, 2000; 김문식, 2007,《정조의 제왕학》, 태학사; 정옥자, 2001,《정조의 문예사상과 규장각》, 효형출판; 백민정, 2010,〈《경사강의》를 통해 본 정조시대 학문적 논쟁의 양상〉,《국학연구》16; 백민정, 2010,〈정조의 학문관과 공부방법론〉,《동양철학》34; 정일균, 2012,〈정조의 맹자론-추서춘기를 중심으로〉,《한국실학연구》23; 배우성, 2015,《독서와 지식의 풍경-조선 후기 지식인들의 읽기와 쓰기》, 돌베개.

사, 능원 행차 등에서 이전 시기와 특별히 구별되는 점들을 찾기는 어렵다. 백성을 거두어 길러주는 천지에 대한 감사, 학(學)에 대한 존중, 선왕의 공덕에 대한 기억, 사인(私人)으로서의 효의 실천과 시중(時中)의 예법 등 조선 전기 이래 공동체에 대한 책임이 가장 큰 존재로서 국왕이 마땅히 해야 할 일들을 정조는 좀 더 잘, 정성껏, 본의에 맞게 했던 것으로 보인다. 정조는 이러한 국가 의례와 함께 가족, 지역사회, 학교, 외교의 장에서 실천하는 시왕의 예제가 조선이라는 나라가 지향해야 할 가치를 담아내고, 그 가치에 동참할 것을 호소하며, 그 가치를 향해 나아갈 방법을 함께 제시하는 것이어야 한다고 여기며, 관련된 예서를 편찬하고 예제를 보수하며 실행했다. 조선 사회 각 영역에서 정조가 제안하고 실천했던 '시왕의 예제'의 내용이 정조대 이전 조선이 실천해왔던 주자학(신유학)적 방법들과 어떻게 같고 다른지, 정조의 문제의식과 실천들, 그것의 역사적 의미를 살펴보고자 한다.

정조의 예 인식: 주자주의 예교론과 정조의 예교론

1799년 4월 정조는 실용적 학문을 진작하기 위해 초계문신들에게 경전과 역사서, 주자서, 조선 역대 사실에 대한 독서를 기반으로 정치에 대해 조언하거나 토론하는 뜻을 담은 글을 지어내라고 했다. 규장각에서 하는 공부가 학문을 위한 학문에 머물지 않고 조선의 현실을 바꾸는 데 보탬이 되도록 해야 한다는 문제의식에서 출발한 과제라고 할 수 있다. 이 새로운 과제의 이름은 옛 일, 즉 고사를 토대로 제언을 한다는 의미를 담아 '고식(故寔)'이라 하였다. 내각에서 오랜 기간 운용될 것을 염두에 두고 응시조례를 만들어 올렸다.[17)]

《경사강의(經史講義)》 등 《홍재전서》에 수록된 학술 문답과 달리, 〈고식〉은 '지식의 현실적 쓰임'에 더 주안점을 둔 문답이다. 〈고식〉에 나온 예에 대한 서술들은 '예란 무엇인가'에 대한 학술적 답이기보다는 '예는 조선의 정치사회적 현실 속에서 어떤 의미를 지니는가'에 대한 답이 될 만한 대목들이 많다. 〈고식〉에 나타나는 예에 대한 문답들을 보조 삼아 정조의 현실주의적 예 인식을 살펴보고자 한다.

초계문신 김희락은 《향례합편(鄕禮合編)》을 편찬하여 조선에서 시행되어야 할 향례의 기준을 세웠던 것처럼, 온 나라 사람들이 함께 준행할 수 있는 일통의 가례서를 편찬해야 한다는 제언을 담은 〈고식〉을 지어 올렸다. 이에 대해 정조는 일통의 가례서 편찬이 시급한 일이 아니라고 말하면서 조선의 학문에서 예가 필요한 이유가 무엇이고 왜 이를 중시했는지를 일깨우는 답변을 내놓았다.

> 정자가 이르기를 "왕이 조정에서 높이 팔짱을 끼고만 있어도 사해 밖으로까지 교화가 행해지는데, 어찌 인위적인 수식을 할 필요가 있겠는가. 순왕(純王)의 마음으로 순왕의 정치를 행할 뿐이다."라고 하였다. 이른바 순왕이란 곧 천리이다. 정전(井田)이니 봉건(封建)이니 육형(肉刑)이니 하는 것은 자취일 뿐, 마음이 아니다. 그런데 한갓 조악한 자취에 얽매인 채 뭇 백성들에게 호령하면서 왕도라 한다면, 이 어찌 이치에 맞

---

17) 《일성록》, 정조 23년 6월 25일. 이에 따르면 대상이 되는 책은 경전으로는 사서 《논어》, 《맹자》, 《중용》, 《대학》과 삼경 《시경》, 《서경》, 《주역》, 삼례 《예기》, 《의례》, 《주례》와 《춘추》였다. 역사서는 《사기(史記)》와 전·후 《한서(漢書)》, 《당감(唐鑑)》과 《송조명신록(宋朝名臣錄)》, 자(子)와 집(集)은 송나라의 오자서(五子書, 주돈이·장재·정호·정이·주희의 저술)와 《육선공주의(陸宣公奏議)》, 조선의 책으로는 《국조보감》, 《국조오례의》, 《문헌비고》 등이었다. 이 〈고식〉은 정조의 문집 《홍재전서》에 총 6권으로 수록되어 있는데, 응시한 책자는 《대학》(권1), 《주자대전》(권2~5), 《국조고사》(권6) 등이다. 정조의 갑작스러운 죽음으로 고식 프로그램이 진행된 것이 1년여에 불과하므로, 처음 계획대로 경전과 역사서를 포괄하는 규모에 이르지는 못했다.

겠는가. 그러므로 맹자가 이르기를 "실심(實心)으로 실정(實政)을 행해야 한다."고 했다. 실심이란 순왕의 마음이요, 실정이란 순왕의 정치이다. 이와 같이 맹자와 정자의 가르침이 시대는 선후의 차이가 있지만 그 법도는 동일하니, 내가 매양 한가할 때 읊조리고 완미하다 보면 모르는 결에 기뻐서 손발이 춤추곤 했다. 대저 하나의 마음으로 만 가지 이치를 포괄하니, 마음을 보존하지 못하면 이치를 궁구할 수 없고 이치를 궁구하지 못하면 마음을 극진히 할 수 없는 법이다. 이치란 전면에 한 물건으로 따로 존재하는 것이 아니라, 나의 마음 속을 체찰해서 성실하게 이 물건을 얻으면 그것이 바로 이치이다. 《주역》에서 정관(貞觀)과 정명(貞明)도 대개 이 이치를 가리킨 것이나, 말하기는 쉬워도 행하기는 어렵다. 내가 들은 공자의 말에 "군자가 자기 집에 있으면서 말을 냄에 착하면 천 리 밖에서도 호응한다."고 하였기에, 언제나 이를 허리띠에 새겨두고서 살펴보고 반성할 밝은 감계로 삼지 않은 적이 없었다. 네가 말한 관리의 선발을 신중하게 하고 예서를 편수하자는 등의 일은 곧 그 절목에 해당하는 일이다.[18]

이 답변에는 천리, 정치가의 마음, 정치, 시왕의 예제의 관계에 대한 정조의 생각이 담겨 있다. 우선 정조는 '순왕', '순왕의 마음', '순왕의 정치'를 각각 구분해서 말했다. 순왕이란 천리(天理)이다. 하늘이 만물을 길러낼 때 만물에 각각 리를 부여하는데, 그 총체로서의

18) 《홍재전서》 권130, 〈고식〉 2, 주자대전 1, "程子曰 王者高拱於穆清之上 而化行於裨海之外 何修何飾而致哉 以純王之心 行純王之政爾 夫所謂純王云者 卽天理也 若井田也封建也肉刑也 此跡耳 非心也 徒拘拘乎跡之粗處 而號於衆曰王道云爾 則是豈理也哉 故孟子曰 以實心行實政 實心者 純王之心也 實政者 純王之政也 孟程立訓 前後一揆 每於燕湲之中 玩味諷誦 不覺手舞 大抵以一心包萬理 心不能存 理不能窮 理不能窮 心不能盡 理不是在前面別爲一物 在吾心體察得此物誠實卽理也 易言貞觀貞明 蓋亦此理 而言之非難 行之惟艱 予聞諸夫子曰 君子居其室 出其言善 則千里之外應之 未嘗不以是爲書紳之炯戒 若所謂重吏選修禮書 卽節目間事".

천리를 '순왕'이라고 지칭했다. 인간 세상을 다스리는 왕은 제멋대로가 아니라 '순왕의 마음'을 가지고 순왕이 하고자 했던 바를 실행에 옮긴 '순왕의 정치'를 행해야 한다고 했다. 순왕의 마음은 눈에 보이는 것도 아닌데, 순왕이 하고자 했던 바를 어떻게 알 수 있을까. 순왕의 마음으로 정치를 했던 삼대 성왕들의 자취를 통해서 알 수 있다. 정조는 정전 제도, 봉건 제도, 육형 제도 등 구체적인 제도가 삼대 성왕들이 행한 자취라고 했다. 이 자취가 바로 '예제'이다. 이 삼대의 자취들은 경전에 담겨져 있고, 경전에 담겨진 여러 자취들을 통해 성왕들의 마음에 다가갈 수 있다고 보았다. 그리고 그 마음을 제대로 배워서 현재 자신의 시대에서 순왕의 정치를 해나갈 수 있다는 것이다.

중요한 것은 정조가 정전, 봉건, 육형과 같은 삼대의 제도에 대해 자취(跡)일 뿐 마음이 아니라고 한 점이다. 자취를 통해 본래의 목적(마음)에 다가갈 수는 있지만, 자취는 자취일 뿐이다. '조악한 자취'에 구애되면서 이것이 왕도라고 떠드는 것을 비웃었다. 정전과 봉건과 육형의 본래의 목적, 즉 백성들에게 항산이 있게 하고, 백성을 위한 공과 덕이 있는 이를 존중하고 귀하게 여겨 백성을 위한 좋은 다스림이 계속 이어질 수 있도록 하고, 백성을 해치는 악을 미워하고 엄하게 징계하여 악인이 백성을 해치지 않도록 하는 것이 순왕의 마음이고 실심이며 왕도였다.[19]

조선 후기 왕들 중 예제에 관심을 가장 많이 기울인 왕은 영조이다. 영조는 경연에서《주례》를 강독하고《국조오례의》에 새로운 절목들을 보태거나 개정하며 '예의 형식'에도 많은 관심을 기울였다. 정조는 예의 구체적인 절목보다는 예라는 수단을 통해 달성하고자 하는 예의 목적에 더 관심을 기울였다. 여기에는 예를 행하는 본래의 의도와 실행한 결과로서의 작용이 모두 포함된다. 〈고식〉에 등장하는 많은 문답에서 같은 뜻의 답변이 반복된다. 다음은 유태좌(柳台佐)가 《주자대전》을 읽고 조선의 현실과 비교해 문제제기를 하면서 한 질문이다.

유태좌는 조정에서 행하는 제사 의식의 예행연습을 보고 느낀 문제를 지적했다. 의례의 형식과 절차(儀文)에 엄숙하면서도 화기 있고 즐거운 뜻이 부족하고, 절하고 무릎을 꿇을 때에 정제된 모습이 없었다는 것이다. 나라에서 더없이 중요한 것이 제사(祀典)이고 더없이 엄한 것이 조정 의례(朝儀)인데, 압반(押班, 의식에 참여하는 관리들을 감독하는 일)하는 신하와 협률(協律, 의례에서 연주되는 음악을 지휘하는 일)하는 관리가 일을 잘 몰라서 그런 것이니, 예를 아는 자를 가려 뽑아서 그 직책을 주고 오래도록 맡게 함으로써 옥백(玉帛)과 종고(鐘鼓), 즉 예와 악의 일에 전심하여 익히도록 하자고 주장했다. 정조의 답은 이러했다.

> 예니 악이니 하는 것이 옥백과 종고를 이르는 것이겠는가. 오늘날 예악을 맡은 관원들이 어찌 예의 큰 근본과 큰 작용인 화락(和樂)과 공경에 대해 함께 논할 만한 자들이겠는가.[20]

예의 매뉴얼이나 예를 행할 때의 여러 도구, 장치, 상징들을 잘 아

---

19) 주자는 《논어》〈위정〉편의 주에서 하나라, 은나라, 주나라의 예에 말미암은 것과 손익한 것이 있다고 하였다. 말미암은 것은 삼강과 오상 같은 하늘로부터 부여받은 천여의 것이며, 손익한 것은 부(富), 덕(德), 친(親), 작(爵)과 같이 왕조가 부가적으로 특별히 강조한 방침과 삼통(三統)과 같은 정삭이나 율령, 의전 등이라고 하였다. 우에야마 슌페이(上山春平)는 전자 즉 하늘로부터 부여받은 천여의 예는 대대로 말미암으며 이어지는 불변의 것이라고 규정했으며, 이러한 불변의 예에 대한 신앙과도 같은 믿음이 주자의 예학에서 중요하지만, 동시에 이 불변의 목적을 구현하기 위해서라도 시대에 따라 적절한 예제의 변통이 필요하다는 점을 강조했다고 보았다. 上山春平, 1982, 앞의 글, 192~195쪽.

20) 《홍재전서》 권131, 〈고식〉 3, 주자대전 2.

는 것이 예를 아는 것이 아니며, '화락'과 '공경'을 중시하고 이를 달성하려고 하는, 예의 근원적 효용을 아는 것이 중요하다는 것이다.[21] 비슷한 대답이 다른 답안지에서도 보인다.《대학》에서 치국과 평천하의 방법을 말하면서, 효·제·자에 근본을 둔다고 말했을 뿐 예악과 형정에 대해 말하지 않은 것에 대해 질문하자, 정조는 다음과 같이 말한다.

> 효성을 흥기시키고 공경(悌)를 흥기시키는 것은 유독 예악이 아니며, 사람을 사랑하고 사람을 미워하는 것은 유독 형정이 아니란 말인가. 예는 경(敬)이고 악은 화(和)이니 예악 운운한 것이 종고와 옥백만을 이른 것이 아니다.[22]

효성을 일으키고 공경을 일으키는 것이 예의 본의이며, 종고와 옥백 같은 것은 이를 흥기시키기 위한 수단일 뿐이라는 것이다. 구득로가《대전통편》과《국조오례의》두 책을 들어 법조문을 도량형의 제도와 같이 엄히 세우고 오례의를 준수하여 예악을 통일하자고 건의했

21) 에브리(Patricia Buckley Ebrey)는 사마광과 장재·정이의 예에 대한 입장 및 실천을 배경으로 주자《가례》의 특성이 형성되었다고 보았다. 세 사람 모두 당시의 풍속 개변을 위해 고대 의례를 소환하는 것이 필요하다고 여겼지만, 정이의 경우에는 장재와 마찬가지로 고대에 행해진 일의 세세한 부분보다는 예에 얽힌 관념이나 원리에 더 관심이 있었으며, 고대의 형식에 너무 밀착되는 위험성을 경고하고 도덕적 원리에 근거하여 새로운 의례 양식을 만드는 것도 가능하다고 주장했다. 또 정이는 당시 의례 관행을 문제시하고 개변할 때의 기준 역시 그것이 경전에 있느냐 없느냐보다는 인간의 감정과 얼마나 잘 일치하는지 도덕성에 해를 끼치는지 여부를 평가했다는 점에서 장재와 견해를 같이했고 주자 예학에도 큰 영향을 주었다고 보았다. Patricia Buckley Ebrey, 1991, *Chu Hsi's Family Rituals: A Twelfth-Century Chinese Manual for the Performance of Cappings, Weddings, Funerals, and Ancestral Rites,* Princeton University Press, 19·20쪽. 예의 형식보다는 예의 근원적 목표, 사회 문화 개변을 위한 효용성을 더 중시했다는 점에서 정조의 문제의식과 같다.

22) 유태좌의 질문에 대한 답변이다.

을 때 정조의 답변은 신랄했다.

> 너는 참으로 오늘날의 급무가 도량형을 통일하고 예서를 기술하는 것보다 앞서는 것이 없다고 여기는가. 일찍이 듣기로 너의 선조가 전장(典章)에 밝았다는데, 기강이 해이하면 도량형도 통일될 수 없고 본질이 없으면 예악도 기술할 길이 없게 마련이다. 한갓 명물(名物)과 사위(事爲)의 말단에 구구히 얽매인다면 천하를 다스리는 대경대법(大經大法)이 어디에 있겠는가.[23]

예서가 아무리 정교하게 기술되어 있더라도 그러한 예를 실천할 인간들의 마음(본질)이 없다면 소용없다는 것이 정조의 인식이었다. 본질을 갖추기 위한 방책이나 노력 없이 예서를 만드는 데만 얽매여서는 안 된다고 여겼다. 삼대의 예를 기록한 예경, 즉《의례》,《예기》,《주례》를 모아 예 공부를 위한 자료를 만든다는 차원에서 편찬한《삼례수권(三禮手圈)》의 서문에서 정조가 강조한 것도 그 본래의 목표였다.

> 이제 내가《삼례수권》을 만드는 것은 앞장서서 예를 밝혀서 조정에서나 민간에서나 서로 읍하며 사양하는 기풍〔읍양지풍(揖讓之風)〕을 만드는 데 도움이 되게 하려는 것이다. 비록 그러하나,《주관(周官)》 육전(六典)은 정치를 융성하고 넉넉하게 한 도구였지만 왕안석(王安石)이 이를 쓰면서 억지로 하는 것이 되었고, 중용은《대경(戴經)》(《예기》)에서 핵심이 되는 내용이지만 호광(胡廣)이 이를 쓰면서 거짓이 되었다. 모든 군자들

23) 《홍재전서》 권134, 〈고식〉 6, 국조고사.

은 어찌하여 경(經)을 근거로 의미를 탐구하고 의미 탐구를 바탕으로 경(經)으로 돌아오지 않는가. 중(中)이라는 것은 본래 치우치지도 기울지도 않는 것인데 자막(子莫)의 집중(執中)이 있고, 경(敬)은 상하를 관통하는 공부인데도 허발(許渤)의 지경(持敬)이 있다. 만일 삼례(三禮)를 읽고서도 삼백(三百)과 삼천(三千)의 아름다운 사항들을 배워 행하지 않는다면, 어찌 내가 애써 비권(批圈)한 뜻이겠는가. 이 책을 읽는 이들은 이 점을 알아야 할 것이다.[24)]

예를 배우고 연구하는 근본 목표는 조정에서나 민간에서 서로 읍하며 사양하는 기풍, 즉 배려와 양보의 문화를 만드는 데 일조하는 것이었다. 이것이 예경이 만들어진 이유이기도 했다. 이를 잘 알지 못하면 왕안석처럼 좋은 제도를 강제하려다 실패하게 되고, 중용과 같은 예경의 핵심적 개념을 잘못 이해해서 호광(胡廣, 중국 후한 때 모나지 않은 처신으로 6명의 황제를 모시며 대신을 지낸 인물)처럼 모나지 않는 것을 중용으로 알아 기롱거리가 될 수 있었다. 경을 근거로 하고 경으로 돌아오라고 한 것도, 예경의 본의를 제대로 탐구하고 이를 통해 예경에서 본래 하고자 하였던 바를 실천하는 것을 의미했다.

'순왕의 마음'이라고 했던 예의 본의와 목표가 중요했지만, 그 자취, 즉 구체적인 '예제'나 '예의 절목'이 필요 없는 것은 아니었다. 다음의 문답을 보자. 주자는 예로써 학자들을 가르치는 장재(張載)의 교육법을 가장 좋다고 칭찬했다. 강준흠(姜浚欽)은 이 대목을 예로 들면

---

24) 《홍재전서》 권181, 군서표기, 어정 3, 〈삼례수권(三禮手圈)〉, "今予手圈 蓋欲倡而明之 以有裨於朝野揖讓之風也. 雖然 六典周官所以致隆洽 而王安石用之則拗 中庸戴經 所以爲樞紐 而胡廣用之則僞 凡百君子曷不因經而究義 因義而反經 中者不偏不倚之名 而有子莫之執中 敬是徹上徹下之工 而有許渤之持敬 若曰讀三禮而不循乎三百三千之美 則豈予辛勤批圈之意哉 覽者不可以不知此矣".

서 〈고식〉의 질문을 던졌다. 학문을 하려면 예를 배워야 하고 이때 의장도수(儀章度數)가 아닌 예의 본의를 잘 아는 것이 중요하다고 생각했지만, 세상 사람들이 집안에서의 사례(四禮, 관·혼·상·제)도 제대로 알지 못하는데 어떻게 해야 하는가라는 질문이었다. 정조는 이에 대해서는 조금 다른 대답을 했다. '쇄소응대(灑掃應對)'와 같은 작은 절목이 바로 형이상(形而上)이라는 답이었다.

> 예니 예니 하는 것이 옥백을 이르는 것이겠는가. 목하의 폐단을 구하는 일로 말한다면 마땅히 회사후소(繪事後素)의 논을 따라야 하겠지만, 예를 강습하지 않은 지가 또한 오래이니 군자가 사람을 가르침에 어느 것을 먼저라 하여 전수하고 어느 것을 뒤라 하여 게을리 하겠는가. 이것이 '쇄소응대(灑掃應對)가 바로 형이상'이라는 것이다.[25]

예악을 일으키는 것은 억지로 강제하지 않으면서 자연스럽게 효제를 흥기시키고 윗사람을 저버리지 않으며 조정과 민간에 배려하고 양보하는 기풍을 만들기 위해서이다. 이를 위해 반드시 삼대 성왕의 제도 그대로를 베껴 실행할 필요는 없었다. 지금 세상의 어지러움이나 교육의 방도를 생각하면 '회사후소', 즉 그림을 그리기 전에 흰 바탕을 준비해야 하는 것처럼 실행의 기초로서 마음을 바로잡는 것이 먼저 필요하다. 하지만 예악이 사라지고 예악이 왜 필요한지도 모르는 시대이니, 물 뿌려 청소하고 마음을 다해 응대하는 것과 같은 일상의 작은 예절들을 실천하면서 사랑하고 공경하는 기풍을 차츰 일으켜나가는 것이 중요하다고 했다. 예의 근원적 목표를 달성하는 데

---

25) 《홍재전서》 권131, 〈고식〉 3. 주자대전 2.

도움이 된다면, 근본 원리와 형식을 가르거나 선후를 따질 필요가 없다. 정조는《논어》에 나오는 '쇄소응대가 바로 형이상'이란 구절을 인용해 도에 이르는 일상적 예 실천의 중요성도 강조했다.

결국 정조는 천하의 교육이라는 예제의 근원적 목표를 환기하며 구체적인 절목이 예의 본의를 제대로 구현하도록 되어야 함을 강조한 것이지, 예의 정신만을 중시하고 예의 절목을 쓸모없다고 여긴 것은 아니다. 예경이나 예서에 규정되어 있는 하나하나의 절목들은 이러한 마음을 불러일으키고 전달하기에 적절한 예시였기에, 시대의 변화에 따라 조선의 여건에 맞게 절충한다면 도움이 될 수 있었다. 중요한 것은 마음이냐 제도냐가 아니라 절충과 변통을 통해 예의 본의를 실현할 수 있는 현실성 있는 제도였다. 심지어는 이 선인들의 예시(예)에 없는 것이라도 행해서 본래 목표했던 마음을 불러일으킬 수 있다면 문제될 것이 없었다.

> 예에는 없지만 행하여 예와 부합한다면 좋은 것이다.[26]

이렇게 예의 본의에 이를 수 있는 제도들은 시대의 변화에 맞춰서 얼마든지 변화할 수 있고 또 변화해야 했다. 조악한 자취에 얽매이지 않고 백성들을 바르게 이끌 수 있는 시의적절한 예를 제정하고 실천해야 하는 것이다. 예를 제정하고 실천하는 것의 효용성에 대해 정조는 이렇게 말했다.

> 선왕이 예를 만들어 천하 후세를 가르쳤으니, '도를 닦는 것이 교(修道之

---

26) 《홍재전서》 권53, 설(說), 〈사대예설(事大禮說)〉, "若無於禮而合於禮則善矣".

謂敎)'라는 말이 바로 그것이다. (예경의) 예의(禮儀)가 300에 달하고 위의(威儀)가 3,000에 달하여 가르치는 데는 부족한 점이 없으나, 천하 일의 변화가 한도 끝도 없기 때문에 거기에 대응하는 수단 또한 한도 끝도 없을 수밖에 없다. 증자(曾子)가 공부자께 질문한 이후로 여러 유현들이 각자 자신의 처지나 입장에서 제각기 남긴 논설들이 있는데, 그것들이 비록 성인의 그것과 다 맞다고 할 수는 없으나, 요체는 경전에 빠진 것들을 보충하여 시왕(時王)의 교화에 보탬을 주자는 뜻이었던 것이다.[27]

정조는 교화에 도움이 되도록 절충한 시왕의 예를 중시했다. 시왕의 예제는 그것이 가례나 향례에 관한 것이든 왕조의 의례든 간에, 시의적절한 인간 사회의 도리를 가르치기 위한 것이라는 점을 잊어서는 안 되었다. 절충한 것이 도리에서 벗어나면 이는 예가 아닌 것이 될 것이었다. 명료한 시대 인식과 적절한 처방, 그것이 정조 시왕지제(時王之制)의 내용이 되어야 했다.

18세기 조선 현실에 대한 인식과 대변통의 방법

정조는 즉위 초에 '대고(大誥)'의 형식으로 자기 정치의 포부를 조선 전체에 선언했다. 《서경》에서 주나라 무왕이 백성을 해치는 적들을 토벌하기 위해 나서면서 그 의의를 선포한 글을 대고라 했다. 나라를 위한 큰 포부를 담아 알리는 글이라는 의미가 담겨 있다. 정조의 이 선언문은 궁궐 안 조정에서 반포되었고, 윤음으로 조선 방방곡곡에

27) 《홍재전서》 권8, 서인(序引) 1, 〈예의유집서(禮疑類輯序)〉.

도 전달되었다.

> 왕은 이르노라. 과인이 열성조의 크나큰 사업을 계승하여 밤이 깊도록 공경하고 두려워하기를 연못 위 얼음을 밟은 것처럼 한 지 이제 3년이다. 우리 영종대왕의 부묘 의식이 끝나고 길례(吉禮)로 나아가게 되니, 곤룡포·면류관을 입고 종고(鐘鼓)를 설치하고 태묘(太廟)에 전알한 후 뭇 신하들의 조하(朝賀)를 받게 되었다. 이 예는 선왕(先王)의 예이다. 나 소자가 선왕의 자리에 올라 선왕의 백성들에게 임하면서 감히 선왕의 마음을 내 마음으로 삼고 선왕의 정치로 정치하여 선왕의 뜻과 사업을 뒤따르지 않을 수 있겠는가. 이제 처음과 같은 마음으로 선왕과 같은 정사를 하여 선왕의 뜻과 사업을 따르지 않을 수 있겠는가. 처음 정사를 시작하는 모임을 맞아 군신 상하가 서로 노력하는 도리에 힘써야 할 것이니, 이에 대궐 뜰에서 크게 고하노라. 그 조목에 네 가지가 있으니, 민산(民産), 인재(人材), 군정(軍政), 재용(財用)이다.[28]

이 대고의 서두에는 선왕의 마음, 선왕의 정치라는 단어가 나온다. 부묘 후 태묘를 뵙고 신하들을 만나 큰 조하를 하는 것이 선왕의 예이며, 자신이 선왕의 자리〔位〕에 올랐다고도 했다. 여기에 나오는 모든 '선왕'이라는 말은 중의적이다. 선왕이 가리키는 것은 우선 영조이다. '내 이제 선왕의 자리에 올라〔踐〕'라는 말을 즉자적으로 해석하면, 정조가 이어 계승한 선왕인 영조라고 볼 수 있다. 그 뒤에 나오는

---

28) 《정조실록》 권5, 정조 2년 6월 4일(임진); 《홍재전서》 권26, 윤음(綸音) 1, 〈초원조참일윤음(初元朝參日綸音)〉, "王若曰 寡人承列祖丕緖 夙夜寅畏 如履淵冰者 三年于玆 我英宗大王祔制已訖 儀文卽吉 迺以衮冕鐘鼓 祇謁太廟 受羣臣朝賀. 斯禮也 先王之禮也. 惟予小子踐先王之位 莅先王之民 敢不以先王之心爲心 先王之政爲政 克追我先王之志事. 當自一初訪落之會 君臣上下 宜勉交修之道 乃誕誥于大庭. 目凡有四 曰民產也 曰人材也 曰戎政也 曰財用也".

선왕의 백성, 선왕의 마음, 선왕의 정치, 선왕의 뜻과 사업은 할아버지 영조의 백성, 영조의 마음, 영조의 정치, 영조의 뜻과 사업이라고 해석할 수 있다.

그러나 이 글이 '대고'의 형식을 빌렸다는 점과 앞 장에서 살펴본 순왕의 마음과 정치에 대한 정조의 해석 등을 염두에 두면, 이 선왕은 영조만을 지칭하는 것이 아니라 삼대의 지치(至治)를 이루었던 선왕=순왕=성왕을 지칭한다는 것을 알 수 있다. 선왕이 곧 순왕=성왕이라고 보면, 선왕의 마음, 선왕의 정치, 선왕의 뜻과 사업도 순왕의 마음, 순왕의 정치, 순왕의 뜻과 사업으로 해석해야 한다. 정조에게 왕의 자리란, 앞서 왕을 했던 이의 지위만을 승계하는 것이 아니라 왕에게 부여된 하늘의 소명을 계승하는 것이었다. 주 무왕이 자신의 사업을 하늘의 명을 받은 것으로 여겼던 것처럼, 정조 역시 그 천명을 잇는 것으로 규정했다. 자기 정치와 사업을 본격적으로 해나가는 첫 자리에서, 하늘이 만백성을 위해 왕의 자리를 만들어 백성을 다스리게 했던 그 본래의 마음과 뜻을 계승하여 정치하고 사업을 이루겠다고 다짐한 것이다.

> 오늘날의 폐단은 한두 가지가 아니다. 비유컨대, 큰 병을 앓는 사람이 진원(眞元)이 허약해지고 혈맥(血脈)이 막히고 혹이 솟아오른 것과도 같다. 기강이 문란하여 임금이 높여지지 못하고, 언로가 막혀 바른말이 들리지 않으며, 난역(亂逆)이 잇달아 나와 의리가 더욱 어두워졌다. 위태로운 증상이 조석(朝夕)에 박두해 있지 않은 것이 없는데도 지금 특별히 네 가지 조목만을 든 것은 실로 국가의 근본을 굳건히 하지 않아서는 안 되기 때문이다. 근본을 굳건히 하는 것은 백성에게 있고, 백성을 기르는 것은 먹을 것에 달려 있는데, 먹을 것이 풍족하다면 가르칠 수 있고, 가

> 르치고 나면 또 반드시 경계하고 보호하여 도와주고 보탬이 되어줄 것이니, 이것이 나라를 보호하는 근본이다.[29]

위 서두에 이어 정조는 자신이 힘써 해내고자 하는 네 가지 사업 내용을 열거했다. 네 가지는 '민산', '인재', '군정', '재용'이다. 위 인용문에선 이 네 가지가 핵심 사업이 되어야 하는 이유를 설명했다. 지금 조선은 큰 병에 걸린 사람과 같다. 왕명에 권위가 없고, 바른말을 하는 언론이 없고, 난역이 잇따르는 것이 조선의 병증들이다. 큰 병은 진원이 허약해지고 혈맥이 막히고 혹이 생겨서 나는 것이기에, 원기를 기르고 혈맥을 통하게 하고 원인이 되는 종양을 제거해야 고칠 수 있다. 조선도 병의 근본 원인을 알고 근본적인 처방을 해야 고칠 수 있다. 정조가 생각하기에 민산, 인재, 군정, 재용 네 가지 조목은 나라의 근본인 백성을 굳게 하는, 조선의 문제들을 해결하기 위한 근본적인 대책들이었다.

먼저 민산은 백성의 먹을 것을 넉넉하게 해주는, 백성을 기르는 대책이다. 백성을 기르는 것은 그것이 목표가 아니라 가르치기 위함이다. 교육을 하기 위해 우선 넉넉하게 해주는 것, 항산 이후에 항심이라는 맹자의 가르침 그대로였다.[30] 대고에서의 인재책은 만민 교화책

---

29) 《홍재전서》 권26, 윤음1, 〈초원조참일윤음〉, "目今之弊不一 而足譬如大病之人 眞元虛矣 血脈關矣 癭瘤出矣 紀綱紊亂 堂陛不尊也 言路杜塞 鯁直無聞也 亂逆層生 義理益晦也 何莫非危厲之證 迫在朝夕 而今之所以特擧四目者 誠以邦本不可不固也 固本在民 養民在食 食足則可教 旣教矣 又必警衛而助益 此保邦之大本也".

30) 항심, 즉 인간이면 누구나 가져야 할 인의예지의 마음은 항산이 있은 이후에야 가르치고 요구할 수 있다고 보았다. 따라서 왕이 나라를 다스리는 방법을 조언할 때에도 경계를 바로잡는 일을 첫 번째로 꼽았다. 정조는 《맹자》 전편 중에 꼭 읽어야 하는 일곱 개 장을 뽑아서 《추서경선(鄒書敬選)》을 만들었는데, 이 내용이 담긴 〈등문공위국(滕文公爲國)〉장을 그 중 하나로 꼽았다. 《홍재전서》 권9, 서인2, 〈추서경선서(鄒書敬選序)〉.

이라기보다는 현실에서 바로 쓸 수 있는 인재책에 집중되어 있지만, 그 인재책 역시 인재 등용보다는 (공공적 소명의식을 가지고 공공의 일을 책임질 수 있는) 인재를 길러내는 교육책에 문제의식이 있었음을 알 수 있다.[31] 제대로 가르치면 나라를 경계하고 지키는 국방(군정)의 일과 나라를 유지하기 위한 재정(재용) 문제를 해결할 수 있다. 동시에 국방과 재정이 교육의 목표를 해치거나 방해하지 않도록 조정할 필요가 있었다. 따라서 가르치는 정치와 사업(예교 정책)은 나머지 세 가지 사업들과 연결되어 있으면서 세 가지 문제들을 해결하는 코어 사업이었고, 민산과 군정, 재용 역시 교육을 잘 하여 나라를 굳게 하고 보호한다는 근본적 목적성을 상실해서는 안 되었다.

> 아, 오늘날의 국사(國事)를 보건대, 경장(更張)을 해야 하겠는가, 인순(因循)을 해야 하겠는가? 큰 집이 기울어지면 나무 하나로는 지탱하기 어렵고, 모든 냇물이 한꺼번에 터지면 조각배로는 건널 수가 없다. 삼대의 제도는 비록 단번에 복구할 수 없지만, 소강(小康)의 정치마저 기약할 길이 없고 대증(對證)의 약제도 알지 못하며 하수(下手)의 처방도 모른다. 어찌 '뜻이 있는데도 이루지 못한다.'고 말하고 '하지 않는 것이지 할 수 없는 것이 아니다.'라고 핑계 댈 수 있겠는가. 말이 여기에 미치면 마음이 참으로 슬프다. 그러나 이는 내 뜻이 확립되지 않고 내 학문이 성취되지 않아서이니, 진실로 그 허물을 들자면 오직 나 한 사람에게 있다.[32]

---

31) 풍속 교화를 위한 만민 교육책의 본격화에 대해서는 이 책의 2부 향례편을, 정조대 교육 정책으로서의 인재책에 대해서는 3부 학례편을 참조.

32) 《홍재전서》 권26, 윤음 1, 〈초원조참일윤음〉 "於戲 試看今日之國事 以爲更張可乎 以爲因循可乎 大廈之傾 一木難支 百川之決 片葦難杭 三代之制 雖難遽復 小康之治 亦無其期 未諳對證之劑 實昧下手之方 豈謂之以有意而莫遂也 亦豈諉之以不爲而非不能也".

정조는 말한다. 지금 조선에는 경장이 필요하다. 집이 기울고 있는데 나무 하나로 받치거나 홍수가 났는데 조각배를 띄우는 정도로는 이 난국을 헤쳐 나갈 수 없다. 삼대의 지치(至治)가 너무 이상적인 것이라고 말하지만, 그보다 아래 단계인 소강(小康)의 정치도 꿈같은 일이고, 당장의 증상이라도 가라앉힐 만한 약제도 알지 못하고 급이 낮은 처방도 전혀 할 줄 모르는 상황인데도, 이런 저런 핑계만 대고 있다고 신랄하게 비판한다. 의지도 없고 능력도 없다는, 비난에 가까운 지적이다. 말이 여기에 이르니 서글픈 마음이 든다. 누굴 비난하겠는가. 내가 이 모든 사태에 책임이 있는 조선의 왕인데.

> 선왕의 대도(大道)를 강구하여 선왕의 옛 법을 수복함으로써 우리 선왕이 부탁하신 책임을 저버리지 않기를 함께 다스리는 여러 신하들에게 깊이 바라는 바이다. 아, 조정에 있는 여러 신하들은 혹시라도 과인의 하교가 빈말로 나라를 근심하는 것이라 생각하지 말고, 조금 전에 일컬은 실질에 힘쓰는 방도로써 나를 가르쳐 인도하도록 하라.

해야 할 일이 10이라면 지금 조선은 1도 제대로 못하는 상황이었다. 그러나 10을 목표로 하고 10에 도달할 수 있는 방법을 생각하며 차근차근 나가야 한다는 생각이었다. 그래서 정조는 말했다. 대도를 강구하고 선왕의 옛 법을 수복하겠노라고. 이것이야말로 왕으로서의 소명을 다하는 방법이었다. 민산, 인재, 군정, 재용 부문에 대한 정조의 구체적인 대책과 제도들은 대도를 따라 선왕의 옛 법을 조선 땅에서 수복하기 위한 것이었다. 백성들의 삶에 굳건한 토대를 마련하고 국가 유지의 근본을 탄탄히 하여 조선 사람들의 삶을 삼대에 구현되었던 이상적인 상태에 조금이라도 가깝게 만들 수 있도록 왕을 가르쳐 인도해달라는 큰 당부의 말로 대고를 마무리했다.

이와 같이 조선이 크게 병들어 있다고 인식한 정조는 선왕의 마음으로 선왕의 정치를 행하기 위해 대변통을 해나겠다고 선언했다. 〈대고〉 윤음에서 보았듯이 선왕의 마음을 잇는 선왕의 정치에서 핵심은 역시 예와 예제를 통한 교육이었다. 인간 누구에게나 있는 본심을 잘 길러줄 수 있는 교육과 교육 제도의 마련은 주자학적 경세학의 핵심적 사안이었다.[33] 정조의 이해도 다를 바 없었다.

> 명덕(明德)은 바로 《대학》 첫머리의 가장 중요한 뜻이다. 신민(新民)은 명덕을 천하에 밝히는 일이고, 지선(至善)은 명덕을 밝혀 지선(至善)에 머물게 하는 것이니, 비록 삼강령(三綱領)이라고는 하지만 실제는 명덕 하나일 뿐이다.[34]

본심(=명덕)을 길러 천하에 밝히는 일이 신민이니, 신민의 장과 신민을 위한 제도는 학교, 학교 제도에만 한정되지는 않았다. '수신-제가-치국-평천하'라 했듯이 가정에서의 교육, 지역사회에서의 교육이 학교 교육과 함께 중요했다. 주자는 고례를 연구한 후 송나라 사회에서 실천할 수 있도록 《가례》를 지었고, 역시 고례를 연구한 후 송나라 지방 사회에서 실천 가능한 향약을 제안한 바 있었다. 《가례》는 지방

---

33) 정조는 인간의 마음속에 있는 천명지성=본연지성=명덕을 복잡하게 분석적으로 설명하는 것을 싫어했다. 이러한 분석은 본래 사람이 본성대로 살아야 하는 까닭을 알고 사람답게 살도록 하기 위한 것인데, 분석에 매달리다가 정작 사람답게 살지 못하기 때문이었다. 그래서 '명덕을 밝힌다'고 할 때의 명덕에 구구한 설명을 붙이지 말고 '본심'이라고 하면 된다고 강조했다. 《홍재전서》 권164, 《일득록》 4, 문학 4, "先儒釋明德者多矣 盧玉溪所言本心二字 最是要言不煩"; 《홍재전서》 권107, 〈경사강의〉 44, 총경 2, 대학, "訓明德者曰性曰心曰情曰統性情曰本心 而本心之說玉溪創之 栗谷從之 比之諸說 最似圓暢歟".

34) 《홍재전서》 권107, 〈경사강의〉 44, 총경 2, 대학.

의 사(士) 가문에서 실천할 수 있게 했지만, 이는 사 이상으로 제한하려는 것이 아니라 관료 이하로 확장하여 예의 실천 범위를 넓히려던 것이었다.[35] 향약의 참여 대상 역시 지역사회 사서인이었다. 정조가 생각한 조선의 예제 역시 이처럼 생활 세계의 모든 영역에서 만민에 대한 교육이 이루어져야 한다는 목표와 맞물려 있었다. 국방, 재정, 외교 영역의 모든 정책과 사업, 제도들도 별도의 거창한 목표가 있는 것이 아니라 나라 사람들의 본심을 길러, 본심대로 살아갈 수 있도록 해주는 것에 불과했다. 본심을 길러주는 모든 정치와 사업이 곧 나랏일이었다.

> 나라에 교화를 이루고자 하면 자기 집안사람들을 가르치는 것에서 시작하고, 백성들로 하여금 효제를 흥기하여 윗사람을 저버리지 않게 하고자 하면 나의 늙은이를 늙은이로 대우하고 나의 어린이를 어린이로 대우하는 것에서 시작해야 한다. 천자와 제후와 서인이 저마다 천하와 나라와 가정을 각기 소유하기 때문에 대소와 경중의 차별은 있지만, 교화를 이룸과 혈구의 도리는 귀천에 관계없이 동일하다.[36]

예제를 통한 교육이 신분의 한계에 매어 있지 않았다는 것은 위 인용문에서도 확인할 수 있다. "천자와 제후와 서인이 저마다 천하와 나라와 가정을 소유하고 있다."고 했다. 천자가 가진 것은 천하이고, 제후가 가진 것은 나라이고, 서인들이 가진 것은 가정이다. 서인들이

---

35) 주자의 가례에서 4대를 한도로 하는 소종주의에 입각하여 조상 제사를 지내고 제사 의례에서 신분적 분등을 강조하는 규정들을 제거하며 예제 실행의 비용을 낮추려 한 것은, 공경대부들의 것이었던 예를 부자나 가난한 사람들 모두의 것으로 확대하려는 구상과 관련이 있었다. Ebrey, 1991, *Chu Hsi's Family Ritual*, 21·22쪽.

36) 《홍재전서》 권129, 〈고식〉 1, 대학.

가정에서 아이를 사랑하여 돌보고 나이 든 부모를 정성껏 봉양하여 개개의 가정이 잘 유지됨으로써 사회도 유지되고 나라도 안정되고 천하도 평안해진다는 말 속에는, 사회의 최소 단위인 가정을 책임지는 서인들 모두가 평천하에 제몫을 담당하는 도덕주체이자 교육주체이자 정치주체라는 인식이 담겨져 있다.

정조가 상하 귀천의 차이 없이 만민의 교화가 가능하다고 언급한 것은 헤아릴 수 없을 만큼 많다.

> 맹자가 이르기를 "만물이 모두 나에게 갖추어져 있으니, 자신을 반성하여 성실하면 즐거움이 이보다 큼이 없다." 하였으니, 이 말은 천자로부터 서인에 이르기까지 모두에게 해당한다.[37]

> 《근사록》의 첫 머리에 〈태극도설〉을 실은 것을 선유(先儒)는 선왕 시대에 못 미치는 쇠락한 시대에 부득이한 것이라고 했지만, 의리의 명목(名目)을 제대로 알아야 한다. 내 마음에도 하나의 태극(太極)이 있고 네 마음에도 하나의 태극이 있으며, 천하의 많고 많은 만물이 모두 저마다 하나의 태극을 갖추고 있다. 이에 내가 바야흐로 사람의 극(極, 준칙)을 세워 백성의 극을 보존하고 그 극을 모아 그 극으로 돌아가고자 하니, 이것이 바로 늘 실천해야 할 바요 실제적인 정치이다. 어찌 〈태극도설〉이 미묘하고 고원하다 하겠는가.[38]

백성들이 가진 정치적 의사 결정의 능력 또한 인정했다. 《경사강

---

37) 《홍재전서》 권131, 〈고식〉 3, 주자대전 2, 강준흠에 대한 답변.

38) 《홍재전서》 권131, 〈고식〉 3, 주자대전 2, 유태좌에 대한 답변.

의》에 나오는 다음 언급을 보자.

문: 공자가 말하기를 "백성으로 하여금 따르도록 할 뿐, 알게 할 수는 없다."고 하였고, 또 "각기 너희의 마음에 중(中)을 베풀라."는 것은 군자의 일이다. 그 처음을 도모할 수 없는 백성들에게 그렇게 하도록 책임지운다 해도, 그들이 믿음에 부응할 것이라고 기약할 수 있겠는가?

답: 중(中)은 우리 마음에 본디부터 지니고 있는 바로서 모든 사람들이 똑같은 바입니다. 비록 지극히 어리석은 백성일지라도 어찌 이러한 중이 없을 수 있겠습니까. 다만 "너희의 마음에 중을 베풀라."고 하였을 뿐, 중의 이치에 대해서 말하지 않았습니다. 이 또한 "하여금 따르도록 할 뿐, 알게 할 수는 없다."는 의의입니다.

정조는 "각자 너희의 마음에 중을 베풀라(各設中于乃心)."는 《서경》의 말을 '책임지우는' 것으로 이해했다.[39] 일상의 행동 속에서 합리적 결정과 실천을 한다는 의미에서 중을 강조했던 정조가, "중을 베풀라."는 말을 판단과 행위의 결과가 시중(時中)이 되도록 하라는 의미로, 그리고 판단과 행위의 결과에 책임지는 것으로 해석하는 것은 당연했다. 정조는 질문했다. 과연 시중에 맞는 행동에 대한 충분한 공부가 없는 일반 백성들에게도 이를 책임지울 수 있는가? 답하는 자는 (그러한 능력을) 누구나 본래 마음에 지니고 있고, 따라서 제 삶과 관계

---

39) 《서경집전(書經集傳)》 권5, 반경중(盤庚中). 반경편은 하수의 범람으로 도읍(耿)이 무너지자 반경이 은(殷)으로 천도하려 하면서 설득한 일을 기록했다. 반경편은 상·중·하로 되어 있는데, 상편은 군신에게, 중편은 서민에게, 하편은 백관과 족성에게 말한 것이다. '각자 너희의 마음에 중을 베풀라(各設中于乃心)'는 삶의 터전을 옮기는 일이 쉽지 않겠으나, 천도해야만 하는 이유와 천도가 서민들을 위한 것임을 각자 분명히 알고 서로 더불어 의논한 후에 각자 제 마음속에 합당한 결정을 하라고 말한 것이다. 문맥상으로 보면 '중'이란 합당하고 확고한 판단 또는 결정이라고 해석될 수 있다.

되는 정치적 결정에 대해 생각해보고 옳다고 여기면 따를 수 있다고 했다. 지금 식으로라면 모든 백성들이 정책을 수립하는 것까지는 가능하지 않지만, 정책적 사안에 대해 믿을 수 있는지, 옳은지 그른지를 판단하고 결정할 능력은 누구나 가지고 있다는 것이다.

서민의 정치 도덕적 능력에 대한 이와 같은 판단은 예제를 통한 정치의 방법과 교육의 범위를 이야기하기 위한 중요한 전제 조건이었다. 정조는 사회 속에서 살아가기 위한 도덕적 능력은 하늘이 모든 사람들에게 내려준 것이며, 모든 사람들이 타고난 것이라고 보았다. 그렇기 때문에 만민을 가르쳐 자율적인 도덕주체로 거듭나게 하면, 그들 각자가 자발적으로 가정과 지역사회에서 본심에 토대한 책임 있는 실천들을 해나갈 수 있다고 보았다. 국가가 행정력을 써서 일일이 개입하고 간섭할 필요도 없고 형벌로 위협하고 감시하지 않아도 집집마다 편안하고 다툼 없이 안정될 수 있는 나라, 그런 나라를 만들기 위해서는 가례, 향례, 학교례 등 정부 이외의 영역에서의 예제에 더 힘을 기울이고 실천해야 했다.[40]

***

정조 당시의 조선에서는 종족 문화가 번성하고 누구나 삼년상을 행하려 하고 시시콜콜한 상·제례의 구절들을 따지고 있었으나, 예의

---

40) 정조는 왕조의 전례서를 모두 모아 의주를 집성한《국조오례통편(國朝五禮通編)》외에 예제 시행의 의미와 실행의 역사를 함께 기록한《춘관통고》를 편찬하고자 했다.《춘관통고》는 1788년 무렵 초고가 완성되었지만 결국 편찬에 이르지는 못했다(김지영, 2004, 〈18세기 후반 국가 전례의 정비와《춘관통고》〉,《한국학보》114, 일지사). 정조가 후반까지 지속적으로 예제변통을 시도했음을 고려해보면, 조선 예제를 삼대의 이상에 가깝게 전면적으로 개편해가는 대변통을 시도했고, 이것이 여전히 진행 중이었기 때문이 아니었을까 생각된다.

본의는 제대로 실천되지 않았다. 사람들은 부와 권력을 위해 골육상잔도 마다하지 않았고, 내 자식 내 부모에 대한 사랑은 넘쳐나도 이웃집 아이나 이웃집 노인의 처지는 돌보려 하지 않았다. 학교는 진정한 학문의 공동체이기보다는 더 높은 부와 권력을 성취하기 위한 사다리로만 여겨졌고, 정부는 천명은 백성으로부터 나온다는 유교정치의 본의를 잊고 있었다. 국가 간의 관계를 돌아보면 내 나라의 이익을 위해서는 기꺼이 남의 나라를 침략하고 무력으로 복종시킬 준비가 되어 있는, 전혀 신뢰할 수 없고 광포한 이웃들과 함께 해야 하는 현실이 놓여 있었다. 정조를 개혁군주라고 하는 것은 정조가 이 현실을 그대로 두고 보려 하지 않았기 때문이다.

문제는 개혁의 방향성과 기준이었다. 정조는 왕과 몇몇 사람의 노력에 의해서가 아니라 만민을 가르쳐서 자율적인 도덕주체로 변화시키고 도덕 감정에 맞는 자발적 실천들을 누적시켜야 선정에 이를 수 있다고 보았던 주자학적 예교론의 입장에 공감했다. 제도적 강제와 국가 폭력의 수단들에 의지하지 않으면 질서가 유지되지 않는다는 순자적 예교론과 법가의 문제의식을 받아들이지 않았다. 여전히 인간 개개인의 가능성을 믿고, 그들의 가능성을 최대한 계발시키는 예제와 교육을 통해 조선의 개혁을 이룰 수 있다고 보았다. 정조는 기존의 예제를 고수하지 않고 가례, 향례, 학교례, 국가례, 천하례의 영역에서 적극적으로 예제변통을 시도했다. 조선의 오래된 주자주의적 입장과 기준들을 재환기시키면서 미래를 향한 열린 자세로 누구보다 근본적이고 혁신적으로 조선의 현실들을 바꾸어나가고자 했다. 그 대변통의 구체적인 내용 속으로 들어가 보자.

1부

가례:
정조의 제한적
가례 인식과 효치론

> 내 어찌 조금이라도 근본에 보답하는 성의가 부족해서 그랬겠느냐? 스스로 마음속으로 묵묵히 깨친 것이 있어 지극히 정밀하고 은밀한 도리를 구하고, 이것으로 갚지 않는 갚음을 하고자 한 것이다.
>
> —1793년, 사도세자 전례 문제에 대한 대화 중에서

주자학의 예치 기획의 첫 단계로 볼 수 있는 가례에 대한 정조의 문제의식은 한편으로는 매우 전통적인, 즉 정통 주자학의 견해를 따르고 있지만, 주자학의 방법을 오랫동안 실천해서 국가와 사회의 변화를 도모해왔던 조선의 현실에 대한 냉정한 인식을 바탕에 깔고 있었다. 당시 정조는 조선에서 가례가 지나치게 편향적으로 실천되고 있다고 여기기도 했다. 정조가 '정학(正學)'이라 부르며 평생을 부식하려 했던 주자학에서 가장 중요하게 생각하는 공부는 개인의 마음에서 사사로움을 절제하고 하늘이 부여한 공공의 덕성을 가지고 살아가는 방법을 배우는 것이었다. '가(家)'는 그 실천적 배움의 첫 장소였다. 가족 공동체 안에서의 일상, 부자 간·형제 간의 사랑과 우애(孝悌)와 공경 속에서 타인에 대한 사랑과 양보를 배운다. 지식으로 아는 것이 아니라 마음으로 깨닫고, 이를 바탕으로 자신의 욕망만을 따르는 이기심을 조절하는 방법을 체화할 수 있게 된다. 이렇게 가족 안에서 배운 공공심(仁)을 이웃의 다른 사람들, 같은 나라의 사람들, 천하로 확장시킬 수 있을 때 공동체의 공공선에 이를 수 있다는 것이 주자학의 경세론(經世論)이자 예치론(禮治論)의 핵심 주장이었다.[1)]

---

1) 주자학(신유학)의 경세는 개인에서 출발하여 국가 사회의 변화에 이르는 동심원적-외향적 구조를 가지며, 특히 그 동심원적 구조에서 가정, 향당의 역할에 새롭게 주목하였다. 이에 대해서는 고지마 쓰요시, 2004,《송학의 형성과 전개》, 245~251쪽; 피터 볼, 2010,《역사 속의 성리학》, 376~407쪽; 송재윤, 2010,〈가족, 의례, 선정〉,《국학연구》16, 76·77쪽 참조.

조선은 오랫동안 그 배움의 첫 장소인 '가(家)'를 튼튼하게 만들고 예제를 통해 가 내에서의 덕성을 훈련함으로써 풍속 개변의 출발점으로 삼으려 했지만, 공공의 마음은 가족 밖으로 확장되지 않았다. 오히려 가족 안에서조차 피붙이에 대한 사정(私情)에 치우쳐 당시의 관점에서 용납할 수 없는 골육상잔의 비극이 일어나기도 했다. 정조가 가까이에서 지켜본 사도세자의 비극도 아버지와 아들 사이의 갈등, 군주와 신하 사이의 갈등뿐 아니라 각자의 이해관계를 위해 동기 간, 친족 간, 친구 간, 상하 간의 친밀함과 신뢰를 서슴없이 저버리는 것에서 비롯되었다. 가례 시행의 본의를 다시 일깨우면서 공도(公道)를 침해하지 않는 절제가 필요했다. 왕실과 지배층 내부까지 만연했던 친친(親親)으로의 치우침을 조정하고 '가(家)'를 공천하의 첫 장소로 회복시키는 것, 그것이 가례에 대한 정조의 문제의식이었다.

1부에서는 정조가 사친, 즉 사도세자에 대한 궁원의례와 동생, 고모 등 친속에 대한 처분 문제를 어떻게 해결해나갔는지 살펴보고자 한다.[2] 당시 이 문제들은 가례를 실천하는 본의를 다시 일깨우면서도 가족 내부의 결속으로만 치우쳐 공도를 침해하는 데 이르지 않는 절제를 보여주는 사안이었다.[2]

---

2) 1부의 사도세자 추숭반대론의 전개와 의미 부분은 김지영, 2013, 〈정조대 사도세자 추숭 전례 논쟁의 재검토〉, 《한국사연구》 163을 보완 서술한 것이다.

1.

정조대 궁원제와 가례 인식: 사도세자 추숭반대론

사도세자 추숭전례의 추이

1764년(영조 40) 2월 영조는 정조를 효장세자의 양아들로 삼아서 왕위를 계승시키도록 하는 처분을 내렸다. 다음은 영조가 세손에게 왕위를 물려줄 계획을 선원전에 모셔진 숙종의 영령에게 아뢰는 형식으로 공개한 글의 일부분이다.

> 아! 신축년의 건저(建儲)와 대리(代理)는 이미 우리나라의 고사가 있었는데도 신하로서 절개가 없는 죄과로 몰았는데, 더구나 이 일에 있어서이겠습니까? 이러한 까닭으로 사도의 장일(葬日)에 신이 특별히 몸소 그 신주를 써서 뒤에 오는 신하들로 하여금 감히 용의(容議)치 못하게 하였습니다.[3]

---

3) 《영조실록》 권103, 영조 40년 2월 20일(임인).

위 인용문에서 영조는 신축년(1721년, 경종 1) 세제 책봉과 대리청정이 모두 선례가 있는 일이었는데도 신하의 의리에 맞지 않는 일, 즉 충역(忠逆)의 문제로 공격을 받아 정치적 사건으로 비화되었던 일을 언급하였다. 왕위의 승계와 종통의 문제는 왕이 직접 결정하여 쉽게 논란이 생기지 못하게 하고 세신(世臣)을 보호하겠다는 의지를 보인 것이다. 영조는 아버지 숙종의 초상 앞에서 사도세자의 죄의 유무를 직접 논하지는 않았다.[4)]

영조의 본래 계획은 효장세자를 이어 왕위를 잇게 하는 것이 아니었다. 역대 예제 및 예론에 밝았던 영조는 중국 명나라 건문제(建文帝)의 고사에 따라 세손을 바로 동궁으로 삼아 왕위 계승을 시키고자 했다.[5)] 혈통상으로는 할아버지와 손자 간의 승계이지만, 종통에서는 의리상의 부자 관계가 성립하는 것으로 해석할 수 있기 때문이다. 영조가 처음 세손에게 왕위를 승계시키려고 했을 때에는 할아버지에게서 손자로 이어지는 예를 쓰고자 했다. 따라서 세손을 동궁으로 삼고 세손이 사용하는 모든 의절을 이에 맞추도록 했다.[6)]

그러나 중국이나 조선 모두 역대 왕들이 종통을 계승한 후에 자신의 혈통상의 아버지를 다시 추숭하여 전례 문제가 발생한 바 있었다. 영조는 바로 이 추숭 즉 '종통을 자신의 이해관계에 따라 바꾸는 일'을 염려했다. 조손(祖孫) 계승을 정당하게 받아들이고 추숭을 하지 않

---

4) 물론 이 문제는 사도세자의 죄과에 대한 입장과도 연결된다. 그러나 이 인용문에서 직접 언급하고 있는 것은 사도세자가 폐서인되어 죽은 후 사도세자의 아들 정조에게 문제없이 종통을 넘겨주는 사안이었다.

5) 건문제는 명 태조의 손자이자 의문태자(懿文太子)의 둘째 아들이다. 16세에 할아버지를 이어 즉위한 후 아버지 의문태자를 높여 흥종(興宗) 강황제(康皇帝)로 삼았다. 정약용 저, 박종천 역주, 2010, 《국조전례고》, 95쪽 및 각주 39 참조.

6) 《영조실록》 권103, 영조 40년 2월 20일(임인).

는다면 문제가 없겠지만 그건 알 수 없는 일이었다. 영조 자신이 이해관계 때문에 승통에 관여했다는 혐의를 받은 바 있었고, 그래서 자신의 치세에 매우 혼란스러운 국정을 경험해야 했다. 영조는 이러한 사태를 미연에 방지하고자 세손을 효장세자의 후사로 삼아 종통의 문제를 결정지었고 정조도 이 뜻을 받아들였다.

정조를 효장세자의 후사로 삼게 한 처분은 어제 그대로 반교문(頒教文)으로 중앙과 지방에 반포되었다. 문장 짓는 신하의 손을 거치지 않고 영조가 지은 글 그대로를 공개한 것이다. 《선원계보기략》에 효장세자와 세손에게 연달아 '사(嗣)' 자를 써서 계통이 이어짐을 밝히고, 휘령전(영조비 정성왕후 사당)과 육상궁(영조 사친 숙빈 최씨 사당)에 세손과 함께 가서 알렸다. 세손을 효장궁에 절하게 하여 입후된 자식으로서의 도리를 다하게 했다. 종묘와 사직에도 영조가 직접 쓴 글을 가지고 가서 고하게 했다. 이렇게 정조가 효장세자의 후사가 됨을 공개적으로 표명한 것 자체가 '종묘의 소목(昭穆)을 바르게 하려는 것'이었으므로, 당연히 효장세자는 정조가 왕이 된 후 추숭하여 부묘될 것이었다. 그러나 영조는 이를 더 확실하게 하고자 했다.

1776년 영조는 세손이었던 정조의 대리청정을 전후로 사도세자의 일과 관련된 두 가지 중요한 처분을 내렸다. 하나는 《승정원일기》에 있는 관련 부분을 세초한 일이다. 1776년 2월 세손이었던 정조는 대리청정을 위한 선결 조건으로 이를 청했다.[7]

> 임오년에 내리신 처분에 대해 신은 사계절이 있는 것처럼 믿고 금석같이 지킬 것입니다. 가령 귀신 같은 못된 무리들이 감히 넘보는 마음을

---

7) 《영조실록》 권127, 영조 52년 1월 17일(기해).

먹고 추숭 논의를 내놓았을 때 만약 그들의 종용을 받아 의리를 바꾸어 놓는다면, 신은 천하에 대한 죄인이 되는 것은 물론 종묘사직에 대한 죄인이 될 것이며 동시에 만고의 죄인이 될 것입니다. 다만《승정원일기》에 그 당시 사실들이 모두 기록되어 있어, 그것을 보고 전하는 자가 있는가 하면 듣고 논의하는 자들도 있어 그 소문이 온 세상에 유포되어 사람들 귀와 눈이 그 이외는 듣도 보도 못하게 하고 있으니, 신 개인으로서의 애통한 마음은 돌아갈 곳 없는 궁인(窮人)과도 같습니다. …… 신이 비록 어리석고 무지하오나 역시 지워버릴 수 없는 그 마음만은 있는데, 지금 와서 높이 세자의 자리에 앉아 여러 신료들을 대할 때 어찌 마음이 애통하지 않겠으며 이마에 땀이 나지 않겠습니까. …… 전하가 하신 처분은 바로 공정한 천리(天理)에 의하여 하신 것이요[8] 신이 애통해하는 것 역시 어쩔 수 없는 인정(人情)인 것으로, 이른바 아울러 행하여도 서로 방해되지 않는 것입니다.《승정원일기》의 해당 부분을 지우면 그 처분에 대한 증빙 자료가 없어지는 것이라고 우려할 수 있지만, 꼭 그렇지만은 않습니다. 국조(國朝)의 전례·고사들이 모두 기록으로 남아 있고 금궤(金匱)·석실(石室)에 담겨 각 명산에 간직되어 있어서 천추만대를 두고 이동할 수 없게 되어 있는데, 어찌 꼭 일기가 필요하겠습니까.[9]

세손의 청을 받아들여 기록을 세초한 영조는, 효장세자와 효순현빈의 사당의 명호를 각각 '효장승통세자(孝章承統世子)'와 '효순승통세

8) 정조는 영조의 처분에 어쩔 수 없는 부분이 있다고 인정하고 있었다. 단지 영조의 처분이고 영조가 살아 있기 때문에 받아들인 것이 아님을 밝혔다.《영조실록》권127, 영조 52년 2월 4일(병오), "其時處分 余何敢言 而政院日記多載不忍聞不忍見之語 傳播一世 塗人耳目 今余苟活至今者 已非人理之所堪 而頑若無知者 特以大朝在上 且伊時處分 有不敢議到而然也."

9) 영조는 이 청을 받아들여《승정원일기》의 관련 부분을 세초했다. 그러나 사초들은 그대로 남았다. 훗날 순조대 김달순이 세초 속에 들어갔던 상소문을 순조에게 올려 논란을 빚었고, 이 일로 벽파들이 정계에서 내몰리게 되었다.《순조실록》권7, 순조 5년 12월 27일(병오).

자빈(孝純承統世子嬪)'으로 고쳐 옥인과 죽책을 각각 만들어 올리도록 했다.[10] 종통이 영조에서 효장세자를 거쳐 정조로 이어진다는 것을 분명하게 하기 위해 '승통' 즉 종통을 이은 세자라고 명시하도록 한 것이다. 이 글귀를 새긴 옥인과 죽책을 사당에 올리는 의례를 거행함으로써 영조는 혹시라도 있을지 모르는 사도세자 추숭 시도를 완전히 무력화시키고자 했다.

1776년 3월 10일 영조가 훙서한 지 6일째 되는 날 정조는 빈전(殯殿)의 문 밖에서 어보(御寶)를 받고 경희궁 숭정문(崇政門)에서 즉위하였다. 이날 정조는 효장세자의 추숭부묘, 사도세자에 대한 추존호, 왕비와 혜경궁 칭호 및 예우 문제를 모두 공식화했다. 새로운 왕으로서 달라진 지위에 상응하여 관계를 바르게 정립한다는 취지였다.

효장세자의 추숭과 사도세자에 대한 궁원제 전례는 정조가 즉위하기 이전부터 이미 큰 방향이 잡힌 터였다. 앞서 살펴본 영조대의 처분은 정조가 취해야 할 조치들을 미리 예정한 것이었다. 그러나 정조는 이 처분들을 그대로 따르기를 주저했던 것으로 보인다. 훗날 정조는 즉위식에서 면복으로 갈아입고 하례를 받는 일, 효장세자를 추숭하는 일을 하지 않고자 했지만 속된 견해 때문에 이루지 못하고, 정순왕후의 칭호만 자기 뜻대로 했다고 한 바 있다.[11] 자신이 예를 행할 때 전례나 세속의 견해보다 그것이 옳은지에 대한 판단을 우선시했음을 강조하기 위해 한 말이다. 즉 사위 의식을 행할 때 길복으로 하례를 받는 것이 잘못되었다고 생각하여 이를 행하지 않으려 했으나 조종조의 전례를 한꺼번에 바꿀 수 없다는 속견 때문에 억지로 따

10) 《영조실록》 권127, 영조 52년 1월 17일(기해).

11) 《정조실록》 권38, 정조 17년 8월 8일(무진).

랐다는 것이다. 또한 효장세자를 추숭하는 일도 잘못되었다고 생각했지만, '승통'이라는 말로써 이미 추숭을 공식화했던 영조의 처분을 따라야 한다는 속견 때문에 이 전례를 억지로 시행했다는 것이다.[12] 이 발언은 정조가 사도세자를 추숭하기 위해 진종〔효장세자〕 추숭을 하지 않으려 했음을 확인시켜주는 것으로 오독되기도 한다. 그러나 이는 조손 계승이 타당한 것이기 때문에, '승통'하도록 한 영조의 확고한 처분이 없었더라면 왕이 아니었던 효장세자를 추숭하지 않았을 것이라는 의미로 한 말이다.

이러한 정조의 뜻은 영조의 계비이자 자신에게 할머니가 되는 정순왕후의 호칭 문제를 결정할 때 잘 드러났다. 조정에서는 인조가 즉위했을 때 선왕의 계비(繼妃)이자 친속으로 할머니가 되는 인목대비(仁穆大妃)의 칭호를 '대왕대비'로 하였던 점을 들어 정순왕후의 호칭을 '대왕대비'로 하자고 주장했다.[13] 정조는 효장세자를 추숭하기 전에는 손자가 할아버지를 이은 뜻이 있으므로 왕대비전으로 칭하고, 추숭한 후에 논의하여 영조가 호칭을 더하고 통서를 정한 뜻을 따르겠다고 하였다. 정조가 이와 관련하여 내린 전교는 아래와 같다.[14]

> 나도 또한 장릉(長陵, 인조)의 고사를 알거니와, 종통(宗統)도 큰 것이고 계서(繼序)도 중요하다. 그러나 손자로 조부를 계승하게 되고 아우로 형을 계승하게 되더라도 그 조부와 형은 마땅히 예위(禰位)가 되는 법이니, 오늘날에도 마땅히 이 전례대로 해야 한다. 나의 뜻은 그윽이, 손자

12) 《정조실록》 권38, 정조 17년 11월 19일(무신).

13) 인조 이전의 왕은 광해군이지만 광해군은 폐위되었으므로 인조는 선조를 이어 왕위에 오른 것이다.

14) 《영조실록》 권127, 영조 52년 3월 8일(기묘).

로 조부를 계승하는 뜻을 따르려는 것이지, 단지 왕대비로 받들어보기도 전에 곧장 대왕대비로 칭하는 것을 미안스럽게 여기는 것만이 아니다. 예의 뜻이 비록 그러하기는 하지만 이미 종통을 이어받도록 하신 유교(遺教)가 계셨으니, 효장묘(孝章廟)를 마땅히 추숭해야 할 것이다. 그때에 다시 의논하여 정해야 하고, 또한 존호를 가하도록 하신 성스러운 뜻을 준수해야 할 것이다.[15]

손자가 할아버지를 계승하고, 아우가 형을 계승해도 그 조부와 형이 사당 안에서 아버지의 자리〔禰位〕에 있게 되므로, 조손 계승이 아무 문제가 없다는 것이다. 효장세자의 추숭은 영조의 유교에 따르지만, 정순왕후의 호칭에 관해서만은 일단 조손 계승의 뜻을 남겨두고자 한다는 것이 위 인용문에 담긴 정조의 생각이었다.[16]

이러한 조치에 이어 정조는 사도세자에 대한 향사의절과 혜경궁에 대한 의절을 정해서 올리게 했다. 이때 정조는 선대왕이 종통의 중요함을 위하여 효장세자를 이어받도록 명하였던 일을 다시 언급하고, 이미 ① 선대왕에게 밝혔던 '근본을 둘로 하지 않는 것〔不貳本〕'에 대한 자신의 뜻과 ② 예를 엄격하게 지키되 인정 또한 펴야 한다는 것을 언급하며, 이를 사도세자 전례의 원칙으로 삼는다고 천명했다. 이것이 훗날까지 자주 인용되는 병신년 윤음이다.

과인은 사도세자의 아들이다. 선대왕께서 종통의 중요함을 위하여 나에게 효장세자를 이어받도록 명하셨다. 아! 전일에 선대왕께 올린 글에서

---

15) 《정조실록》 권1, 정조 즉위년 3월 10일(신사).

16) 영조와 진종의 부묘의식을 거행한 후에도 정순왕후의 호칭은 그대로 왕대비로 유지되었다.

'근본을 둘로 하지 않는 것'에 관한 나의 뜻을 크게 볼 수 있었을 것이다. 예는 비록 엄격하게 하지 않을 수 없지만, 인정도 또한 펴지 않을 수 없다. 향사하는 절차는 마땅히 대부(大夫)로서 제사하는 예법에 따라야 하고, 태묘(太廟, 종묘)에서와 같이 할 수는 없다. 혜경궁께도 경외에서 공물을 바치는 의절이 있어야 하나 대비와 동등하게 할 수는 없다. 해당 관사에서 대신들과 의논해서 절목을 정하여 아뢰도록 하라. 이미 이런 분부를 내렸는데도 괴귀(怪鬼)와 같은 불령한 무리들이 이를 빙자하여 추숭하자는 의논을 한다면, 선대왕께서 유언하신 분부가 있으니 마땅히 형률로 논죄하고 선왕의 영령께도 고하겠다.[17]

사도세자에게 사친에 대한 인정을 펴는 뜻에서 융숭하게 제사지내는 전례를 시행하지만, 이는 근본을 둘로 하지 않는다는 원칙을 침해하지 않는 선에서 행한다는 점을 강조했다. 이를 제대로 모르고 추숭하자는 논의를 제기하는 자는 엄격히 처벌하겠다고도 했다. 이후의 전례 절차는 바로 이 윤음에서 천명한 바에 따라 진행되었다. 1776년 3월 19일에 효장세자를 진종으로 추숭하고 효순현빈(孝純賢嬪)을 효순왕후(孝純王后)로 추숭한 후, 추숭도감을 국장도감에 합하여 설치하게 했다.[18] 3월 20일에는 사도세자에게 '장헌(莊獻)'이라는 시호를 올리고, 수은묘의 봉호를 '영우원(永祐園)'으로, 사당을 '경모궁(景慕宮)'으로 하였다.[19] 3월 23일에는 종묘 및 각 사당의 축문 격식을 정했는데, 진종 축식에는 '황고효자(皇考孝子)'라 칭하고 경모궁 축식에는 '황숙부종자(皇叔父從子)'라고 칭하도록 했다.

---

17) 《정조실록》 권1, 정조 즉위년 3월 10일(신사).
18) 《정조실록》 권1, 정조 즉위년 3월 19일(경인).
19) 《정조실록》 권1, 정조 즉위년 3월 20일(신묘).

사도세자에 대한 예를 종묘와 차등을 둠으로써, 근본을 둘로 하지 않는다는 원칙과 예법의 원칙을 침해하지 않는 선에서 인정 또한 지극하게 편다는 입장이 전례에 반영되도록 한 것이다. 정조는 진종 추숭과 사도세자에 대한 추존호 의례를 마친 후 반포한 교서에서 "이미 융성한 전례로 종사를 소중히 여기는 데 극진히 하였으니, 저 사사로운 은혜라 하여 어찌 근본을 갚는 데에 소홀히 하겠는가? 원(園)의 호칭을 특별히 베풀었으니 능침(陵寢)과 비교하여 위엄에 차등을 두었고, 사당의 체모는 융성함을 더했으니 아악(雅樂)을 사용하며 인천(禋薦)을 갖추었다."고 하여 추숭전례와 관련하여 중요한 두 원칙을 모두 존중하였음을 천명했다.[20]

정조가 진종을 추숭한 것은 영조의 유훈 때문이었지만, 사도세자를 위한 전례에 한계를 두었던 것은 단지 영조의 유훈 때문만은 아니었다. 실제로 정조는 영조의 유훈이 있더라도 의리상 문제가 있는 경우에는 고쳐 시행하기도 했다. 영빈(暎嬪, 사도세자의 어머니)의 봉원(封園) 문제가 바로 그런 경우였다.

영조는 말년에 효장세자의 사친인 정빈과 사도세자의 사친인 영빈의 묘소를 봉원한다는 뜻을 글로 적어 남겼다. 영빈의 사당과 묘소에는 '의열(義烈)'이라는 시호를 내리고 궁원의례를 정하여 두기까지 했다. 정조가 효장세자의 종통을 이어 왕이 되고 효장세자를 왕으로 추숭한다면, 정빈은 왕을 낳은 사친으로서 궁원제를 적용받을 수 있었지만 영빈은 달랐다.[21] 영빈이 정조에게는 친할머니였지만, 정조가

---

20) 《정조실록》 권2, 정조 즉위년 8월 17일(병진).

21) 정빈의 사당과 묘소는 1778년(정조 2) 3월 18일 궁원〔延祜宮, 綏吉園〕으로 봉하였다. 추숭한 왕의 사친이라 하여 육상궁의 의절 대신에 저경궁〔추숭왕 원종(元宗)의 사친 인빈 김씨(仁嬪金氏)〕의 의절을 사용했다.

효장세자의 후사가 되었고 사도세자는 왕이 아니었기에 원칙적으로 궁원제를 적용할 수 없었다. 영빈에게 궁원제를 적용하라는 영조의 하교가 있었지만, 승통한 대왕의 사친(왕을 낳은 후궁)에게만 제한하여 적용하도록 한 궁원제의 원칙에서 벗어났던 것이다.

이 점을 지적한 김종수(金鍾秀)는 효도란 무조건 따르는 것이 아니라 (사리에) 어김이 없도록 하는 것이 중요하며, 계지술사(繼志述事)를 잘하는 사람은 사리에 합당한 일을 따르는 것을 효도로 여긴다는 점을 강조했다.[22] 원칙에서 벗어난 한때의 하교가 아닌 합당한 정제(定制, 영조의 궁원제)를 따라야 한다는 것이다. 이 결론에 따라 사도세자를 낳은 영빈의 사당은 '의열궁'이라는 명칭을 유지했지만,[23] 제사의 체례는 다른 궁원과 차등을 두었고 묘소인 의열묘도 원으로 봉하지 않았다. 정조는 이 전례 문제를 결정한 후 이 문제를 제기한 김종수를 만나 '학문이 깊숙한 곳에 도달하여 분명하게 의리를 깨친 사람이 아니고서는 제기할 수 없는 문제'를 제기했다고 격려했다.[24]

이러한 전례 문제에 있어 정조가 자신이 고수한 일관된 원칙에서 벗어났던 것이 원빈 홍씨의 인명원(仁明園) 전례인데,[25] 이 또한 결국은 원칙으로 되돌아갔다. 1782년(정조 6) 무렵부터 인명원 원호 개정에 대한 청이 있었고,[26] 다시 1786년(정조 10) 11월 영의정 김치인이 빈이 존귀한 가문 출신이라 하여 차등을 둘 수 없고, 저군을 낳은 경우에도 원이라 칭하지 않았는데 인명원에만 예외적인 전례를 쓸 수

---

22) 《정조실록》 권5, 정조 2년 1월 30일(신묘).

23) 의열궁의 명칭은 후에 '선희(宣禧)'로 변경되었고, 정조 또한 자주 찾아가 술잔을 올리는 예를 취했다.

24) 《정조실록》 권5, 정조 2년 2월 3일(갑오).

25) 《정조실록》 권7, 정조 3년 5월 7일(경인).

없다고 하였다.[27] 이 의견에 따라 인명원, 효휘궁(孝徽宮)이라는 호칭을 혁파하고 정자각, 홍살문을 훼철하는 등 강등하여 봉하였다.[28]

이상에서 살펴보았듯이 정조는 재위 전반기 공적인 전례를 시행하는 과정에서 원칙을 넘어선 추숭이나 존봉 등을 반대하였다. 선왕 영조의 승통에 대한 결정에 따라 진종을 추숭했지만, 사도세자 전례는 근본을 둘로 하지 않는 원칙과 예에 엄격하면서도 인정을 편다는 원칙에 입각하여 처리하고, 《궁원의(宮園儀)》를 편찬하여 이를 정제로 만들었다.[29] 정조 자신이 전례 문제를 처리할 때 지켜온 원칙은 다음의 인용문 내용과 같다. 원칙을 거스르고 억지로 높이는 것은 진정으로 높이는 일이 아니며, 《궁원의》에 기록된 예제야말로 선세자(先世子)를 제대로 높이려는 뜻에서 나오게 된 것이라는 설명이다.

> 예에 있어 이존(貳尊)에 가깝게 되고 사세에 있어 압존(壓尊)에 걸리게 되는데도 의리를 거스르고 사정(私情)대로만 하여 억지로 숭봉(崇奉)하려고 하는 것은, 내가 생각하는 숭봉이 아니다. 부당하게 숭봉하는 예절로는 숭봉하지 않으려는 것이 곧 내가 말하는 숭봉이다. 아! 《궁원의》를

---

26) 《정조실록》 권13, 정조 6년 6월 2일(정묘), "蓋園之爲義 亞於陵 重於墓 竊想漢宋故事 皆以其篤生聖人 爲宗社神人之主 酬功報德之道 自不得不如此. 我朝封園 亦倣此而行之 實合於追遠報本之誠 可謂仁之至而義之盡也. 至於嬪御 宜無可論 而仁明園創設 終非古例 伊時雖用皇貴妃之禮 豈有加於貳極之理哉? 今順懷·昭顯墓 不曰園而曰墓 則此雖在於我朝封園前事 而以中朝事例 追溯而證嚮之 亦可知矣. 夫園之與墓 只爭一字 而隆殺之際 禮義有截 今雖稱之爲墓 視諸他嬪御之山 則已侈矣 繁纓細物也 而聖人惜之. 今此仁明園之園字 不宜仍存 以示後世. 伏惟聖明 凡係禮制 式遵彝典 不違尺度 似此無於禮之禮,宜有以裁處之也."

27) 《승정원일기》, 정조 10년 11월 11일(신사).

28) 《승정원일기》, 정조 10년 11월 14일(갑신).

29) 《궁원의》는 1776년 편찬하였고 1785년 증수하였다. 완성된 책은 정조가 춘당대에 나아가 직접 받고 경모궁에 나아가 봉안하였다. 정조는 이 책은 본궁의 전장으로 사체가 중대하여 《경국대전》 및 《국조오례의》 등과 다를 바가 없다고 하였다. 《정조실록》, 9년 8월 9일(병술).

눈물을 머금으며 펴낸 것도 진실로 이런 이유에서였다.[30]

사도세자 추숭반대론의 전개

정조는 사도세자 전례 문제가 언급될 때마다, 자신이 특별한 처지에 있기 때문에 누구보다도 이 문제를 고민했고 정밀한 의리를 세웠다고 자부했다. 정조가 전례 문제에 대한 입장을 처음 세운 것은 세손 시절 강학하던 때였다. 1768년부터 서연(書筵)에 참여했던 김종수가 이 문제를 함께 토론하며 정조가 의리론에 입각하여 사도세자의 추숭 문제를 처리할 수 있도록 하였다.[31] 이 절에서는 정조와 김종수의 대화를 따라가며 이 문제에 대한 정조의 입장을 살펴보기로 한다.

김종수는 영조대부터 의리에 정밀한 학문으로 인정받은 바 있었고, 정조와는 세손 시절 궁연(宮筵)에서 만난 바 있다. 정조는 17세, 김종수는 51세 때의 일이다. 김종수는 당시 궁연에서 나눈 대화 내용을 엮어 〈춘궁시강일기(春宮侍講日記)〉로 남겨두었다. 1768년 7월 3일 궁연에서 정조는 "역대의 추숭이 언제 시작되었는지 모르나 모두 잘못되었다."고 하였다.[32] 김종수는 역사적 사례들을 공부하며 세손의 추숭 비판 입장을 지지했다. 이때 유의해서 읽은 대목은, 동한 광무제가 중흥지주이지만 서한의 통서를 이어 따로 태묘를 세우지 않고 단

30) 《정조실록》, 정조 2년 1월 21일(임오).

31) 김종수는 당시 겸사서로 존현각에서 열린 세손의 강학에 참여하였고, 1768년에는 《자치통감강목》, 《시전(詩傳)》, 《맹자》 등을 강연했다. 《일성록》, 영조 44년(1768) 6월 15일.

32) 《몽오집(夢梧集)》 권3, 〈춘궁시강일기(春宮侍講日記)〉, 무인(1768년, 영조 45) 7월 초3일, "令曰 歷代追崇未知始於何時而皆非矣".

지 남양(南陽)에 사친묘(四親廟)를 세운 일을 주자가 칭찬하였던 사례, 한·당의 여러 신하들이 추숭이 잘못되었다고 아뢰지 않았으나 송 복왕(濮王)의 전례 때에는 선현의 논의가 나와 예의가 크게 밝혀진 사례 등이었다.

1769년 2월에는 세손이 직접 지은 사론(史論) 여러 편을 김종수에게 보여주었다. 그중에는 〈소종을 대종에 합하는 것에 대해 논함[小宗合大宗論]〉이라는 글이 있었다. 중국 한나라에서 '도고정도황(悼考定陶皇)'으로 추숭한 일이 잘못되었다고 논한 글이었다. 그 글의 대지는 입승대통(入承大統)한 군주가 사친을 융숭하게 하는 일이 계통을 둘로 만드는 이통(二統)의 혐의가 있어 의리에 부당하다는 것이었다. 김종수는 이 글을 보고 감탄했다. 세손을 향해 두 번 절하고서, '아는 것이 어렵지 않고 오직 행하는 것이 어려울 뿐이다[非知之難 行之惟難].'이라는 여덟 자로 아뢰었다.[33] 이 일이 훗날 반복해서 거론되었던 궁연에서의 일이다.

정조가 지은 글에서 핵심적으로 논의된 한나라 때 추숭한 일이란 한 선제(漢宣帝) 때의 일을 말한다. 당시 추숭에 관한 논의를 할 때마다 사친 추숭의 폐해를 처음 열어준 일로 거론되는 사례였다. 잠시 그 전말을 살펴보자. 한 선제는 한 무제의 증손자이자 모함으로 자살한 여태자(戾太子) 유거(劉據)의 손자였다. 선제의 부모 역시 이 일에 연루되어 죽임을 당했고 선제만 겨우 목숨을 구해 민간에서 자라다가 소제를 이어 황제의 자리에 올랐다. 즉위한 후 선제는 사친을 위해 묘소를 수호하는 원읍(園邑)을 두고 '도고(悼考, 애통하게 죽은 내 아버지)'라고 칭하며 제사를 지냈다.[34] 수년이 지난 9년(기원전 66) 5월

33) 《몽오집》 권3, 〈춘궁시강일기〉, 기축(1769년, 영조 46) 2월.

선제는 친아버지를 '황고(皇考, 아버지 황제)'로 추존하고 침묘를 세웠다.[35] 이때 선제는 자신이 소제에게 손자가 되므로 그 아버지를 황고라 함이 옳다고 했고, 논의하는 자들은 이것이 소종을 대종의 통서에 합치는 일이라며 비판하기도 했다.

이 문제에 대해 조선시대에 가장 잘 알려진 비판론은《통감강목(通鑑綱目)》에 기재된 정자의 비판이다. 그 내용은 다음과 같다.

> 남의 후사가 된 사람〔爲人後者〕은 그 후사로 삼아준 사람〔所後者〕을 부모로 부르고 그 낳아준 이를 백숙부모로 부르니, 이는 천지의 큰 의리와 낳아준 큰 윤리를 변경할 수 없는 것이다. 그러나 낳아준 의리도 지극히 높고 지극히 크니, 마땅히 정통에 뜻을 오로지 하지만 어찌 사은(私恩)을 완전히 끊을 수 있는가? 이 때문에 선왕이 예를 제정함에 대의를 밝히기 위해 (낳아준 부모에게) 이미 복(服)을 내려 통서를 바로잡았다. 그러나 정통의 친소와 같지 않게 하기 위해 자최〔齊衰〕의 부장기(不杖期)로 구분하였으니,[36] 그 지극히 중함을 밝히고 정통의 다른 백숙부와 같지 않게 한 것이다. 선제가 그 소생(所生, 소생 부모)을 황고(皇考)라고 칭한 것은 윤리를 어지럽히고 예를 잃어버림이 심하다. 후에 예를 논하는 이

34) "황태자의 시호를 의논하라는 황제의 명에 유사가 태자를 여(戾)로 사량제를 여 부인(戾夫人)으로 하였으니, 한나라 초기의 공의가 오히려 늠름하다. 황제가 처음에 사친을 높이는데 그 처음에는 오히려 '고(考)'라 하고 '후(后)'라 했을 뿐이나 오래지 않아 높여서 황고라고 하였다. 그 이후로 '황'을 칭하지 않는 이가 없었다. 애제(哀帝)는 공황(共皇), 환제(桓帝)는 효목황(孝穆皇), 효숭황(孝崇皇), 영제(靈帝)는 효원황(孝元皇), 효인황(孝仁皇)이라 하였으니, 이 모두 선제로부터 시작된 것이다."라고 했다.《통감강목》권5 하, 중종선황제원년(中宗宣皇帝元年).

35)《통감강목》, 권5 하, 병진원강원년(丙辰元康元年) 하오월(夏五月), "追尊悼考爲皇考立寢廟".

36) 일반 백숙부에 대한 복은 부장기(不杖期, 네 번째 등급의 상복을 1년간 입는다)이다. 위인후자(爲人後者), 즉 남의 후계자가 된 사람이 자신의 아버지를 '백숙부'로 불러 자신을 후사로 삼아준 사람과 구분하지만, 자최〔齊衰〕의 상복을 1년간 입어 후사로 삼은 집안의 다른 백숙부보다는 친아버지에 대한 의리가 중하다는 것을 보여준다는 의미이다.

들이 소생의 지극한 은혜를 깊이 헤아려 존숭하는 바른 예를 밝힐 수 없게 하고 고관대국으로 봉하길 바라게 하였다. 다만 만일 친속의 옛 일로〔但如期親屬故事〕(칭호를) 정하려 하는 것은 지당한 논의가 아니다. 마땅히 사체를 헤아려 다른 칭호를 세우기를 '황백숙부모국대왕(皇伯叔父某國大王)' 등과 같이 하여 그 자손으로 하여금 작호를 승습하여 봉사하게 한다면, 대통에도 근본을 둘로 하는 혐의를 없애고 소생에 있어서도 존숭의 도리를 다하는 것이다.

위 인용문에서 볼 수 있듯이 정자는 한 선제가 친아버지를 황제로 추숭한 일에 대해 비판하고 있다. 비판은 두 가지 지점을 향했다. 하나는 한 선제가 사친을 추숭하여 근본을 둘로 만들고 사사로운 은정 때문에 통서의 중함을 변경시켰다는 점이다. 정자의 비판은 여기에 그치지 않는다. 그는 통서도 중요하지만 소생 부모의 지극한 은혜를 잊지 않는 것 역시 매우 중요하다고 강조했다. 사친에 대한 의리 또한 중요하다고 한 것이다. 더구나 한 선제가 자기 부모를 잘못 추숭한 일은 그의 허물에서만 그치지 않는다. 국가의 공적 전례를 이같이 처리함으로써 소생 부모의 지극한 은혜에 대해 제대로 보답하는 방법을 제시하지 못하고, 당대 및 후대 사람들이 고관대작이라는 세속적 명예를 더해주는 것이 부모를 높이는 일이라 여기게 했다. 선제의 소생 부모 추숭이 당시 세상과 후대에 불러일으킨 부정적 효과를 낱낱이 지적해낸 것이다.

정조의 〈소종을 대종에 합하는 것에 대해 논함〉은 이러한 글을 읽은 후 지은 것이다.[37] 그 첫 시작은 예에 사의(私意)를 섞어서는 안 되

---

37) 《홍재전서》, 권4, 춘저록(春邸錄) 4, 〈소종을 대종에 합하는 것에 대해 논함〔小宗合大宗論〕〉.

고, 의리와 관계된 곳에서는 오로지 '정(情)'만을 따를 수는 없다는 내용이다. 부모에 대한 사랑이 남의 후사가 되어서 달라졌기 때문이 아니라, 지켜야 할 것이 중요하기 때문에 차등을 둔다고 강조했다.

> 예란 곧 천리의 절문(節文)이므로, 그 속에 사의를 섞어 넣어서는 안 된다. 그러므로 정(情)은 비록 한이 없더라도 의(義)가 있는 곳에서는 곧장 그 정(情)대로 행할 수 없는 것이다. 《서경》 〈중훼지고(仲虺之誥)〉에 이르기를 "의로써 일을 제재하고 예로써 마음을 제재하면, 후세에 남김이 넉넉하리라(以義制事 以禮制心 垂裕後昆)."고 한 것이 바로 이것을 이른 말이다. 상례(喪禮)에, 남의 후사가 된 사람이 자기 생가의 부모를 위해 복(服)을 내려 입도록 한 것은 무슨 까닭인가. 남의 후사가 되었다고 해도 부모에 대한 사랑이 달라지지는 않는다. 그러나 종통이 이미 중함에 따라 사은은 도리어 가벼워져서, 경중이 이미 나누어지고 융쇄가 절로 달라진 것이다.

낳아준 부모에 대한 예는 이존(貳尊)의 혐의가 없는 한 높여 그 은혜를 다하게 해야 한다는 내용이 이어진다.

> 비록 그러하나, 후사가 된 곳에 전념하더라도 사은을 돌아보지 않은 적이 없었다. 낳아준 부모를 백숙부모로 높이고 자손으로 하여금 작위를 세습하여 영원토록 향사를 올리게 하였으니, 대종에 있어서는 이존으로 혐의하게 되는 실례가 없게 되고, 낳아준 부모에 있어서는 숭봉(崇奉)의 은혜를 다하게 됨으로써, 이 두 가지가 나란히 행해져 서로 어그러지지 않을 수 있었다.

정조는 이어지는 글에서 후세의 임금들이 이러한 이치를 모르고 사은을 제대로 펴지 못하거나 숭봉을 지나치게 해서 후대에 그릇된 전례를 남겼다고 비판하였다. 구차하게 작위로 높이는 것이 효가 아니라는 점도 적시했다. 끝으로 무엇이든 할 수 있는 지위에 있는 임금이 왜 추숭을 해서는 안 되는가를 정자의 말을 인용하여 설명했다.

> (정자는) "임금이 높이 구오(九五)의 자리에 있으니, 무슨 욕망인들 이루지 못하겠는가. 그러나 만고에 바꿀 수 없는 일정한 예법에 이르러서는 임금의 존귀함만으로 자기 임의대로 변개할 수 없는 것이다. 또 한 가지 정치 행위나 한 가지 예가 모두 천하 사람이 다 보고 듣고 자손들이 본보기로 삼게 되는 것인데, 어찌 한 몸의 사은 때문에 천하의 대경(大經)을 문란케 하고, 한때의 정리로 인해 만세의 대방(大防)을 무너뜨릴 수 있겠는가?"라고 하였다.
>
> 아! 사람치고 누군들 자기를 낳아준 어버이를 숭봉하고 싶지 않겠는가마는, 선왕이 제정한 예에 이르러서는 어길 수가 없다. 어버이를 숭봉한다면서 선왕이 제정한 예에 어김이 있게 되면, 이른바 숭봉이란 것은 내가 말하는 숭봉이 아니다. 내가 말하는 숭봉이란, 곧 당연히 호칭할 말로 호칭하여 이존(貳尊)에 혐의가 없도록 하는 것이다.

나도 어버이를 숭봉하고 싶다. 그러나 만고에 바꿀 수 없는 바른 예법은 임금도 바꿀 수 없다. 왕의 조치와 행동은 모든 사람들이 이목을 집중하고 전범으로 삼기 때문에, 자기의 사은에 이끌려 천하의 큰 법〔예법〕을 무너뜨리고 후세에 빌미를 주어서는 안 된다는 내용으로 마무리한 것이다.

이 글을 읽은 김종수는 어린 세손이 의리가 복잡하게 얽힌 문제에 대해 뜻밖에도 의리에 가장 엄정한 의견을 가지고 있다는 사실에 감동하였다. 하여 그는 세손에게 일어나 절을 하는 예를 취하였다. 그 견해에 대한 마음으로부터의 공감과 인정을 보여주는 몸짓이었다. 절하고 일어나서는 그때그때의 형편과 사적인 이해관계 때문에 이러한 의리를 변경하지 말도록 다시 당부하였다.[38]

정조는 즉위 초에 이미 이러한 예에 대한 이해를 바탕으로 사도세자를 추존하는 의례를 거행하였고, 사도세자에 대한 궁원의례는 바로 이러한 해석에 입각한 것이었다. 위 인용문의 마지막 단락은, 사도세자에 대한 존봉 의절을 완성한 후 내린 하교에서 거의 차이 없이 반복되었다.[39] 〈소종을 대종에 합하는 것에 대해 논함〉을 짓고 7년이 지난 뒤, 그 사이에 왕이 된 정조는 김종수와 다시 만나 그때의 대화에 대해 거론하였다.

정조: 소종을 대종에 합하는 문제에 대해 한 이야기를 기억하느냐?

김종수: 어찌 감히 잊겠습니까?

정조: 이는 내 충년(沖年)에[40] 지은 것인데 그 이야기를 실천하지 못하면 어떻게 하나 항상 염려했다. 다행히 뜻을 같이하는 한두 신하가 있어 내 뜻을 지켰다.[41]

---

38) 《몽오집》 권3, 〈춘궁시강일기〉, "賤臣起伏曰 義理皆極好矣. …… 要之識見高明 義理嚴正 無復餘憾 下情喜不可言 前後侍講之時 睿學所就 已臻高明 凡於義理大處 皆已見得到者 固已稔知 而今奉玩此文字 尤不勝欽仰 更無着言語陳達者 只以書筵所達非知之艱 行之惟艱八字 奉獻之外無他可達之語矣 …… 說時易而做時難 大抵類此 其所以知而不能行 說而不能做者 其故不過由於上項所陳數端 凡於處事之際 勿恃平日吾知之已明 而必更猛省而用力 然後方可免不能踐言之患矣".

39) 《정조실록》 권5, 정조 2년 1월 21일(임오).

40) 처음 추숭 의리에 관한 글을 지었을 때 정조는 17세였다.

41) 《몽오집》, 〈몽오김공연보(夢梧金公年譜)〉, "論曰 小宗合大宗論 能記之否 公曰 何敢忘也 上曰 此予沖年作也 常懼不能踐其言 幸有一二臣同獲 守予此志矣".

위 대화에서 정조는 사도세자 추숭 문제를 자신의 소신, 즉 〈소종을 대종에 합하는 것에 대해 논함〉에서의 견해대로 처리할 수 있을까 걱정했다고 말하고 있다. 즉위한 날에 처리했던 사도세자에 대한 제한적 존봉이야말로 자기 뜻을 지킨 일이라고도 하였다. 정조의 세손 시절 논문을 직접 받아 읽어본 김종수는 사도세자에 대한 추숭 반대가 어떠한 정치적 압력이나 사심에서가 아니라 정조의 소신으로부터 나온 것이라는 점을 누구보다도 잘 알고 있었다. 이후 정조대 조정에서 사도세자 전례 문제와 관련된 일이 발생했을 때 김종수가 나서서 의리를 자임한 것 또한 이러한 서로에 대한 인정에서 나온 것이었다고 할 수 있다.

1799년 1월 7일 김종수가 세상을 떠났다. 정조는 그가 죽었다는 소식을 듣고 내린 하교에서 두 사람의 첫 만남을 이렇게 회고했다. "옛날 30년 전 궁연(宮筵)에서 했던 한마디 말로 마침내 천년에 한 번 있을 법한 만남을 이루었는데, 강개하게 의리로써 자부하여 죽더라도 후회함이 없었다." 정조는 '궁연에서의 한마디'를 군주와 신하가 마음속으로 뜻을 함께 하는 경지를 지칭하는 '천년에 한 번 있을 법한 만남'의 중요한 계기로 언급했던 것이다.[42]

1799년 12월에 직접 지어서 내린 김종수의 치제문에도 그와의 만남에서 중요했던 장면을 지적하였다. 정조는 이 제문을 짓기 전에 심환지에게 보낸 편지에서 "그의 제문을 어찌 채상(蔡相, 채제공)과 비교할 수 있겠는가? 짓고자 한다면 저촉되는 말이 많을 것이다. 게다가 사람들이 알지 못하는 의리를 드러내야 할 것이 있으므로 일단 짓지 않은 것이다. 모르는 사람들은 도리어 채상만 못하다고 여기니 우

42) 《홍재전서》 권36, 교(教) 7, 〈봉조하김종수은졸교(奉朝賀金鍾秀隱卒教)〉.

스운 일이다. 명색은 제문이지만 행장과 다를 바가 없다."고 하였다.[43] 김종수에 대한 평가와 진심을 제문에 담고자 한 것이다. 역시 서연에서 김종수와 의리의 은미함을 논한 대화가 정조가 지은 제문 안에 포함되었다.

> 근본을 둘로 하는 은미한 혐의에 대한 뜻을 드러내어 한 마음으로 시원하게 맺어진 것은 무자년(1768, 영조 44) 강설에서의 일이다.[44]

정조가 이렇게 사도세자를 추숭하지 않고 궁원제로서 사친에 대한 은혜를 갚는 자식의 도리를 하겠노라고 분명하게 밝혔음에도 불구하고, 사도세자의 억울함이 다 해소되지 않았다며 적극적인 처분을 시행하라는 요청이 간간이 제기되었다.

정조가 즉위하기 전 홍봉한이 사도세자 문제를 적극적으로 거론했다고 해서 곤욕을 치룬 일이 있었다. 재위 전반기에 전례 문제를 제기했던 가장 대표적인 사건은 역시 이덕사(李德師)·조재한(趙載翰) 사건이었다. 1776년 4월 1일 형벌을 받고 죽은 이덕사 등은 영조에 대한 충과 사도세자에 대한 충을 가르고, 사도세자의 억울함을 신원하지 않는다면 정조가 임오년의 일을 잊은 것이라 주장하였다.[45] 같은 해 8월에는 영남 유생 이응원(李應元) 등이 상소하여 사도세자의 억울함을 풀고 적극적으로 신원하도록 요구했다가 아버지 이도현(李道顯)과 함께 복주되었다.[46]

---

43) 《정조어찰첩》, 376쪽, 기미년(1799) 8월 28일에 받은 편지.

44) 《일성록》, 기미년(1799) 12월 3일; 《홍재전서》 권25, 제문(祭文) 7, 〈좌의정금종수치제문(左議政金鍾秀致祭文)〉.

45) 《정조실록》 권1, 정조 즉위년 4월 1일(임인).

그 이후 금등문서가 공개되기 전까지는 사도세자와 관련된 문제를 크게 제기하는 일이 없었다. 금등문서는 임오년 사건에 대한 영조의 후회와 사도세자에 대한 애통의 마음, 사도세자의 지극한 효심을 공식화한 문서이다.[47] 금등문서가 공개된 후에도 정조의 입장이 달라지지 않았지만, 군주권 강화에 도움이 되는 임오의리가 힘을 얻게 되었다는 설명도 있었다.[48] 최근 연구들은 금등문서가 공개된 후 정치적 격동을 일으킬 만한 상황 변화가 있었다고 보고 있다. 새로운 사실이 천명되었기에 사도세자 추숭을 본격적으로 진행시킬 수 있는 새로운 형세가 만들어졌다거나,[49] 특히 조작된 금등문서를 통해 사도세자의 잘못을 감추고 미화하는 역사 바꾸기 작업이 본격화되었다는 것이다.[50]

금등문서 공개를 전후하여 정조가 아버지의 비행과 죽음에 대해 다른 판단을 내렸다는 위와 같은 주장은 과연 사실일까. 정조가 사도세자의 죽음에 대해 명백하게 언급한 글은 〈현륭원지문(顯隆園誌文)〉이 처음인 것으로 알려져 있다.[51] 정조는 이 지문에서 사도세자의 덕에 많은 비중을 두고 서술하고 있지만, 그의 병에 대해서도 언급하고 있다. 물론 이 지문은 비공개였기 때문에 정조 당시에는 알려지지 않았다.[52] 그러나 임오화변이 사도세자의 병으로 인해 일어났다는 것은

46) 《정조실록》 권2, 정조 즉위년 8월 6일(을사).

47) 금등문서의 내용에 대해서는 최성환, 2009, 〈정조대 탕평정국의 군신의리 연구〉, 서울대학교 박사학위논문, 260~264쪽; 정병설, 2012, 《권력과 인간》, 문학동네, 238~241쪽 참조.

48) 박광용, 1998, 《영조와 정조의 나라》, 푸른역사, 193·200쪽.

49) 최성환, 2009, 앞의 글, 238~277쪽; 《임하필기(林下筆記)》 권30, 춘명일사(春明逸史), 묘지개제(墓誌改製), "於是 先言公書入顯隆園誌文 …… 盖其時 園誌以幾字式 累次書入 合成一本 故外人不知".

50) 정병설, 2012, 앞의 책, 245쪽.

51) 《정조실록》 권28, 정조 13년 10월 7일(기미).

52) 최성환, 2009, 앞의 글, 222~238쪽.

정조가 즉위한 이래 공공연한 사실이었다. 1781년(정조 5) 《명의록(明義錄)》의 의리주인으로 알려진 서명선이 정승에 임명된 후 처음 연석에 올라와 올린 수차(手箚)에도 사도세자의 질환에 대한 언급이 있었다.[53] 무엇보다도 정조 자신이 즉위 초부터 사도세자의 병에 대해서 언급하고 있었다.

> 아! 황천이 우리 동토를 돌아보지 않아서인가? 대행대왕께서 인자하게 덮어주시는 덕이 그처럼 진지하고도 간절하셨기 때문에 선친의 지난날의 질병이 어쩌면 이로 말미암아 정상으로 회복될 수도 있었는데, 흉계를 빚어온 지가 이미 오래고 의구심이 쌓여온 것을 점차 고치기가 어려웠으니, 그때에는 단지 문침만 제때에 하지 못한 것이 아니라 시선(視膳)도 제때에 하지 못하였다. 또한 우리 대행대왕께서는 일찍이 좌우 사람을 자주 보내 기거(起居)의 안부를 묻게 하고 음식의 다소를 살피게 하셨으니, 이는 곧 양궁(兩宮)께서 자애하시고 효도하실 수 있는 하나의 크고 좋은 기회였는데, 환후가 갈수록 더욱 깊어져서 회복될 수 없었으니 어찌하겠는가? 하늘이여! 하늘이여! 어찌하여 나에게 이렇게도 잔인한 것인가?[54]

이미 정조 초년부터 '사도세자의 잘못이 병으로 인한 것이었을 뿐 그의 본심이 아니었는데, 주변의 무고로 비극을 초래했다.'는 서사가

53) 《정조실록》 권11, 정조 5년 2월 10일(계축), "우리 장헌세자께서는 예질을 하늘에서 타고나셨고 영문이 일찍부터 드러났으므로, 온 나라 사람이 목을 길게 빼고 기다려온 지 30년이었습니다. 그러나 황천이 돕지 않고 우리나라의 운이 불행해진 탓으로 질환이 고질이 되어 사세가 말하기 어려운 지경에 이르렀습니다〔洪惟我莊獻世子 睿質天挺 令聞夙彰 一國延頸 垂三十年 嗚呼 皇天不佑 邦運不幸 疾患沈痼 事到難言〕".

54) 《정조실록》 권1, 정조 즉위년 5월 13일(계미).

완성되어 있었다.[55] 당연히 정조는 아버지의 질병을 감추기에 급급해 하지도 않았다. 사도세자로 인한 인명 피해에 대해서도 잘 알고 있었다. 정조는 즉위 초에 사도세자의 고칠 수 없는 병 때문에 억울하게 죽은 귀신들을 달래는 여제(厲祭)를 거행하도록 하고 제문의 내용을 하교했다.[56] 이 하교를 모두 반영한 제문이 《홍재전서》에도 수록되어 있다.[57]

> 아! 이는 과인이 차마 말할 수 없는 말이다. 그러나 차마 말할 수 없다고 해서 말을 하지 않는다면 선대의 뜻을 추모하고 고혼(孤魂)을 위안하는 일이 아니게 된다. 무릇 여제는 주인이 없는 귀신에게 지내는 제사이다. 특별히 헌관으로 하여금 따로 (여단 옆에) 단 하나를 쌓게 하여, 모년(某年, 임오년) 이전의 의탁할 데 없는 귀신들로 하여금 환후(患候)가 침독(沈篤)했음을 알게 하도록 하라. 특별히 일시적인 일에서 나온 것이니, 사방의 귀신을 불러서 술을 붓고 유식(侑食)하도록 하라.

아버지로 인하여 죽었다는 것을 차마 말할 수 없지만, 그렇다고 해서 말을 하지 않는다면 아버지의 본심을 추모하는 일이 아니라며 억울하게 죽은 귀신들을 위로하게 한 것이다. 다만 사도세자의 질병을 언급한 자료들에서 정조는 '광증'이라 하지 않고 '병'이라는 표현을

---

55) 정조와 김조순의 대화를 기록한 〈영춘옥음기(迎春玉音記)〉에는, 세손 시절 정조가 임오화변이 사도세자의 질병으로 인한 것이었음을 영조가 공식적으로 인정해주길 바랐다는 내용〔以先世子素有疾病 下洞諭於中外爲懇〕이 기록되어 있다. 이를 주선해달라고 김귀주(金龜柱)에게 부탁했으나 거절당했다는 이야기이다, 《풍고집(楓皐集)》(1986, 보경문화사 영인본) 권17 별집, 〈영춘옥음기〉, 402쪽.

56) 《정조실록》 권4, 정조 1년 7월 11일(갑술).

57) 《홍재전서》 권19, 제문, 여귀(厲鬼)를 달래는 제문(정유).

쓰고 있는데, 이는 직접적으로 표현하지 않았을 뿐이다.[58] 불과 15년 전의 일인데, 당시 정조가 언급한 '병'이 사도세자의 '광증'을 지칭하는 것임을 어느 누가 몰랐겠는가?

금등 이후 정조가 말한 것처럼 자신에게 아버지의 일은 너무도 슬프고 비극적인 일이었기 때문에 사도세자의 일을 직접 드러내어 언급하지 않고 조정의 신하들도 언급하지 못하게 하고자 했지만, 사도세자의 병증과 그에 대한 무고는 즉위 초 이래의 여러 일들을 처리하는 과정에서 은근히 다 드러내었다. 그러나 사도세자 사건에 대한 잘못된 이야기가 좀처럼 잦아들지 않고 정조가 사도세자를 잊었다는 말이 반복해서 나오게 되자, 이에 대한 입장을 보다 분명하게 밝히고자 했던 것이다. 이렇게 본다면 금등의 공개가 정조가 전례 문제에 대한 입장을 바꿀 만한 일이 되지는 않았음을 알 수 있다.

정조가 금등 문제로 전례 문제에 대한 입장을 바꾸었다는 설명은, 정조 초반 사도세자를 왕으로 추숭하지 않고 단지 궁원전례만을 행한 것이, 사도세자의 억울함을 알면서도 영조의 임오의리를 준수해야만 했던 당시 정치적 상황 때문이었다는 해석을 전제로 하고 있다.[59] 그러나 앞에서 살펴보았듯이 정조는 어쩔 수 없어서 추숭전례를 행하지 않은 것이 아니라, 추숭이 효도하는 바른 예가 아니라는 견해를 가지고 있었기 때문에 아버지를 섬기는 바른 방법을 찾고자 했을 뿐이었다.

---

58) 정조대 초반에 편수된 《영조실록》에서도 사도세자의 병을 비극적 사건과 연관 지어 서술했다. "대리한 후부터 질병이 생겨 천성을 잃었다. 처음에는 대단치 않았기 때문에 신민들이 낫기를 바랐었다. 정축년·무인년 이후부터 병의 증세가 더욱 심해져서 병이 발작할 때에는 궁비(宮婢)와 환시(宦侍)를 죽이고 죽인 후에는 문득 후회하곤 하였다. 임금이 매양 엄한 하교로 절실하게 책망하니, 세자가 의구심에서 질병이 더하게 되었다."고 하였다. 《영조실록》 권99, 영조 38년 윤5월 13일(을해).

59) 최성환, 앞의 글, 99쪽.

1789년 정조는 영우원 즉 사도세자의 묘소를 수원부로 옮겨 새로 조성하고 현륭원으로 칭하였다. 현륭원은 영우원보다 큰 규모로 조성되었고 석물을 쓰는 것도 왕릉을 넘지 않는 선에서 최대한 예우를 갖추어 석물을 쓰도록 했다. 정조는 비용을 크게 끼치지 않는 선에서 돌아가신 어버이에 대한 예우를 다하겠노라고 선언했고,[60] 큰 반대 없이 현륭원 천원을 마무리했다. 그리고 천원 이후에 먼 거리임에도 불구하고 매년 원행을 하며 선세자에 대한 정성을 다했다.

이후 1792년에 영남 사람 1만여 인이 상소를 올려 사도세자의 무함을 풀고 역적 토벌을 시행할 것을 청했다.[61] 소장을 본 정조는 만인소의 소두 이우(李㙖) 등을 직접 만나 자신이 권도를 써서 이미 세자의 무함을 풀고 역적 토벌도 시행하였다며 기왕의 정치적 처분들에 담긴 본뜻을 설명하였다. 오랫동안 정치적 진출이 어려웠던 영남의 사류들을 다시 조정에 진출시키는 일은 대화합의 정치를 지향하던 정조에게 중요한 문제였다. 차마 말할 수 없는 일이라며 논의를 금했던 사도세자의 문제를 다시 제기한 1만여 명의 연명 상소로 인해 다시 정쟁이 불거지는 것을 바라지 않았고, 더구나 이로 인해 다시 영남인들에 대한 공격이 있을지도 모른다고 우려했을 것이었다. 상소인들을 만난 자리에서 정조는 무신난에 참여했던 영남의 전례와 조재한, 이덕사, 이도현 등의 일을 거론하여 사도세자의 무함을 벗기는 일을 제기하다가 영조를 공격하여 다시 충역 시비의 풍파에 휘말릴 수 있음을 주의시켰다.[62]

김종수는 정조가 만인소를 지은 사람들에게 하교한 글에 발문을

60) 《승정원일기》, 정조 13년 7월 13일(정미).

61) 《정조실록》 권34, 정조 16년 윤4월 27일(을미).

62) 《정조실록》 권34, 정조 16년 윤4월 27일(을미).

붙였다. 당시 정조의 하교가 뜻하는 바가 정확히 무엇인지를 두고 논의가 분분했기 때문이다. 김종수는 정확한 뜻을 설명하면서 이것으로 논란이 끝나기를 바랐다. 〈단양서(端陽書)〉로 알려진 이 글의 요점은 '정조의 본의는 달라지지 않았다.'는 것이다. 정조는 대화가 사도세자에 대한 도리에 미치면 "나는 각각 그 도리를 다할 뿐이라는 것을 알고 있다."고 하고 또 "나는 부모를 도리로써 섬기는 것을 효라고 여긴다." 라던가 "나의 이러한 마음을 오직 경이 알고 있으니 경이 죽은 후에 다시 누가 알 것인가."라고 하였다고 한다. 김종수는 순(純)이나 주공(周公)의 처지는 정조가 처한 상황에 비하면 오히려 정상적인 것이라고 했다. 이어진 글에서 김종수는 사세에 따라 달라지는 도리[수시역변(隨時易變)의 도리]에 대해 논하였다. 그 내용은 다음과 같다.

> (정조가) 먼 땅에서 온 백성들에게 애통함을 참고서 마음을 열어 보인 것이 이와 같이 성실했던 것은, 성려가 미치는 것이 매우 깊고도 멀었기 때문이다. 이를 깨닫고 못 깨닫고는 그 사람에게 달린 것이다. 아, 통상적인 일과 통상적인 이치는 어리석은 남녀라도 모두 알 수 있는 바다. 일[事]이 변하면 그 이치[理] 또한 따라서 변하는데, 변하되 도리[道]를 거스르지 않는 것은 대성인이기 때문이다. 저 사한(師漢)과 상로(象老), 도현(道顯) 무리들이 역적이 된 것은 모두 소견이 이에 미치지 못한 것에서 연유하였으니, 사한과 상로는 당론(黨論)의 그릇됨이 있었고 도현은 이해(利害)로써 꾀임이 있었기 때문이다. 어찌 애통하지 않은가. 초야에서 질병을 앓고 있는 중에 홀연히 경(卿)이 죽고 나면 누가 다시 알 것인가라는 성교를 떠올리고 저절로 척연하게 마음이 움직였다. 드디어 경연에서 하교하신 글에 나아가 그 대지(大旨)를 움켜잡아 그 아래에 덧붙여 쓰고 이로써 사우(師友)들에게 널리 보이고자 한다. 아! 후천백세,

팔방의 사람 중 능히 한 사람이라도 이로 인하여 우리 전하의 본심을 알게 된다면, 이는 이 미천한 신하가 남다른 지우(知遇)에 보답하는 한 가지 방법이 아니겠는가. 글을 이미 완성한 후 동지인에게 주어 서울에 가서 두루 보이게 했더니, 사설(邪說)이 드디어 가라앉았다.[63]

위에서 김종수가 제기한 수시역변의 도리는 유학에서 가장 많이 논의되는 '시중(時中)'의 도리를 말하는데, 이는 다시 두 부분으로 나누어볼 수 있다. 첫 번째는 가장 정당한 판단과 행위의 준칙이 일마다 처한 상황에 따라 달라질 수 있다는 것이고, 두 번째는 그렇게 변화를 수용하더라도 그 결과가 도리〔至善〕에 맞아야 한다는 것이다.

사도세자와 관련하여 의미를 해석하자면, 정조는 이제 세손이 아닌 왕이고, 아버지 사도세자가 억울하게 죽었다면 그 죽음을 신원해줄 수 있을 뿐 아니라 신원해주어야 한다. 질병 이전에 아버지의 덕을 드러내어 죽음 이후에 제대로 평가받지 못한 억울함을 풀어주어야 한다고 생각한 것이다. 이 신원해주어야 한다는 대목에서는 영남 남인들의 주장과 같았다. 그러나 앞에서 살펴보았듯이 정조나 김종수는 그 방법에 절제가 있어야 하고 의리의 대원칙을 바꾸어서는 안 된다고 생각했다. '구오(九五)'의 지위에 있더라도 따라야 하는 대원칙이 있다고 믿었던 정조와 달리, 많은 사람들은 '왕의 절제의 필요성'을 잘 이해하지 못했고 시왕(時王)에게 영합하여 자기 이익을 도모하고자 했다. 이덕사, 조재한, 이도현-이응원 부자는 사도세자에 대한 의리를 들어 상소했으나, 이를 통해 자기 당의 이익이나 자신의 이해를 도모하고자 했기에 처벌을 받았다는 것이다. 정조가 영남인들을 불

---

63) 《몽오집》 권4, 제발(題跋), 〈서령유이우입시연본요어후(書嶺儒李堣入侍筵本要語後)〉.

러서 만나보았다는 사실로 의논이 분분할 때, 김종수는 이 글을 통해 다시금 정조의 의리론을 재천명하고 사도세자 문제에 대한 처분이 달라질 것에 대한 기대와 의혹 모두를 불식시키고자 했던 것이다.[64)]

아버지에 대한 의리를 펴되 그 방법에 절제가 있어야 한다는 원칙은 금등 공개 이후에도 바뀌지 않았다. 정조는 금등 공개 이후에도 전례 변경에 대한 의심을 하지 말 것을 당부하기도 했다.[65)] 그것이 자신의 소신에서 나온 것임을 1793년 11월에도 분명하게 표현했다.

> 예는 정에서 연유하지만 의로써 예를 제재해야 한다. 특히 남들이 말하는 숭봉은 내가 말하는 숭봉이 아니다. 감히 하지 못하고 차마 하지 못한다는 것을 가장 중요한 의리로 삼는 것이 경전에 공연히 실려 있겠는가. 천년 이래 내 마음을 아는 자가 있다면, 마땅히 예를 제재할 곳에서 예를 제재하고 당연히 정에서 연유할 곳에서 정에 연유하며 나를 이해하고 나를 법받아 나로 하여금 처음의 뜻을 따르도록 할 것이니, 오직 '장차 따르겠습니다(將順).' 두 글자를 말할 것이다.[66)]

예를 제재할 곳에서 제재하고, 인정에서 연유할 곳에서 연유하는 것이 자신의 뜻이며, 자신의 처음 뜻을 지키도록 해달라는 당부의 말을 금등 이후에도 반복하고 있었던 것이다.

---

64) 〈단양서〉에 대한 다른 《명의록》 의리 준수론자들의 평가에 대해서는 최성환, 2009, 위의 글, 258~260쪽 참조. 다만 최성환은 여기에 대해 자신들의 당파적 입장이나 시세를 고려한 평가라고 해석하였다. 이 글에서는 그 해석을 따르지 않는다.

65) 《정조실록》 권38, 17년 8월 8일(무진).

66) 《정조실록》 권38, 17년 11월 19일(무신), "禮固緣情 義以制禮 特以人所謂崇奉 非吾所謂崇奉 不敢不忍以第一等義 空載於經傳 千載之下 庶有知予心者 當制禮處制禮 當緣情處緣情 恕予而體予 俾予遂初志 卽惟曰將順二字".

2.
효제와 공도, 가인의 의리와 공공성: 골육상잔의 비극으로부터 왕실 구하기

공도를 침해하지 않는 왕의 효도

1795년 이른바 벽패환국 이후에는 어땠을까?[67] 이 시기 정조는 사도세자의 환갑을 맞이하여 여덟 글자 존호를 올리고, 혜경궁과 함께 화성에 행차하였다. 사도세자 추숭에 반대했던 김종수 등도 이러한 일들에 협력했고, 죽책 대신 옥책을 올리도록 청하였다.[68] 이 같은 상황

67) 1795년 노론 청론과 벽파들이 주도하는 정국이 형성되었는데, 이 사실을 두고도 해석이 다르다. 정조의 임오의리를 확고하게 하려는 정조와 측근 관료들 사이에 불화가 있었고, 이 와중에 소론 정동준이 실각하면서 노론 벽파 주도의 정국이 형성되는 가운데 점점 정조의 고립이 가속화되었고, 정조는 교속(矯俗)이라는 명분으로 신하들을 강하게 압박하며 왕권을 전적으로 추종할 것을 요구했다는 것이다. 외척 세도 역시 의지할 곳이 없었던 정조의 마지막 선택지였다고 보았다(유봉학, 2001, 《정조대왕의 꿈》, 신구문화사, 100~107쪽). 금등 공개를 유도하며 사도세자의 신원을 적극적으로 추구했던 정조가 자신의 임오의리를 근거로 이에 부정적인 입장을 가졌던 반대 세력과의 꾸준한 막후 조정을 통해 이들의 동의 내지 방조를 이끌어냈다는 해석도 있다(최성환, 2009, 앞의 글, 260~277쪽). 김문식은 정조가 신임의리와 정조의 의리를 지지하는 노론 벽파계를 주요 정치 세력으로 정립시키려 했다고 보고, 정조어찰첩을 통해 정조와 벽파의 관계에 대한 기왕의 설명을 수정해야 할 필요성을 제기하였다. 김문식, 2009, 〈정조 말년의 정국 운영과 심환지〉, 《대동문화연구》 66.

68) 《승정원일기》, 정조 18년 12월 8일(신유).

을 두고 김종수 등이 추숭 반대에서 추숭 찬성 혹은 추숭 관망 등으로 입장을 바꾸었다고 해석하기도 했다. 김종수가 본래의 의리를 변경했다는 논의에 대해 살펴보자.

이 부분과 관련하여 가장 많이 인용되는 것은, 1796년(정조 20) 호남과 호서 지방에서 정조에 대한 비방이 널리 퍼졌는데, 이 사실에 대해 김종수가 적은 편지글을 두고 논란이 일었을 때 정조가 여러 신하들에게 한 말이다.

> ① 전례(典禮)의 일이 얼마나 중요하고 큰 일이냐? 봉조하(김종수)는 장차 내 뜻을 따르려 했던 것뿐이다.[69]
>
> ② 봉조하(김종수)가 굳게 지키는 일에 특히 엄했던 것은 장차 따르려던 것일 뿐이다. 그 이면을 알지 못하는 자들은 도리어 봉조하가 홀로 이 의리에 엄하다고 한다. 그러니 이렇게 소장을 올린 것을 어찌 족히 책망하겠는가?[70]

이 문장들은 언뜻 보면 김종수가 자신의 의리를 변경하여 이제부터는 정조의 뜻을 따르려는 것으로 읽히기도 한다. 그런데 ①의 뒷부분에서 정조는 김종수가 장차 따르려던 자신의 뜻을 부연 설명하였다.

> 내 동궁 시절에 봉조하가 궁료로서 처음 경연에서 토론한 것이 마침 〈중훼지고〉의 "의로써 일을 제어하고 예로써 마음을 제어한다."는 가르

69) 《정조실록》 권45, 20년 7월 2일(을사), "至於典禮間事 何等至重至大之事? 奉朝賀只是將順予意而已".

70) 《정조실록》 권45, 20년 7월 3일(병오), "奉朝賀嚴於秉執 卽將順之意 而不知裏面者 反以奉朝賀獨嚴於此義 乃謂之以此治疏 亦何足責也".

침 및 한 선제의 '도고, 도비' 등의 말이었다. 이러한 곳에서 봉조하가 혹 우러러 드러내고자 한 것이 있을 수 있다. 내 어찌 조금이라도 근본에 보답하는 성의가 부족해서 그랬겠느냐? 스스로 마음속으로 묵묵히 깨우친 것이 있어 지극히 정밀하고 지극히 은밀한 도리를 구하고 이것으로 갚지 않는 갚음을 하고자 한 것이다.

선세자에 대한 전례는 인정에서 출발하지만 의리에 부합하는 절제가 있어야 하고 지나치게 융숭한 칭호와 전례는 선세자를 위하는 바른 길이 아님을 강조한 것으로, 이것은 정조가 세손 시절부터 이미 깨달았고 김종수가 인정했던 바였다. 갚지 않는 것으로 갚는다는 것은 전례 변경이 아니라 선세자의 덕을 천명하는 일이었다. 이러한 자신의 뜻을 김종수가 이미 알고 있었기에 '장차 따르려던 것〔장순(將順)〕'일 뿐이라고 표현한 것이다. 따라서 '장차 따르려던 것'이란 김종수의 의지 변화를 의미하는 것이 아니며, 정조 자신이 본래 가지고 있었던 뜻임을 강조한 것이었다.

김종수도 늘 자신의 입장이 정조와 다르지 않음을 밝혔고, 《명의록》의 의리를 지키는 일을 두고 '장차 따르려던 것'이라고 했다.[71] 왕의 위세에 굴복해서가 아니라 정조가 누구보다도 정밀한 원칙론자라고 판단했기 때문이다. 이 시기 정조는 신하의 분의(分義)를 강조했지만, 이는 임금이 위에 있고 신하가 아래에 있으니까 무조건 따라야 한다는 식의 '신하에게 맹목적 충성을 요구하며 조선의 정치 전통에서 벗어난 절대 권력을 상상한 것'과는 관계가 없다.[72] 정조도 신료들이 나아가고 물러가는 것, 따르는 것과 만류하는 것은 언제나 '의리'

71) 《정조실록》 권46, 정조 21년 2월 5일(병자).

를 기준으로 해야 한다고 말했다. 군주가 의로운 일을 행하고자 한다면 따르는 것이 당연한데, 따라야 할 바를 따르는 것을 영합한다고 하고 자기 명예만을 위해 저항하는 당시 조정의 풍토를 걱정했다.[73] 정조는 늘 의리를 위해서는 '인(仁)에 관해서는 스승에게도 양보하지 않는 것(當仁不讓)[74]이 곧 나의 뜻'이라고 주장했다. 진정한 의리가 천명되고 세워진다면, 자기 당의 이해관계는 물론이고 선대의 문제에서 연유한 사적 감정에 연연해하지 않고 그 의리를 받아들이고 화합하는 조정의 풍토를 만들 수 있을 것이라고 정조는 생각했다. 이것이 바로 정조의 의리탕평론과 군신의리론의 핵심 주장이다. 이를 위해 정조나 김종수 모두 '권도(權道)', '수시역변의 도리' 또는 '시중(時中)'을 거론했던 것이다.

따라서 '장순(將順)'이라는 말은 정조가 성왕들의 덕을 체인하고 지공(至公)의 의리를 견지하는 것을 전제로 한 것이었지, 정조도 김종수도 수시역변의 도리에 의거하여 새로운 의리를 만들어낸 것은 아니었다. 감히 범할 수 없는 '정당한 원칙(공법-공의-공분)'을 지키는 일과 차마 하지 못하는 마음으로서의 '지극한 인정(至仁)'은 어느 한쪽을 버릴 수 없는, 사세와 사정에 의해 침해되어서는 안 되는 보편적 의리라고 주장하면서 그 의리를 따르겠다고 한 것이다. 이는 단지 추숭

---

72) 정조가 분의를 강조한 것을 조선의 공론정치 및 군신공치 전통을 파괴하며 절대 권력을 상상한 것으로 본 견해는 오수창, 2012, 〈18세기 조선 정치사상과 그 전후 맥락〉, 《역사학보》 213, 33·34쪽 참조.

73) 《정조실록》 권48, 정조 22년 6월 21일(계축), "上曰 近來之人故 予之處之也如是 大抵古人 但知義與非義 上所欲爲而合於義也 則將順而已 上所不欲而非其義也 則守死不撓 嶺海斧鉞 惟其義之所在 故論其世則不過曰上下相阻而已 近來則不然 所謂爭執者 非古之爭執 欲以窺覘之小巧外借爭執之名".

74) 《논어》에 나오는 말로 인에 관해서는 스승에게라도 양보하지 않는다, 즉 그것이 옳다면 스승이라도 물러서지 않는다는 뜻이다.

전례의 원칙에서 그치는 것이 아니었다. 조선의 정치가 단지 세와 이익에 따라 좌지우지되는 것이 아니라 누구나 동의할 수 있는 정당한 원리에 대한 공감과 존중에 의해 움직여야 한다는 의미이기도 했다.

김종수는 1798년 5월 정조가 주도하여 편찬한《삼례수권(三禮手圈)》뒤에 붙일 발문을 썼다.[75] 그 발문에서 정조가 주자도 미처 밝혀내지 못한 삼례(《의례》,《주례》,《예기》)의 착종된 의미를 밝히고 정연하게 정리하는 작업을 이루었으며, 예의 원리에 대해 매우 정밀한 식견을 가지고 있다고 주장하였다. 이 글에서도 정조가 예를 정밀하게 알고 실천한 사례로 역시 서연(書筵)에서의 일을 거론하였다.

> 아! 신이 무자년 여름 처음 주연에 들어가《상서(尙書)》와 한사(漢史)를 모시고 풀이하였다. 중훼(仲喙)가 성탕(成湯)에게 고한 일과 정자가 선제(宣帝)의 일을 논한 것, 공부자가 맹무백(孟武伯)에게 한 말에 대해 논하기 어려운 부분을 반복하고 작은 부분까지 분석하여, 예의 의미가 드러나고 의리가 엄히 밝혀졌다. 신이 명을 듣고 재배하고 저도 모르는 사이에 머리를 땅에 조아리니, 신의 좁은 소견으로 어찌 감히 한마디로 협찬하겠는가. 단지 "알기 어려운 것이 아니라 행하기가 어려울 뿐이다."라는 여덟 자로 봉행하였던 그 말이 30여 년 후에도 어제와 같다. 성상이 이미 알고 행하니, 선유께서 이른바 의(義)가 정밀하여 의혹이 없으며 지킴이 굳어 흔들림이 없다고 한 것이 이를 이름인가.

위 글에서 '중훼가~밝혀졌다'까지는 정조가 세손 시절에 했던 말들을 재정리한 것이다. 중훼가 성탕에게 고한 일이란,《서경》〈중훼지

75) 《어정삼례수권(御定三禮手圈)》3책, 발문.

고〉의 "의로써 일을 제어하고 예로써 마음을 제어한다."는 대목을 말한다. 하나라를 멸망시키고 은을 세운 탕왕이 후세가 자신을 핑계 삼을까 염려하자 요-순-우가 이어온 큰 덕을 힘써 실천하도록 권유하였다. 그 구체적인 방법을 밝힌 대목 중에 있는, 왕정의 밑바탕에 있어야 하는 큰 정치의 원칙이 바로 "의와 예로써 일과 마음을 제재한다."는 대목이었다.[76] 또 《논어》〈위정〉 편에서 효의 의미를 밝힌 부분에 대해서도 토론했는데, 공자는 효란 어김이 없어야 하는 것으로 어김이 없다는 것은 무조건 따르는 것이 아니며 살아서는 예로써 섬기고, 죽어서는 예로써 장사지내고 예로써 제사지내는 것이라고 한 바 있다.[77] 세손 시절 정조는 친아버지에 대한 절절한 애통을 의와 예로써 절제하는 것이야말로 진정한 효이며 의와 예를 벗어나 무조건 숭봉하는 것이 효가 아님을 깨우친 바 있는데, 김종수는 정조가 이를 30년 동안 지키고 행해왔다고 평가했던 것이다.

세손 시절 정조와 김종수 간의 토론은 부모 자식 간의 마음을 미루어 공천하(公天下)의 목표에 도달해야 하는 조선의 정치 원리를 올바로 이해하는 문제였다. 부모 자식 간의 서로를 위하는 사랑의 마음에서 누구나 가지고 태어나는 공공심(타자에 대한 사랑)을 볼 수 있고, 이를 더 넓은 공동체로 확장시켜나갈 때 올바른 기준(禮)으로 제어해나가지 않으면 안 된다. 김종수는 그런 면에서 정조와 마찬가지로 공공의 대법을 사은(私恩)으로 변경할 수 없고, 사정(私情)은 예의 한도 안에서 지극하게 펼 수 있고 펴야 한다는 견해를 가지고 있었다. 정조와 김종수에게 사도세자 추숭 문제는 조선에 의리적 원칙에 입각한

---

76) 《서경》, 〈중훼지고(仲虺之誥)〉 8장, "德日新 萬邦惟懷 志自滿 九族乃離 王懋昭大德 建中于民 以義制事 以禮制心 垂裕後昆".

77) 《논어》, 〈위정〉, "孟懿子問孝 子曰無違 …… 子曰 生事之以禮 死葬之以禮 祭之以禮".

정치를 시행할 수 있는 식견과 의지가 있는지 가늠자 역할을 하는 사안으로 인식되었다.[78] 김종수는 이때의 일을 거듭 부연해가면서 정조의 의리에 담긴 정밀한 예학적 입장을 증언했던 것이다.[79]

정조는 이상의 원칙을 견지하고 조정의 추숭반대론과 공명하며 정치를 이끌어나가려 했다. 추숭(추왕)의 전례를 행한다는 것은 천하를 위해 정한 종통 계승의 원칙〔不貳本〕을 사사로운 정(아버지에 대한 애통함)에 이끌려 바꾼다는 것이다. 이는 정조가 스스로 공사를 재량할 수 있는 정치가가 아님을 명백하게 드러내는 일이었다. 정조는 영조에 대한 의리 때문에 추숭에 반대했던 것이 아니다. '왕도 공도를 따라야 한다.'는 정치적 심성이 주류인 상황에서, 공공의 대원칙을 사적으로 침해하면 군주의 정당성이 근본적으로 훼손될 것이기 때문이다. 더군다나 영조와의 약속은 이 원칙을 아버지에 대한 친친의 정 때문에 훼손하지 않겠다는 약속이었다. 이를 어기는 것은 권력을 잡고 복수를 하기 위해 속이고 기만했다는 명백한 선언일 수밖에 없었다. 정조가 정말로 추숭을 하려 했는지 그 본심을 우리가 알 수는 없다. 하지만 분명한 것은 정조는 추숭을 하지 않았고, 정치적 이해관계

---

78) 정조와 김종수는 사원으로 얽힐 수도 있는 관계였다. 김종수는 사도세자의 역적 김상로와 일가이며 김귀주와 가까웠다. 혜경궁은 김종수를 가문의 원수로 여기며 미워했고, 김조순과 같은 후배 사류들도 김귀주와 김종수의 관계를 거론하며 정조가 왜 김종수에게 의리를 전담시켰는지 궁금해했다. 그러나 김종수와 정조는 의리정치의 원칙을 함께 했고, 서로가 이 의리를 잘 지킬 수 있다는 신뢰 위에서 관계를 이어나갔다. 김종수가 죽은 후 정조가 채제공이 아니라 김종수에게 '문충'이라는 시호를 내린 것도, 김종수와 자신의 관계가 '충'이라는 이름에 가장 적합하다고 여겼기 때문이라고 생각된다.《정조실록》 권51, 정조 23년 2월 5일(계사);《정조어찰첩》, 323쪽, 기미년 2월 22일 저녁에 받은 편지.

79) 이 발문의 작성 경위는 정조어찰첩에 보인다(《정조어찰첩》, 280쪽, 무오년(1798) 11월 19일에 받은 편지). 정조 자신이 서연 시절에 수작했던 역대의 추숭은 모두 잘못되었다는 말을 인용하지 말고, 〈중훼지고〉의 글의 의미를 중심으로 글이 작성되었으면 좋겠다는 의견을 밝혔다. 이 〈중훼지고〉의 글은 〈소종을 대종에 합치는 것에 대해 논함〉에 인용되어 주요 논지를 형성했다. 따라서 이 글을 추숭으로 입장을 바꾼 것으로 볼 수 없으며, 오히려 전례 문제에 관한 정조의 일관된 입장을 보여주는 것으로 보아야 한다.

를 떠나 추숭의 정당성을 인정하지 않는 컨센서스에 정조가 공조했기 때문에 추숭할 수 없었다는 사실이다.

현륭원의 설치 규모나 환갑을 맞이하여 올린 옥책과 여덟 글자 존호 등은 공적 종통을 존중하는 가운데 사은을 드러낸 것으로, 사도세자에 대한 궁원의례를 거행하면서 애초에 수립한 의리를 변경한 것은 아니었다.[80] 현륭원 공역이 진행될 때 거의 능에 버금가는 화려한 석물을 썼지만, 능을 넘는 수준이 아니었다. 옥책을 쓰고 여덟 글자 존호를 올린 것도 경사를 감안하여 이전보다 융숭하게 한다는 의미였다. 추왕의 물밑작업이라기보다는[81] 공법의 기준을 침해하지 않는 선에서의 재량으로 받아들일 수 있는 것이다.[82]

국가의 추숭전례가 중요했던 이유는 무엇일까. 추숭이란 (그 경위가 어떤 것이었든) 남의 후사가 된 뒤에 자기를 받아들여준 가족의 사당에 자기 아버지를 끼워넣는 것이다. 그 사람이 입후되어 가장이 된 것은, 가장의 권한을 가지고 가의 전통을 보전하고 가의 구성원들을 책임지고 보호하며 길러내는 역할을 맡도록 한 것이다. 그런데 거기에 사

80) 정조가 사도세자가 왕으로 추숭될 것을 염두에 두고 현륭원을 왕릉급으로 조성했고, 이후 행행을 통해 치밀하게 준비했다는 견해에 대해서는 유봉학, 2001, 《꿈의 문화유산, 화성》, 신구문화사, 58~81쪽; 최성환, 2009, 앞의 글, 278~313쪽; 정해득, 2009, 《정조시대 현륭원 조성과 수원》, 신구문화사, 57~71쪽 참조.

81) 여덟 글자 존호가 매우 융숭한 예이기는 했지만, 이는 추숭과는 달랐다. 정약용이 쓴 자찬묘지명에는, 혜경궁에게 올리는 책보에 '신근봉(臣謹封)'이라는 말을 써야 한다고 자신이 주장했을 때 채제공이 눈치를 주며 이 일이 추숭의 혐의에 관계된 일이라고 했다는 일화가 기록되어 있다. 정파를 떠나 추숭은 안 된다는 조정의 분위기를 감지할 수 있는 부분이다. 다산도 혜경궁에게 평소에 칭신하는 것은 옳지 않다는 입장이었다. 《다산시문집》, 권16, 묘지명.

82) 그렇다고 그 재량에 한계가 없는 것은 아니다. 부모의 지위를 변경하지 않는다고 하더라도, 공공의 비용을 넘치게 사용한다거나 왕대비보다 융숭한 대접을 해준다거나 하는 식으로 '명목상'으로만 공적 의리를 지키고 실질적으로는 명분을 무너뜨릴 수 있기 때문이다. 김종수는 1796년 정조의 화성 축성을 두고 진나라나 수나라의 대규모 공사와 다를 바 없다고 지적하는 충청 일대의 소문을 전한다. 현륭원과 화성 운영의 문제는 정조의 '친친의 효'가 '공공의 제방' 한도 내에 있는지를 판단할 관건이 되는 사안이었다. 이에 대해서는 이 책의 4부 2장 참조.

친을 끼워넣어 자신이 보호하고 책임져야 할 '가'의 가족보다 더 융숭하게 대접하고 가까이하는 것은 '가'를 추후에 찬탈한 것과 마찬가지로 여겨졌다. 그렇기 때문에 위인후자(爲人後者)가 종통을 변개시키는 전례를 시행하는 것을 두고 천하의 대방(大防)을 무너뜨린다고 비판한 것이다.

또한 현실적이고 직접적인 문제도 있었다. 입후된 후계 왕이 사친을 추숭하는 문제는 종법 제도를 따르는 각 개별 가문의 입후의 문제와도 얽혀 있었다. 다산 정약용이 언급한 것처럼, 당시는 "공족에게만 종법이 있는 것이 아니라 공사족이 모두 '종(宗)'이라 하는 상황"이었고, 소종법(小宗法)에 의해 4세를 한도로 한 종족을 이루고 자손이 없으면 입후하여 가문의 승계를 해나가고 있었다.[83] 따라서 추숭전례는 왕실 내부의 문제로 그치는 것이 아니라 일종의 본보기이자 유권해석으로서 개별 가문의 실천(개별 '종'의 승계 방식)에 영향을 줄 수 있었다.

당시 사친을 추숭할 수 없다는 원칙은 왕법보다도 상위의 가치를 지닌 공법(公法)으로 주장되었다. 즉 국가의 자의적인 판단에 의해 일시적으로 바뀔 수 있는 것이 아니며, 그 법을 무너뜨릴 경우 세상의 질서에 영향을 준다고 생각되는 지점에 있는 공적 원칙으로 여겨진 것이다. 정조는 추숭전례 문제가 제기될 때마다 "예는 인정에서 출발하지만 의로써 제재해야 한다."고 했다. 추숭전례가 인간관계의 사적

83) 정약용, 실시학사경학연구회 역, 1985, 《정체전중변》, 한길사, 보론 6, 입후론 3, "古者 仕宦爲大夫者 多公族 故先儒謂 亦惟公族有宗法 …… 今公私之族 通稱爲宗 繼禰之宗 得以其昆弟之子爲後-無則當絶 繼祖之宗 取於昆弟之子 無則得以其從父昆弟之者爲後-無則當絶. 繼曾祖之宗取於昆弟之子 無則得以從祖昆弟之子爲後-無則當絶. 繼高祖之宗如上法 無則得以族昆弟之子爲後 百世不遷之宗-如王子勳戚之宗-如上法 無則得以其同宗人之者 審昭穆以爲之後 私族五世則祖遷而服窮 雖嫡嫡相承 至於十世者 五世以往支子之孫 各自爲宗 而不以是爲宗 則不宜取其子爲後也".

인 측면과 공적 정의의 문제가 집약된 지점에 있다는 사실을 알고 있었고, 이를 잘 조화시켜나가는 것이 중요함을 지적한 것이다. 추숭은 바로 자기와 사적 관계에 있는 사친을 공적으로 예우하는 문제이다. 예우의 적정선(至公)이 바로 '의로써 제재한 예'이며 왕은 스스로 사(私)를 절제하고 적정선을 지킴으로써 권력을 공정하게 행사하는 자임을 보여주어야 했다.

조정에 참여하고 있는 신하들도 이 문제는 중요했다. 조선에서는 추숭 논의가 있을 때마다 많은 학자들이 반대했다. 형이 아우를 잇고 숙부가 조카의 뒤를 이어 즉위한다 하더라도 부자의 의리가 성립하는 것으로 여겨 추숭을 할 수 없다고 보았다.[84] 종묘 제도 역시 혈연관계의 세대에 따르지 않고 각 왕을 1세로 삼는 방식을 따랐다.[85] 신료들에게는 왕이 공과 사의 경계선을 잘 지킬 수 있도록 제어하고 비판할 의무가 있었으며,[86] 이를 벗어나도록 권유하는 행위야말로 권력에 영합하기만 하는 진짜 '불충(不忠)'이라고 여겼다.

앞에서 살펴보았듯이 정조는 세손 시절부터 말년에 이르기까지 자신이야말로 이 의리에 정밀하다고 자부했다. 사도세자에 대한 추숭 전례 문제가 공과 사가 복잡하게 얽힌 정치·사회적 문제들을 왕으로서 제대로 재량하여 처리할 수 있는지를 보여주는 가늠자 역할을 한다는 것을 정조와 사도세자 추숭반대론자들은 잘 알고 있었다.

---

84) 조선시대 및 중국의 주요 추숭 논의의 추이 및 그 의미에 대해서는 정약용, 박종천 역주, 2010, 《역주 국조전례고》, 심산 및 박종천 해설 참조.

85) 이현진, 2009, 《조선 후기 종묘전례 연구》, 59쪽.

86) 이것이 정조가 신하들에게 요구했던 '분의(分義)'의 주요 내용을 이루기도 하였다.

가인의 의리, 정조의 가천하 기획

그렇다면 사도세자의 추숭에 반대하면서 궁원의례를 시행한 것은 어떤 의미였을까. 정조대에는 사친에 대한 융숭한 예도 폐하지 않았다. 정조가 영조의 궁원제를 이어 사도세자에게 적용한 궁원제는 종통을 침해하지 않으면서 사은에도 소홀하지 않는다는, 예를 통해 인간으로서 시중의 도리를 다하는 방법을 펼쳐 보인 것이었다. 이 뿐만이 아니었다. 왕의 친척들에게도 국법을 엄격하게 적용하면서도 사은을 펼치고자 했다.

정조대의 역모 사건에는 정조의 아우, 조카, 고모, 외가, 왕대비의 가족들, 정조가 가장 아끼던 신하 등 다양한 사람들이 관련되어 있었다. 이 문제를 처리하는 과정에서 정조가 가진 원칙은 공법을 지키고 사은도 표현하는 것이었다. 정처(鄭妻, 화완옹주)와 같이 사도세자의 죽음에 깊숙하게 연루된 사람들도 살려주었고, 유배지를 점차 가깝게 옮기다가 풀어주었다. 정조 초반 추대의 음모에 연루되었던 동생 은언군 이인(李䄄)도 유배지를 강화도에 두고, 때때로 불러내 만나면서 조정에 파란을 일으켰다. 정조가 자신과 관련된 일에서 사적으로 치우친 결정을 내렸던 것이 아닌가 의심이 드는 대목이다.[87] 그러나 이 문제들을 처리하면서도 정조는 원칙을 고수했으니, 그것은 공법을 지키는 것만큼 중요한 의리인 '가인(家人)의 의리'였다.

1789년 정조가 이인을 강화도에서 불러내서 만난 일로 조정에 일대 파란이 일었을 때 김종수와 나눈 대화 속에는, '순 임금의 상(象)에 대한 일과 주공의 관숙, 채숙에 대한 일에서 성인이 변고에 대처하는

---

87) 박현모, 2001, 《정치가 정조》, 푸른역사.

도리를 알 수 있다.'고 한 대목이 나온다.[88] 순 임금과 주공의 사례는 가인(家人)에 대해 국법을 적용시키는 일과 관련되어 있다. 순 임금의 사례는 《맹자》에 자세히 기록되어 있다. 상은 순 임금의 동생으로 끊임없이 순 임금을 죽이려 했던 자이다. 순이 즉위한 후 상을 유비(有庳)에 봉해주되 유비를 다스리지는 못하게 했다.[89] 동생을 필부로 두지 않고 작록을 줌으로써 동생의 악행에도 불구하고 여전히 동생을 아끼고 사랑함(순임금의 큰 사랑[大仁])을 보여주되, 백성을 다스릴 권한은 주지 않음으로써 죄인을 '추방시키는' 주벌의 의의를 두었다는 것이다. 공도와 사은을 모두 온전히 한 대표적 사례로 꼽힌다. 순 임금의 도를 이어받은 것으로 알려진 주공의 사례는 이와 조금 다르다. 주공이 성왕을 대신하여 나라를 다스릴 때 동생 관숙과 채숙이 반란을 일으켰는데, 주공이 출정하여 관숙을 죽이고 채숙을 추방했다. 가인 즉 친친의 의리가 있는 친족에 대해서 공법과 사은의 시중이란 어떤 것이어야 하는지를 다룰 때 많이 거론되는 이야기다.

정조 또한 왕실이 연루된 사건에 대한 처분을 말할 때 이 두 가지의 사례와 자신의 처분을 종종 비교하였다. "주공은 성인이니 변란에 대처하느라 권도를 행할 수 있을지라도" 자신은 아직 그 경지에 이르지 못했다며 골육을 죽이지 못하는 자신을 변명하기도 했다.[90] 이와 달리 왕을 보필하는 입장에서 성왕의 명을 받아 주 왕실을 보전해야 했던 주공과 왕으로서 자신의 처분은 다를 수 있다고 주장하기도 했다.[91] 이때 왕으로서 처분이 다를 수 있다는 주장은 왕이기 때문에 마

88) 《정조실록》 권28, 정조 13년 9월 27일(경술).

89) 《맹자》, 〈만장상(萬章上)〉 3.

90) 《일성록》, 정조 원년 8월 20일(계축).

91) 《일성록》, 정조 18년 5월 25일(신해).

음대로 할 수 있다는 의미가 아니다. 정조의 말을 살펴보자.

지난번에 2품 이상이 입시하였을 때 고상(故相) 최명길(崔鳴吉)이 했던 "신하는 왕릉(王陵)을 첫째 의리로 삼아야 한다."는 말을 인용하여 하유했다. 고(故) 상신(相臣)도 어찌 삼학사(三學士)만 못해서 기꺼이 그러한 일을 했겠는가. 상도(常道, 經)를 지키는 사람도 있고 권도를 따르는 사람도 있다. 나는 스스로 통달한 권도가 있었던 것이지 신하들을 힘으로 억제하려는 것은 아니었다. 그리고 이번 일은 내가 구구한 개인적 감정 때문에 그러는 것이 아니다. 나라가 영구히 유지되기를 기원하는 방도로 볼 때에도 어찌 조금의 도움도 없다고 하겠는가. 나라의 복이 영구히 유지되기를 기원하려고 한다면, 한나라와 당나라도 하지 못했던 일을 해야 한다. 한나라와 당나라가 하지 못했던 일을 내가 기어이 해냈다고 한다면, 후세에서도 어찌 좋지 않겠는가. 경들이 매번 주공을 인용하여 말을 하지만, 나와 주공은 처한 상황이 서로 다르다. 가령 주공이 성왕의 자리에 있었다면 반드시 그렇게 처리하지 않았을 것이다. 나는 그(은언군 이인)를 온전하게 보호하려고 할 뿐만 아니라 실로 나라의 복이 영구히 유지되기를 기원할 방도로 삼으려고 한다.[92]

정조는 '내 스스로 통달한 권도'라는 말을 했다. '나라의 복이 영구히 유지되도록 하기 위한 일'이라고도 했다. 죄인을 국법대로 처벌하는 것과 골육 간에 차마 죽일 수 없는 정, 두 의리가 충돌할 때 가인의 정을 사(私)로 돌리고 국법대로 처리해야 한다는 것이 조정 신하들이 주장하는 주공의 권도였다. 그러나 정조가 생각하는 달권의 방

92) 《일성록》, 정조 18년 5월 25일(신해).

법은 달랐다. 국법의 시행은 왕의 명령을 통해 이루어지는데, 그렇게 되면 정조가 골육을 죽이는 것이 된다. 국법을 시행하기 위해 '친을 친하게 여긴다〔친친〕'라는 예법을 크게 무너뜨리게 되는 것이다.

일찍이 이러한 딜레마는 순 임금과 고수(瞽叟)의 사례를 통해 다루어진 바 있다. 이에 대한 맹자의 해석 즉 "순 임금이 왕의 자리를 버리고 고수와 함께 바닷가로 달아나 살 것이다."는 것이 시중을 얻은 가장 좋은 행동으로 여겨져왔다. 맹자는 이 가상의 사례를 통해 천륜과 왕법이 충돌하는 딜레마 상황에서, 왕법을 수행해야 하는 재상은 왕법을 수행하고 순 임금과 같은 제왕은 어떠한 이유로도 아들이 아버지를 죽일 수 없다는 더 큰 보편칙을 실천하는 것이 마땅하다고 주장했다. 정조 또한 성왕의 명을 수행해야 했던 주공보다는 순 임금과 같은 제왕의 입장에서 국법과 보편칙이 서로를 침해하지 않는 지점을 찾고자 했던 것이다. 이것이 정조가 당장의 정치적 분쟁 해결과 정치적 복수에만 얽매이지 않고 국가를 운영해가는 큰 원리를 고민하는 가운데 내놓았던 달권의 해법이다.[93]

위 인용문에 이어 계속된 대화에서 이병모가 다시 묻는다. "전하께서 삼대를 본받으려 한다고 하교하셨는데, 전하께서는 주공의 대의를 취하려는 것입니까" 정조는 이렇게 답했다. "주공의 일을 말한 것이 아니다. 순 임금이 (상을) 유비에 봉한 일도 있다. 은언군이 서울과 지방을 왕래한다고 해도 유비에 봉한 것과는 크게 차이가 있다." 즉 자신이 은언군을 살려두고 서울로 불러내서 만나보는 것에는 주공

93) 정조는 실제로 외조부 홍봉한에 대한 처분을 설명할 때 순 임금과 고수의 딜레마를 인용했다. 홍봉한에 대한 처리를 압박하자 정조는 "봉조하를 용서하지 않는다면 자궁은 반드시 불안해하실 것이고, 자궁께서 불안해하시면 나는 자궁을 몰래 업고 도망칠 것이라고 누차 연석에서 하교했다."며 이 딜레마를 해소할 권도를 주문했다. 《정조실록》, 정조 즉위년 9월 9일(정축).

의 일보다는 순 임금이 아우 상을 유비에 봉하였던 일에, 그 처분을 내렸던 순 임금의 마음에 가깝다고 한 것이다. 그러면서도 정조는 순 임금이 골육의 잘못을 용서하고 봉작을 내려 먹고 살 수 있게 해주었던 것과 비교해볼 때, 은언군이 죄인으로 강화에 유배되어 있으면서 서울을 한두 번 오간 것은 크게 다르다고 주장했다. 역모에 연루된 이복동생 이인을 곧바로 죽여야 한다는 왕대비나 조정 신하들의 주장을 받아들이지 않고 강화에 유배시켜 '추방시키는' 의의를 표하되, 일 년에 한 차례씩은 불러내서 어떠한 경우에도 사라지지 않는, 끊어져서는 안 되는 형제 간의 정도 보여주려고 했다.

또 다른 사례를 살펴보자. 1798년 7월 우의정 조진관과 조덕윤은 《명의록》의 의리를 잘 모른다며 정조로부터 책망을 받았다. 외조부 홍봉한의 봉사손인 홍수영(洪守榮, 정조의 외사촌)이 죽자 정조가 부의 물품을 보내려 했는데, 조진관이 부물을 지급하는 것이 지나치다고 지적했다. 정조는 생전에 사적(士籍)에 있었으니 부물을 지급하지 않을 이유가 없다고 하면서, 조진관이 의리에 철저하다는 이름을 얻기 위해 지나친 주장을 하는데 정작 의리의 궁극적 근원으로 천륜이 있음을 알지 못한다고 비판하였다.[94]

이러한 비판은 외가 쪽 사람들 편을 드는 것(천륜으로 얽혀 있으면 악인도 처벌할 수 없는가)이라고 할 수 있었다. 이에 정조는 전년에 있었던 정호인(鄭好仁)과 성덕우(成德雨)의 일을 들며 자신이 '의리에 누그러졌다고 하지 말라'고 했다.[95] 정호인과 성덕우는 홍낙임과 홍수영에게 영합했다는 이유로 엄한 처분을 받았다.[96] 언제는 편들었다고 배

94) 《정조어찰첩》, 211·212쪽, 무오년(1798) 7월 15일 저녁에 받은 편지.
95) 《정조실록》, 정조 22년 7월 20일(임오).
96) 《정조실록》, 정조 21년 12월 27일(무오).

척하고, 또 언제는 배척했다고 비난하는 것이 아니라 가인(家人)에 대한 정 때문에 죄를 용서해주지는 않지만, 일단 법의 중함을 편 후에는 아끼고 애석해하는 마음을 보여준다는 것이 정조의 입장이었다. 의리의 근원이 하늘에 있다는 것도 '친친(親親)'의 도리가 모든 공적 의리의 출발이라는 유교의 종지를 다시 한 번 확인시키는 일이었다.[97)]

사정에 치우치지 않는 선에서 '가인의 의리'를 제대로 펴는 것은 공법을 엄하게 세우는 것만큼이나 정조에게는 중요한 일이었다. 물론 앞에서 살펴보았듯이 가인의 의리가 공공의 의리를 침해해서도 안 되었다. 정조의 이러한 원칙은 고모 화완옹주에 대한 처분을 시행하는 과정에서도 잘 드러난다. 1799년(정조 23) 3월 정조는 《명의록》이 임오의리와 관련되었음을 선포하고 사도세자가 동기를 아꼈던 마음을 본받아 화완옹주를 도성에 들여놓았다고 공표했다. 이 일로 정조의 편지를 받았던 심환지는 이러한 처분을 강력하게 비판하는 조정의 공론을 이끌었다.[98)]

이 일이 지나간 후 정조는 심환지에게 보낸 편지에서 "의리가 더욱 무거워지고, 은미한 아름다움이 드러나면서도, 정치달의 처(화완옹주)는 죄가 감해지지 않았고, 조정 신하들이 처신하기 어려운 단서도 없어졌다."고 했다. 여기에서 은미한 아름다움은 바로 사도세자의 동기에 대한 사랑의 마음(예덕)이다. 나의 사정이 아니라 동기 간을 지극히 아꼈던 아버지의 마음을 법받아 펼치는 가인에 대한 의리임을 강조한 것이다. 그러나 그것을 드러내는 것이 공적 의리를 훼손하는

97) 신유학에서 친친(親親)은 종족 공동체의 윤리로 강조되었다. '가'라는 종족 공동체는 가장 기본이 되는 사회 단위이자 더 큰 사회의 일부분이다. 부모 자식 간의 효-자의 마음을 통해 인(仁)이라는 공공심(더불어 살아가는 마음)을 깨닫고 기르고 확장해나가는 것을 강조한 것이다. 친친은 자발적 도덕 공동체의 수립이라는 신유학의 목표를 이루기 위한 출발점이기도 했다.

98) 《정조어찰첩》, 324쪽, 기미년(1799) 3월 6일에 받은 편지.

데 이르러서는 안 된다는 것 또한 정조의 원칙이었다.[99] 심환지는 이 처분에 반대하는 공론을 이끌어 악인의 악행은 국법에 따라 반드시 처벌해야 한다는 조정의 입장을 대표했다. 조정에서의 퍼포먼스를 통해 정조는 두 가지의 중요한 의리가 서로를 침해하지 않으면서 어떻게 지켜질 수 있는지 보여주고자 했다.

정조가 '정학(正學)'이라 부르며 평생을 부식하려 했던 주자학에서 가장 중요하게 생각하는 공부는 개인의 마음에서 사사로움을 절제하고 하늘이 부여한 공공의 덕성(타인과 더불어 살아가려는 마음)을 가지고 살아가는 방법을 배우는 것이었다. 정조는 이를 사람의 '본마음'이라고 규정했다. 모든 사람이 이 본마음을 타고 나지만 제대로 발휘하려면 배워야 한다. '가'는 그 실천적 배움의 첫 장소였다. 사람은 가족 공동체에서 나고 자란다. 가족 내의 일상, 부자 간, 형제 간의 사랑과 우애〔孝/悌/慈〕 속에서 타인에 대한 사랑과 양보를 배우고, 자신의 욕망만을 따르는 이기심을 조절하는 방법을 체화할 수 있게 된다. 이렇게 가족 안에서 배운 공공심〔仁〕을 이웃의 다른 사람들, 같은 나라의 사람들, 천하로 확장할 수 있을 때 공동체의 공공선에 이를 수 있다는 것이 주자학의 경세론이자 예치론의 핵심 주장이었다.[100] 사람은 '효·제·자'의 마음을 타고 났지만 가족 안에서 길러지지 않으면 그 이후의 배움이나 실천은 불가능했다. 이 때문에 정조는 개인적인 호오를 떠나 공법을 침해하지 않는 선에서 가인에 대한 정의를 보이고자 했던 것이다.

---

99) 《정조실록》 권51, 정조 23년 3월 24일(임오), "어버이의 마음을 몸받는 것은 한 개인의 사적인 것이고, 큰 법을 세우는 것은 만세토록 공정한 것이다. 내가 어찌 혹시라도 사적인 것 때문에 공적인 것을 해치겠는가."

100) 피터 볼, 2010, 《역사 속의 성리학》, 7장 참조; 송재윤, 〈가족, 선정, 의례〉, 《국학연구》 16, 76·77쪽.

가족 공동체 안에서의 친친은 강제하지 않는 가운데 저절로 이루어지는 정치(예치)의 핵심적 사안이었다. 친친하는 마음이 있어야 가족뿐 아니라 지역사회, 나라, 천하의 더 큰 영역에서, 누가 감시하거나 통제하지 않아도 다투지 않고 화합하며, 만인이 함께 자신의 삶을 온전히 펼쳐나갈 수 있었다. 이것이 정조가 말한 '한나라와 당나라도 하지 못했던 일'이며 '삼대를 본받으려는 일'이었다.

또한 사사로운 은정에 치우쳐 법을 굽힌다는 혐의는 국가사의 모든 판단을 궁극적으로 책임지는 국왕에게 오명일 뿐 아니라, 한 번 이런 혐의가 생기면 모든 공적 판단이 사적인 것으로 의심받고 왕정의 정당성이 훼손당한다. 정치에 참여하는 모든 주체들에게도 '왕도 그러는데 우리가 못하랴'는 마음을 불러일으키고, 이들이 사적으로 무리 짓고 사적으로 권력을 자행하더라도 책임을 물을 수 없는 상태가 될 것이었다.

과거 어느 당에 속했든 조정에서 당의 의리로 편당하지 않고, 국가의 공권과 공물을 친소 관계에 따라 배분하지 않는 것이 정조가 바라던 바였다. 심환지와 주고받은 편지에서 심환지에게 부탁한 것은 어느 편에도 치우치지 않는 조정의 공정함을 보일 수 있도록 절치부심하라는 것이었다. 조정의 공기(公器)인 관직이 제대로 된 인재에게 돌아가지 않고 사사로운 은정에 의해 배분되거나 사적인 원한으로 배제되는 것을 보면, 정조는 "분을 참지 못하겠다."는 과격한 표현을 써가며 배척했다. 그런 잘못이 저질러지고 있는데도 뭐가 잘못인지 모르거나 모른 체하며 감싸는 행위는 더욱 배척했다.

'가인의 의리'는 정조의 예치론의 출발점이었기에 중요하게 여겼지만, 그것이 보편적 정의를 훼손하는 치우친 사정(私情)이 되지 않도록 절제하는 것을 보여주고자 했던 것이다. 가족과 관련된 전례를 처리할 때 이 두 가지 원칙을 애써 견지함으로써 정치가가 당대의 현실을 조정해갈 때 지켜야 할 중요한 기준을 보여주고자 했다.[101] 이러한 원칙을 중시하는 조정과 재야의 공론 또한 정조가 그릇된 길로 발을 내딛지 않도록, 그래서 사익만을 추구하는 수많은 이들에게 빌미를 주지 않도록 붙잡아주었다. 마지막으로 박성원(朴聖源)의 《돈효록(敦孝錄)》에 붙인 정조의 서문을 인용한다.

(효에 관한 성현의 말씀 중에) 위와 아래, 현자(賢者)와 우자(愚者)를 통틀어서 일생을 두고 행해도 될 만한 한마디 말씀은 '어기지 말라〔無違〕'가 아닐까 싶다. 번지(樊遲)가 그 '어기지 말라'는 뜻을 이해하지 못하자 공자께서 말씀하시기를, "살아계실 때 예로 섬기고, 돌아가시면 장례를 예에 따라 모시고, 제사도 예에 따라 모시는 것이다."라고 하였는데, 대체로 사람의 감정이 지나치거나 미치지 못하는 때가 있으므로 그 절제를 예로 한다는 것이다. 자하(子夏)가 상을 마치고 공자를 뵈었을 때 거문고를 주자, 곡조를 맞추려 해도 곡이 되지 않고 타도 소리가 제대로 되지 않았다. 그는 자리에서 일어나 "슬픔이 아직 잊히지 않았으나 선왕이 만들어놓은 예를 감히 넘어설 수는 없는 일이지요."라고 말하였다. 자장(子張)은 상을 마치고 공자를 뵈었을 때 거문고를 주자 곡조를 맞추면 맞고 타도 소리가 제대로 났는데, 자리에서 일어나 "선왕이 만드신 예이기에 감히 그대로 따르지 않을 수 없었습니다."라고 말하자 공자께서 다 군자(君子)라고 했다. 이것은 상제(喪制)만 그러한 것이 아니라 살

101) 추숭을 행하는 것은 조선의 공적 정치 원리를 파괴하는 것이라고 믿었던 정조의 입장을 고려할 때, 상왕(上王)으로 물러난 후에 아들의 손으로 추숭을 이루려 한 것으로는 보이지 않는다. 정조가 인정한 추숭이 가능한 유일한 사례는 창업군주가 추숭한 경우뿐이다. 현재로서는 혜경궁 홍씨의 《읍혈록(泣血錄)》에 기재된 증언 외에는 확실한 전거를 찾을 수 없다. 혜경궁 홍씨, 정병설 역, 2010, 《한중록》, 문학동네, 305·306쪽.

아 섬기는 일, 죽어 장례 모시는 일도 다 마찬가지인 것이다. 할 수 있는 것을 하지 않는 것도 예가 아니고, 해서는 안 될 것을 하는 것도 예가 아니다. 따라서 예가 아니면 그것은 효도도 아닌 것이다. 그렇다면 위아래 현자 우자를 통틀어서 일생 동안 행할 수 있는 한마디 말이, '어기지 말라'보다 더 절실한 것이 어디 있겠는가.[102]

102) 《홍재전서》 권8, 서인 1, 돈효록서(敦孝錄序).

2부

향례:
지방의 자발적 도덕화에 대한 기대와 《향례합편》

어버이를 사랑하는 자는 감히 남을 미워하지 못하고 어버이를 공경하는 자는 감히 남을 업신여기지 못하니, 공경을 넓혀 근본을 따르기 때문이다. 그러므로 우(虞)·하(夏)·상(商)·주(周)가 서로 계승함에 덕(德)이 있는 이를 부유하게 하거나 작(爵)이 있는 사람을 친히 하는 데 있어서는 차이가 있었어도 나이 많은 사람을 대우하는 것은 빠뜨리지 않았으니, 대개 나이 많은 사람을 귀하게 여기는 것이 어버이를 섬기는 데 버금가기 때문이었다.

지금 사람들은 나이 많은 사람들을 빠뜨리는 것을 두려워하지 않는다. 이 때문에 그 폐단으로 오품(五品)이 질서대로 되어나가지 않는다.

—1797년, 〈소학·오륜행실·향음의식·향약조례를 반포하면서 내린 윤음〉 중에서

가족은 지역사회 내에 존재하며, 사람들은 가정을 기반으로 지역사회에서 타인과 관계 맺으며 살아간다. 타인과의 공존적 조화의 첫 장소가 가정이었다면, 지역사회는 그것을 더욱 넓혀 혈연관계가 아닌 사람들과 삶을 꾸려나가는 장소였다. 앞 부에서 살펴보았듯이 정조는 친친의 마음이 친족 공동체 안에서조차 제대로 실천되지 않는 것을 염려했다. 그 마음을 길러 가족 바깥으로 흘러나가도록 하는 것이 목표였다. 정조는 즉위 초에 내린 대고에서는 국정의 첫 번째 시급한 현안으로 '민산(民産)'을 꼽았다. 교육의 전제 조건으로서 민의 생활을 넉넉하게 해야 한다는, '항산 이후에 항심'을 말했던 맹자의 종지를 따랐다. 정조는 《맹자》 〈등문공위국(滕文公爲國)〉 조목을 《맹자》에서 가장 좋아하는 7가지 대목 중 하나로 꼽았다. 여기에서 맹자가 성왕의 위대한 정치의 첫 번째 방법은 경계를 바로잡고 민산을 넉넉하게 하는 일이라고 강조했기 때문이다.

1797년 정월 정조는 풍속 교화(矯俗)를 국정 제1과제로 꼽으며 풍속 교화를 위한 예제를 담은 책을 펴내겠다고 천명했다. 교화는 가정에서 시작하지만 지역사회로 넓혀나가야 한다는 문제의식 속에서 정조는 향음의식과 향약조례를 담고, 여기에 가례에 해당하는 사관례와 사혼례 조항을 담아《향례합편(鄕禮合編)》을 펴냈다. 2부에서는 정조의《향례합편》에 담긴 지역사회에서의 예제와 예교에 대한 문제의식을 살펴보고자 한다.

1.
향례에 담긴 예교 인식과 국조 향례의 전통

빈흥의 향례와 정치위의 향례

주희는 세상의 모든 (남자) 아이들이 여덟 살이 되면 소학에 입학하여 배우고, 열다섯 살이 되면 백성 가운데 우수한 아이들이 천자, 대부의 적자와 함께 대학에 진학하여 배우는 것을 '고대의 이상적 세계'에서 있었던 일로 여겼다. 물론 여자 아이들의 교육은 배제되어 있었다. 고대의 성세를 지향하는 정부라면 모든 사내아이들이 학교에 들어가서 배우는 것을 당연히 해야 할 일로 여겼다. 이때의 교육은 전문 교육이 아니라 현세의 인간들이 본래 영위해야 할 인간다운 삶을 꾸려나가기 위한 윤리적, 인문적 태도들을 배우고 익히는 것이어야 했다.[1] 학교가 본연의 목표에서 벗어나 군역을 회피하거나 시험 준비를 하

1) 주자학의 '궁리(窮理)'란 단순한 정보의 취득이 아니라 자기의 본래성으로의 복귀, 이 세상에서 살아가는 진정한 사람이 되는 과정이었다. 이 복귀를 복초(復初)라고 부르는데, 이는 시간적인 처음이 아니라 인간의 존재 구조상의 본질(만인에게 공통된 사람다움)로 귀환하는 것이었다. 와타나베 히로시, 김선희·박홍규 역, 2017, 《일본정치사상사(17~19세기)》, 고려대학교출판문화원, 132·133쪽.

는 장소로 기능해서는 안 되었다.

15세기에 조선 정부는 고을마다 학교를 세워 교화의 장소로 삼고자 했다.[2] 이러한 새 왕조의 구상은 인간 개개인의 본래성을 회복시켜 유교적 이상 사회를 구현하고자 하는 신유학적 문제의식과 공명하면서, 당시 조선의 현실을 고려한 가운데 마련된 것으로 볼 수 있다. 학교는 지역민들의 예교를 위한 향례 시행 장소로도 여겨졌다. 잘 알려진 15세기 말~16세기의 향례 관련 운동[3] 이전부터 조선 정부는 향 단위에서의 교화에 관심을 두었다. 《세종실록오례(世宗實錄五禮)》에는 한성부와 여러 도의 주·부·군·현에서 맹동(孟冬, 음력 10월)에 행하는 향음주례의 의식 절차와 매년 3월 3일 또는 9월 9일에 개성부[4]와 지방 여러 고을에서 시행하는 향사례 의식 절차가 각각 가례(嘉禮)와 군례(軍禮) 항목에 수록되어 있다. 《국조오례의》에도 이 두 의절이 거의 그대로 수록되어 있다. 15~16세기에 각 지방마다 이 규정에 근

2) 전 시대의 부패와 탐욕 그리고 폭력이 만연한 상황을 극복하고 사회를 정상적으로 회복시키고자 하는 열망은 역사 속 변혁기마다 반복적으로 등장한다. 당송변혁기 중국에서는 유교문화를 통해 삼대의 이상 사회로 돌아가고자 열망했고, 이것이 가능하다는 믿음이 공유되었다. 이러한 분위기 속에서 개혁의 주체와 방법에 대한 인식의 차이가 존재했고, 신유학-주자성리학은 정부의 법제 정비와 선도만으로는 부족하고 인간 자신을 변화시키는 학문(爲己之學)과 일상적 실천 활동이 있어야 한다고 여겼다. 주자의 《소학》이나 《가례》, 《의례경전통해》 등에서 논의된 예제는 모두 이러한 문제의식과 연관된 '제도적 제안'들이다. 당송변혁기 중국에서의 '회복삼대' 열망과 신유학의 경세론에 대해서는 여영시, 2015, 《주희의 역사세계》(상); 피터 볼, 2008, 《중국 지식인들의 정체성-사문을 통해 본 당송시대 지성사의 대변화》; 피터 볼, 2010, 《역사 속의 성리학》 참조.

3) 김훈식, 1997, 〈15세기 후반기 향당 윤리의 보급 배경-향에 대한 인식의 변화를 중심으로〉, 《한국사연구》 99·100 합본; 고영진, 1998, 〈조선 중기 향례에 대한 인식의 변화〉, 《국사관논총》 81, 국사편찬위원회; 김현수, 2010, 〈17세기 향촌교화론과 향례 인식〉, 《동양고전연구》 39; 박사랑, 2016, 〈15세기 조선 정부의 향례 논의와 향촌 질서 구축〉, 서울대학교 석사학위논문(《한국사론》 62 수록).

4) 《세종실록오례》에는 향음주례는 한성부와 지방고을, 향사례는 개성부와 지방고을에서 시행하는 것으로 되어 있고, 《국조오례의》에는 둘 다 성부와 지방 고을에서 시행하는 것으로 되어 있다.

거하여 향례를 비균질적으로 시행하였다.[5] 국가에서 향례의주(鄕禮儀註)가 마련되고 예전(禮典)에 실렸지만, 정작 실천은 지지부진했다. 조선 지식인들은 국가 혹은 향촌의 주도하에 향례를 좀 더 적극적으로 실천해야 한다는 문제의식을 계속 가지고 있었다. 정조가 편찬한《향례합편》은 이러한 문제의식을 어떻게 받아들이고 있었을까.

《향례합편》의 총서에서는 주나라 향음주례의 내용을 세 가지 형태로 소개하고 있다.[6]

> 첫째, 지관(地官) 향대부(鄕大夫)가 3년마다 현자(賢者)와 능자(能者)를 크게 일으켜 속리와 무리들을 이끌고 예로써 빈을 대접하는 것이다. 둘째는 당정(黨正)이 서(序, 학교)에서 백성들을 예로써 술을 마시게 하여 나이로 차례를 바로잡게 하는 것이다. 셋째는 주장(州長)이 봄과 가을에 예로써 백성을 모이게 하여 주의 학교에서 활쏘기를 하는데, 그에 앞서 향음주례를 행하는 것이다. 향대부가 현자를 빈으로 대우하는 예를 3년에 한 번 거행하는 것은《의례》〈향음편(鄕飮篇)〉에 그 전문이 갖추어져 있고, 주장이 활쏘기 하는 예는 1년에 두 차례 행하는데《의례》〈향사편(鄕射篇)〉을 참고할 수 있다. 당정이 나이로 바로잡는 예는 세밑에 한 번 행한다.《예기》에서 소위 나이가 예순인 자는 앉고 쉰인 자는 시립한다는 조문이나, 예순인 자는 3두(豆), 일흔인 자는 4두, 여든인 자는 5두, 아흔인

5) 고영진, 1998,〈조선 중기 향례에 대한 인식의 변화〉,《국사관논총》81, 국사편찬위원회.

6) 《향례합편》에는 향음주례, 향사례, 향약, 사관례, 사혼례가 수록되어 있다. 책머리에는 향례의 역사를 통해 향례의 예교적 의미를 다룬 총서(總序)가 있다. 여기에서는 향음주례를 중심으로 향례 시행의 역사와 예교적 의미를 서술하였고, 그 안에 향사례의 행례 의미가 담겨져 있다고 보았다. 이 글의 목적 역시 향례 의식의 구체적인 내용을 다루려는 것이 아니라 그러한 의식을 실천한 의미를 따려보려는 것이다. 따라서 경전 및 역사 속 향례를 대표하는 향음주례의 예교적 의미와 그 변화 그리고 변화의 의미에 주목하였고, 향사례는 별도로 논하지 않았다.

자는 6두라고 한 것에서 그 나이에 따라 차서를 정하는 뜻을 볼 수 있다.[7)]

《의례》와《예기》,《주례》 등을 통해 주나라의 예제를 살펴보면 3가지 종류의 향음주례가 있다. 그 첫째는 향에서 향대부가 주인이 되어 행하는 빈흥(賓興)의 예로서의 향음주례이다.[8)] 3년에 한 번 나라에 인재(현자와 능자)를 추천하여 올릴 때 이들을 '빈'으로 삼고 예로써 대접하는 향음주례를 행한다. 이 의식의 목적은 나라에서 현능한 인재를 존귀하게 여기는 뜻을 보이려는 것이다. 위 인용문에서 세 번째로 거론한, 주장(州長)이 학교에서 향사례(鄉射禮)를 행하기 전에 베푸는 향음주례도 그 의미는 크게 다르지 않다. 이 둘의 경우는《의례》〈향음편〉과 〈향사편〉에서 의주를 확인할 수 있다.[9)] 두 번째로 거론한 향음주례는 일 년에 한 차례 나이에 따라 차서를 정하는 예, 즉 노인을 노인으로 대접하는 의식으로서의 향음주례이다. 당(黨)의 장, 즉 당정(黨正)이 주도하는 가운데 행하는 이 의식은《의례》에 의주가 전하지는 않는다. 그러나《의례》에 붙인 정현의 주석과 후대인들의 해설에서는 주나라의 옛 제도로 인식하였다.[10)] 위의 글에서는 당정의 향음주례뿐 아니라 향음주례를 행할 때 나이에 따라 앉거나 서고 음식의 종류를 달리하여 나이가 많을수록 후하게 대접하게 한 일에, 나이를 사회 질서의 주요 근거로 삼으려는〔정치위(正齒位)〕 은근한 뜻이 담겨

---

7) 《향례합편》 총서.

8) 《주례》 권12, 사도교관지직(司徒教官之職), 〈향대부(鄉大夫)〉, "三年則大比 攷其德行道藝 而興賢者能者 鄉老及鄉大夫 帥其吏與其衆寡 以禮禮賓之".

9) 《의례주소(儀禮註疏)》 권8~10, 〈향음주례〉. 번역은 박례경·이원택 역주, 2013,《의례역주 2-향음주례》, 세창출판사 참조.

10) 박례경·이원택 역주, 위의 책, 제4, 경-01, 21~23쪽.

있다고 보았다.[11] 즉, 주나라에서 실천되었던 세 가지 향음주례에 직간접적으로 연치(年齒)를 숭상하는 의미가 담겨 있음을 강조한 것이다. 이상이《향례합편》에서 정리한 삼대에 행해진 향음주례의 제도적 원형과 그 의미이다.

이렇게《향례합편》에서 주나라 향례에 모두 정치위(正齒位)의 의미가 담겨져 있다고 강조했지만, 엄밀히 말하면《의례》나《주례》등의 경전 단계에서 향례의 의미는 두 계통으로 갈라져 있었다. 그 하나는 빈현능의 향례로, 백성의 교육을 담당하는 대사도(大司徒)에게서 위임받은 향대부가 백성들을 향삼물(鄕三物), 즉 육덕(六德), 육행(六行), 육예(六藝)로 교육시킨 후에, 그중 덕행이 뛰어난 자〔賢〕와 도예가 있는 자〔能〕를 골라 나라에 등용시킬 때에 행하는 예이다.[12] 가장 중요한 부분은 향대부가 주인이 되어 백성 중에서 현자와 능자를 빈으로 삼아 예를 행한다는 점이다. 주인이 빈을 정성스레 초빙하고, 빈이 이르면 문 밖까지 나아가 맞이하고, 주인이 먼저 배례를 행하고, 술과 안주를 대접하는 의식 절차가 하나하나 규정되어 있다.[13] 이 의절을 통해 지방관인 향대부와 아직 출사하지 않은 현능〔賓〕이 실제로는 관료와 백성으로 신분이 다르지만, 향음례 의례의 장에서는 주인과 빈으로 극진히 예대하고 술과 음악으로 화합할 수 있음을 보여주었다.

---

11) 원 전거는《예기정의(禮記正義)》권61,〈향음주의〉;《향례합편》권1,〈예기향음주의(禮記鄕飮酒義)〉참조.

12)《의례주소》권8, 향음주례,〔모빈개(謀賓介)〕주(注).

13)《의례》의 향음주례는 모빈개(謀賓介), 계빈개(戒賓介), 설석급기(設席及器), 속빈개(速賓介), 영빈(迎賓), 헌빈(獻賓), 빈초주인(賓酢主人), 주인수빈(主人酬賓), 주인헌개(主人獻介), 개초주인(介酢主人), 주인헌중빈(主人獻衆賓), 여수(旅酬)〔일인거치(一人擧觶), 낙빈(樂賓), 입사정(立司正), 빈수주인(賓酬主人), 주인수개(主人酬介), 개수중빈(介酬衆賓)〕, 이인거치(二人擧觶), 철조(徹俎), 승좌(升坐), 무산작(無算爵), 빈출(賓出), 준자지례(遵者之禮), 배사배욕(拜賜拜辱), 식사정(息司正)의 절차로 이루어져 있다.

즉 이 의례의 장에서 귀천의 기준이 되는 것은 단순히 신분이 아니라 현능의 능력이며 교육의 성취 여부였다. 또 현능을 빈흥의 예로 대우하여 나라에 올려보내는 제도 자체가 나라에서 인재를 귀하게 여긴다는 것을 보여주고 백성들을 자극하는 교육적 효과가 있었다. 의례에 직접 참여한 자는 교육을 받아 현·능으로 성취가 있는 백성이었지만, 이 의례를 공연함으로써 발생하는 예교의 효과는 교육 참여자 전체로 확장될 수 있었다.

이렇게 빈현능의 향례와 예제를 통한 교육은 모든 백성을 교화의 대상이자 교육 과정 참여자로 전제한 위에서 실행되었다. 교육을 통해 덕과 능력이 성취되는 자도 있고 그렇지 못한 자도 있다. 그 결과를 존중하고 그 결과로 생기는 덕의 질서를 인정(유덕자를 존중)하는 것이 '빈흥' 향음주례의 행례가 지닌 의미이다.[14] 그러나 이와 같은 만민의 교육과 상향식 인재 등용은 실제 역사에서는 제대로 구현된 적이 거의 없다. 따라서 후대에 행해지는 '빈흥'의 향음주례는 그 실제의 경세적 의미를 담보할 수 없었다.

다른 하나는 정치위의 향례이다. 《주례》를 통해 그 제도의 윤곽을 알 수 있는 정치위의 향음주례는 매년 연말 귀신을 찾아 제사지낼 때 백성을 모아 행하는 의례로, 당정이 관장하는 단위 고을의 모든 백성이 참여 대상에 해당한다.[15] 더 직접적으로 말하자면, 현재 학교 교육에 참여하고 있지 않은 백성들도 모두 향음주례에 참여시키고 있다. 이 향음주례를 '정치위'의 의례라고 명명한 이유는 이 의례의 핵심적

14) 현대적으로 풀어보면 기회의 평등, 결과의 차등을 인정하는 제도라고 할 수 있다. 유교 예제의 분등(分等)이란 현실의 신분 질서에 대한 정당화가 아니라 합리적 덕의 질서를 목표로 하는 것이다.

15) 《주례》, "黨正國索鬼神而祭祀則以禮屬民而飮酒于序以正齒位".

교육 내용이 나이에 따라 자리를 달리하고 예양하는 법을 알려주는 것이기 때문이다. 나이에 따라 지위를 바로잡는다는 것은 나이든 자를 더 존귀한 자리에 두어 예로 대접한다는 의미이다.《의례》에는 이 의례가 실리지 않았으나, 한나라 이래로 중국 역대 왕조에서는 술을 마시는 향례의식에서 정치위에 중요한 예교적 의미가 있다고 보고, 정치위의 향음주례를 실천하고자 했다.[16]

정치위, 즉 나이로 지위에 차등을 둔다는 의례의 예교적 의미는 무엇일까. 경전 해석자들의 견해에 따르면 노인은 그 오랜 경륜을 존중하면서 보호해주어야 할 존재였다. 향당의 오늘이 있게끔 노력해왔던 노인의 경륜은 현실의 신분 질서, 빈부의 위계에 묻혀 외면받기 쉬우며, 향당 내에서 도리어 소수이자 약자의 지위에 처하기 쉽다고 본 것이다. 위에서도 잠시 언급했지만 정조는《향례합편》을 간행하면서 오늘날의 폐단이 '나이든 자를 버리는 것을 두려워하지 않는 것'에서 시작한다고 비판한 바 있다.[17]《의례경전통해》의 향음주의(鄕飮酒義) 주석에서는 '정치위' 의절을 제정한 의미가 바로 백성들에게 '나이 들고 궁핍한 자를 버려두지 않고 귀하게 여기도록 하려는 것(不遺老窮知貴老之義)'이라는 것이다. 향당의 연장자, 즉 남의 집 노인에게 차등을 두어 존대하는 예를 행하는 동안 "강자가 약자를 범하지 않고 다수가 소수를 폭압하지 않으며 인륜이 바로잡히고 교화가 행해져 풍속이 아름다워질 수 있다. 향기로 목욕한 듯 무젖어 스스로 알지 못하는 사이에 선한 데로 옮겨간다(强不犯弱 衆不暴寡 人倫旣

16) 《오례통고(五禮通考)》의 저자 진혜전은 정치위의 향음주례 의절이《의례》에서 실전된 것으로 보았다.

17) 《일성록》, 정조 21년 1월 1일(임인);《향례합편》1책, 윤음, 〈반행소학오륜행실향음의식향약조례륜음(頒行小學五倫行實鄕飮儀式鄕約條例綸音)〉.

正 教行俗美 薰沐涵濡 遷善而不自知〕."고 하였다.[18] 향음주례와 같은 예제로 귀하게 여길 바, 즉 존중해야 할 대상을 규정하고 이 의례를 직접 실천해보는 교육을 통해 실제 현실에 횡행하는 힘의 논리를 자연스럽게 바꾸어나갈 수 있다고 본 것이다. 이렇게 정치위의 향음주례는 민간의 풍속을 자연스럽게 바꾸어〔矯俗〕 공존적 조화를 목표로 덕의 질서를 구현하고자 하는 예교에 바탕한 정치를 가장 상징적으로 보여주는 의식 절차였다.

이상 세 종류의 향음주례는 이후 역사에서도 간헐적으로 되살아났다. 한나라에서는 학교에서 향음주례를 행하고 인재를 선발하거나, 선성(先聖)과 선사(先師), 주공, 공자에게 제사를 지내면서 향음주례를 행하였다. 상세한 의절은 전하지 않지만, 정현에 따르면 나이에 따라 차서를 바로잡는 것, 즉 '정치위'의 의미가 강조된 의식이었다고 한다.[19] 이후 북위(北魏), 진(晉), 수(隋)에서도 간헐적으로 향음주례의 의의를 강조하거나 행한 일이 있으나 국가의 제도로 자리 잡지는 못했다.[20] 중요한 변화는 당나라에 들어와서 일어났다.

우선 632년(정관 6) 당 태종은 《향음례(鄕飮禮)》 1권을 천하에 반포하고 매년 주현의 장관이 장유를 이끌고 이 예를 행하게 했다.[21] 《대당개원례(大唐開元禮)》에서는 가례 항목에 〈향음주의〉와 〈정치위지의(正齒位之儀)〉를 별도의 의주로 정립, 수록했다.[22] 우선 《대당개원례》 〈향음주의〉는 주현에서 선비를 시험 보이는 일이 끝나면 자사(刺史)

18) 《의례경전통해(儀禮經傳通解)》 권7, 향례삼지하(鄕禮三之下), 향음주의(鄕飮酒義).

19) 《향례합편》 1책, 총서, "鄭玄云 今郡國用黨正之文 十月行此禮 則其制蓋主正齒位之說矣".

20) 《명집례(明集禮)》 권29, 향음주례, 총서, "漢制 郡國十月行鄕飮酒禮 蓋用正齒位之說 魏晉以下 間或行之 其詳不可得而聞".

21) 《향례합편》 1책, 총서, "唐貞觀六年 詔錄鄕飮禮一卷頒示天下 每年令州縣長官率長幼依禮行之."

22) 《대당개원례(大唐開元禮)》 권127, 가례 향음주의; 《대당개원례》 권128, 가례, 〈정치위〉.

또는 상좌(上佐)가 요속들을 이끌고 빈과 주인의 자리를 설치하고 조두(俎豆)를 진설하고 관현의 음악을 설치하여 행하는 의례였다.[23] 과거시험으로 관리를 선발하는 당에서 주나라의 빈흥례가 그대로 이어질 수는 없었다. 그러나 《의례》에 실린 〈향음주의〉의 내용처럼, 지역 인재를 중앙에 올려 보내면서 지방관이 주인이 되고 시험에 합격한 선비가 빈이 되어 이 의례를 행하였다.

이와 달리 《대당개원례》 〈정치위지의〉는 이미 사라지고 없는 주나라의 의례를 복원한 의주이다. 매년 연말 지방관인 현령이 주인이 되고 향의 60세 이상 노인 가운데 덕행이 있는 자 1인이 빈, 그 다음 1인이 개(介), 그 다음이 3빈, 그 다음이 중빈(衆賓)이 되어 행하는 의례였다.[24] 〈정치위지의〉에는 주인이 빈을 정중히 초청하는 '계빈(戒賓)'의 절차가 없고, 중빈까지도 당 안에 자리 잡는 등 향음의례와는 차이가 있었다. 그중에서도 가장 특징적인 절차는 술잔을 서로 주고받으며 술을 마시는 예를 행한 후에 모두 함께 술잔을 들고 약속하는 말을 하는 것이다. "조정에서 옛 제도를 따라 돈독히 예교를 행하니 우리 장유들은 각각 서로 권하여 나라에 충성하고 지친에게 효도하고 규문 내에서 화목하고 향당에서 서로 친하게 지낸다. 혹시라도 허물 짓거나 타락하여 소생을 욕되게 하는 일이 없어야 한다."는 내용이다.[25] 《대당개원례》 〈정치위지의〉에서 처음 들어간 이 약조문 읽기〔讀約〕 조항은 이후 송, 명, 청 등의 국가 전례에도 포함되었다.

---

23) 《향례합편》 1책, 총서, "賓賢能則 每州縣試士畢 刺史或上佐會屬僚設賓主 陳俎豆講管弦特用小牢歌鹿鳴之詩 卽所謂鹿鳴宴也".

24) 《대당개원례》 권128, 가례, 〈정치위〉, "每年季冬之月 縣令爲主人 鄕之老人年六十以上有德望者一人爲賓 次一人爲介 又其次爲三賓 又其次爲衆賓".

25) 《대당개원례》 권128, 가례, 〈정치위〉, "司正適篚跪取觶興 進立於楹間北面乃揚觶而言曰 朝廷率由舊章敦行禮教 凡我長幼各相勸勗 忠於國孝於親 內睦於閨門外比於鄕黨 無或愆惰以忝所生".

송대에도 빈홍과 교속(矯俗)의 향음주례가 각각 행해졌다. 《향례합편》에서는 송대의 향음의식을 소개하면서 송 태종 때 향공진사 전석(田錫)이 올린 상소문을 상세하게 수록했다. 전석은 상소문에서 정치위의 향음의식을 강조했다. 이 예를 행함으로써 "아비 된 자는 자애롭고 아들 된 자는 효성스러우며 형이 된 자는 우애 있고 아우 된 자는 공경할 줄 알고 지아비 된 자는 온화하고 부인 된 자는 부드러우니 일가(一家)가 따르고 일향(一鄕)이 교화되고 일국(一國)이 흥하고 천하가 크게 같아지는 효과가 있다."고 강조했다.[26] 하루에 이 예(향음주례)를 행하여 사방이 감화되어 변화하는 효과가 있다고 강조한 것이다. 《의례경전통해》에서 주자가 말한 향음주례의 의의도 이와 같았다.[27] 실제 송대 신유학자들은 민간의 일상 문화의 변화야말로 정치의 주요한 목표가 되어야 한다고 여겼다. 또 여러 사회 단위에서 이를 가르치고 실천하는 일을 사대부의 책무라고 여겼다. 이러한 입장에서 볼 때 교속의 의미가 강조된 정치위의 향음주례야말로 삼대의 이상 사회를 목표로 했던 그들에게 당면의 현실을 바꾸기 위해 적극적으로 실천해야 할 삼대의 옛 제도로 여겨졌던 것이다.

국가가 선도하는 자발적(?) 풍속 교화

명 태조 홍무제는 개국 후 백성 교화(敎民)를 천명한 조서를 연달아

26) 《향례합편》 1책, 총서, "田錫請復鄕飮禮書曰 臣聞聖人制鄕飮酒之禮行鄕校之間 俾人徧知而易識也 …… 月而習之歲而行之 稔禮漬道革惡歸善 爲父而慈爲子而孝爲兄而友爲弟而恭爲夫而和爲婦而柔 一家率之一鄕化之一國興之天下同 ……".

27) 《의례경전통해》 권7, 향례삼지하(鄕禮三之下), 〈향음주의〉.

반포하며 풍속 교화를 위한 예제를 적극적으로 입법화했다.[28] 명대 예제에서 특징적인 점은 부·주·현에서 행하는 향음의식과 이사(里社)에서 행하는 향음의식을 별도로 규정하고 있는 것이다. 이 향음의식들은 모두 '백성들로 하여금 세시에 연회하고 예를 익히고 법률을 읽어 조정의 법을 신칙하여 밝히고 장유의 예절을 도탑게 바로잡게 하려는' 것이었다. 1372년(홍무 5) 제정된 〈향음주례조식(鄕飮酒禮條式)〉을 보자.[29] 이 조식에는 두 가지 향음주례가 규정되어 있다. 첫째, 응천부 및 직예의 부·주에서 행하는 향음례이다. 매년 맹춘, 맹동에 관리가 학관(學官)과 함께 사대부 중 나이든 사람들을 이끌고 학교에서 행하게 했다. 지방 행성 소속 부·주·현 역시 서울에서 법을 취하여 실천하게 했다. 즉 수도와 지방 행성 소속 부, 주, 현 단위에서의 향음주례는 그 주요 행례자가 사대부 중 나이든 사람이었다.

둘째는 민간 이사(里社)에서의 향음주례이다. 이 작은 마을 단위의 향음례는 명대 처음으로 국가적으로 제도화되었다. 이 향음의식은 100가(家)를 일회(一會)로 삼아 양장(糧長)이나 이장(里長)이 주도하는 의식이었다. 명대의 양장제(糧長制)나 이갑제(里甲制), 이노인제(里老人制)는 중앙집권적 황제전제체제 하에서 향촌 농민 생활과 국가 재정 안정화를 위해 마련된 제도였다.[30] 양장이나 이장은 이 작은 향촌 자

---

28) 피터 볼은 송대 신유학 운동이 향촌 사회를 스스로 감독하는 도덕 공동체로 바꾸고자 노력했으며, 이것이 지위의 유지나 이익의 창출이라는 이기적 목적에 의해서가 아니라 개인의 도덕적 동기에 기초한 '자발주의'에의 헌신에 의해 추동되었다고 지적했다. 주자 사후 위학으로 금지되었던 시기를 거쳐 신유학이 관학화하고, 명대 이후에는 신유학이 제안했던 여러 사회 제도들이 황제-국가 주도로 입법화하고 있는 양상에도 주목했다(피터 볼, 2010, 《역사 속의 성리학》, 7장 사회). 명 초의 향음의식 또한 '신유학의 입법화'를 보여주는 하나의 사례로 볼 수 있다.

29) 《명회전(明會典)》, "洪武初詔中書省詳定鄕飮酒禮條式 使民歲時宴會習禮讀律 期于申明朝廷之法敎序長幼之節遂爲定制".

30) 김한식, 1969, 〈명대 이노인제(里老人制)의 연구〉, 《대구사학》 1; 송정수, 1997, 《중국 근세 향촌 사회사 연구》, 혜안; 송정수, 2007, 〈향촌조직〉, 《명청시대사회경제사》, 이산.

치 단위의 장으로서 부세 행정을 주도하고 사법권을 가지는 것 외에 교화의 책임이 있었다. 1372년(홍무 5)의 향음의식에 규정된 양장·이장 주도의 향음의식은 100가를 단위로 하는 자치 단위 내의 '교화 의무'가 어떤 내용이었는지를 잘 보여준다.

이 의식에서는 100인 중에서 나이가 가장 많은 자가 정빈(正賓)이 되고 나머지는 나이에 따라 차서를 정해 앉아 예를 행하는데, 석 달에 한 번, 즉 일 년에 네 차례 행하도록 했다.[31] 이 의식을 행할 때 '호강을 없애고 약자를 돕는 맹세〔鋤强扶弱之誓〕'라는 맹세문을 읽는 절차가 있었다. 그 내용은 "우리 동리 사람들은 각자 예법을 준수하고, 힘을 믿고 약자를 침해하지 말아야 한다. 만일 어기면 먼저 함께 제재하고 관에 고한다. 혹 가난하나 구휼할 수 없으면 그 집을 두루 도와주고 3년이 지나도 자립하지 못하면 회에 함께하지 못하게 한다. 그 혼인과 상장에 모자람이 있으면 힘닿는 대로 서로 돕는다. 만일 무리를 따르지 않거나 간음, 도둑질, 사기 등의 범죄를 저지른 사람은 모두 입회를 허락하지 않는다."[32]는 것이었다.

이렇게 명은 국초부터 100가 단위의 작은 마을에서 행하는 향음의례 속에 상호 규율하며 향촌에서의 공공 윤리의식을 북돋울 수 있는 제도를 포함시켰다. 국가의 법제나 행정망으로 일일이 통제하거나 구제하지 않더라도, 향촌에서 자발적으로 서로 돕고 스스로를 감독하며 '억강부약'하는 기풍을 만들어갈 수 있도록 한 것이다. 음악이나 동작 절차를 행하는 동안 부지불식간에 서로 화합하고 존중할 대

---

31) 《명회전》 권97, 향음주례.

32) 《홍무예제(洪武禮制)》, 제사예의(祭祀禮儀), 이사(里社), "其詞曰 凡我同里之人 各遵守禮法毋恃力凌弱 違者先共制之然後經官 或貧無可贍周給其家 三年不立不使與會 其婚姻喪葬有乏隨力相助 若不從衆及犯姦盜詐僞一切非為之人並不許入會".

상을 존중하게 만드는 것을 넘어 직접적으로 교훈이 될 말을 읽어주게 하여 '교속'의 목적을 분명히 드러냈다.

명대 향음의주 규정에서 더욱 흥미로운 점은 독률령(讀律令) 규정이다.[33] 국초부터 향음주례를 행할 때 독률령이 있으면 형부에서 펴낸 〈신명계유서(申明戒諭書)〉를 겸해서 읽도록 했다.[34] 당대와 송대의 향음의식에 간략한 '약조문 읽기' 조문이 들어가 있었던 것과 비교해 볼 때, 명대의 향음의식에서는 국가의 형부에서 펴낸 계유서를 읽도록 하여 훨씬 강화된 '독법(讀法)' 규정을 두었음을 알 수 있다.[35]

1383년(홍무 16)에 반행된 〈향음주례도식(鄕飮酒禮圖式)〉에서는 향음주례의 의식 절차와 독법·독률 규정을 좀 더 구체적으로 확인할 수 있다.[36] 우선 부·주·현의 향음의식에도 술잔을 들고 맹세하는 절차가 포함되었다. 당나라의 〈정치위지의〉에서 술을 마신 후 약문을 읽었던 것과 달리, 모여서 배례와 읍례를 행한 후 술을 따르고 바로 약조문을 읽었다. 그 내용은 "우리 조정이 옛 제도를 따라 예교를 돈독히 존숭하여 향음의식을 거행하니 이는 먹고 마시기 위함이 아니다. 우리 장유들은 각각 서로 권면하여 신하가 되어서는 충성을 다하고, 자식이 되어서는 효를 다하며, 장유 간에는 차례가 있게 하고 형제 간에는 우애와 공경을 다하며, 안으로는 종족 간에 친목하고 밖으로는 향리와 화목해야 한다. 혹여라도 폐하거나 타락하여 소생을 욕보이는

33) 《명집례(明集禮)》, 향음주례 총서에서는 역대 향음주례 약사에 이어 경전 및 여러 왕조에서 행한 향음주례 의절을 조목별로 비교 분석하였다. 그중 '독률' 조항에 "《의례》 및 당·송에서는 모두 없었고, 지금 신증하였다〔儀禮唐宋皆無之 今擬新增〕."고 하였다.

34) 《명회전》 권97, 향음주례.

35) 1372년(홍무 5) 향음의식의 자리에서 읽도록 했던 형부의 〈신명계유서〉의 경우는 그 내용을 아직 확인하지 못했다.

36) 《명집례》에는 '현읍음주독률의주(縣邑飮酒讀律儀注)'로 수록되어 있다.

일이 없어야 한다."는 것이었다.[37] 약문을 읽고 나서 잔에 따른 술을 마신 후에는 독률령이 있으면 독률의 절차를 거행했다. 독률하는 자가 독률안을 놓고 북향하여 서서 독률하는데, 이때 빈, 찬 이하는 모두 서서 읍례를 행한 후 독률하는 것을 듣는다. 잘못이 있는 자는 독률하는 자리 앞으로 나아가 선 채로 독률하는 것을 듣고 마친 후에 자기 자리로 돌아와야 했다.[38] 이 모든 의절을 마친 후에야 본격적인 음주례가 거행되었다.[39]

이사(里社)에서의 향음주례는 매년 봄과 가을 이사제(里社祭) 후에 거행했다.[40] 술과 안주는 100가에서 함께 마련하되 사치하지 않도록 했다. 참여자가 자리를 정해 앉는 방식도 세밀하게 규정되었다. 100가에 속하면 걸식하는 자 외에는 모두 참여하도록 했다. 연로한 자는 지극히 가난하더라도 윗자리에 앉고 연소자는 부귀한 자라도 서치(序齒)에 따라 아랫자리에 앉는다. 이를 마음대로 어기지 않도록 했다. 어길 경우에는 법제를 어긴 것으로 논하고 지나치게 범한 경우에는 나이가 많고 부유한 자라도 중빈(衆賓)의 말석에 앉아서 독률하는 것을 듣고 깨우침을 받은 뒤 음주를 마치고 물러나도록 했다. 마음대로 중빈의 윗자리로 옮길 수는 없었다. 만일 잘못을 저지른 사람이 향음의식에 오지 않거나 중빈의 윗자리에 억지로 앉으려 하면, 완악한 백성으로 규정하고 이장이나 여러 사람 중 우두머리가 고하여 변방이나

37) 《명회전》 권97, 향음주례, "司正擧酒曰 恭惟朝廷 率由舊章 敦崇禮教 擧行鄕飮 非為飮食. 凡我長幼 各相勸勉 為臣盡忠 為子盡孝 長幼有序 兄友弟恭 內睦宗族 外和鄕里 無或廢墜 以忝所生".

38) 《명회전》 권97, 향음주례, "有過之人 具赴正席立聽 讀畢復位".

39) 《명집례》에는 '현읍음주독률의(縣邑飮酒讀律儀)'로 수록되어 있다. 《명집례》 권29, 가례 13, 향음주례, 〈현읍음주독률의〉.

40) 《명집례》에는 '이사음주독률의(里社飮酒讀律儀)'로 수록되어 있다(《명집례》 권29, 가례 13, 향음주례, 〈이사음주독률의〉). 이사(里社)와 향려(鄕厲)에서의 정기적 제사는 명대 이갑체제 아래에서 이장의 고유 업무에 속했다.

면 타지로 옮기도록 했다.[41] 주석에 앉는 자가 잘못을 저지른 자를 (마음대로) 중빈들의 상좌에 앉게 하면 같은 죄로 처벌하였다.

1383년(홍무 16)의 도식에서 이사 향음의식의 빈은 그 마을에서 가장 나이가 많으면서도 덕이 있어 따를 만한 자로 정했다. 향인 중에 퇴직 관리가 있으면 이장이 청하여 손(僎)으로 삼았다. 독률령이 있으면 독률하는 의식 역시 현읍 향음주례에서와 같았다. 다만 현읍에서는 사정(司正)을 따로 정해 약문을 읽도록 했으나, 이사에서는 독률한 자가 법률을 잘 지키겠다는 약조문을 읽어 차이를 두었다.[42]

1389년(홍무 22년)에는 다시 도식을 정했는데, 참여자의 자리를 정할 때 나이 외에 선악이라는 기준을 추가했다. 기왕에 향음례에 참석하는 사람들을 연치에 의해서만이 아니라 ① 공적, 사적으로 죄를 범한 일이 없는 자, ② 호역이나 세금에 지체나 잘못이 있는 자 및 공장(公杖)이나 사태(私笞)의 죄범이 있는 자, ③ 도둑질이나 사기죄 및 백성에게 해를 끼치거나 관장에게 저항하거나 무함한 죄 및 사장(私杖), 도류(徒流)의 중죄를 지은 자 등 세 가지 범주로 나누고 자리를 각기 달리하도록 했다. 선악이 뒤섞이지 않도록 하는 조항을 추가한 것이다.[43] 향음주례 도식의 좌석 차례를 따르지 않거나 죄범이 있는데 참여하지 않는 자는 모두 위제(違制)의 형률로 논하게 했다. 《대명률》에는 향음주례의 위제율을 태 50대의 벌로 규정했다.[44]

---

41) 《명회전》 권97, 향음주례, "其有過犯之人 雖年長財富 須坐於衆賓席末 聽講律受戒諭供飮酒畢同退 不許在衆賓上坐 如有過犯之人 不行赴飮及强坐衆賓之上者 卽係頑民 主席及諸人首告遷徙邊遠住".

42) 《명집례》 권29, 가례 13, 향음주례, 〈이사음주독률의〉, "讀律 執事者設卓案于東楹讀律席前 次引讀律者正衣冠升席展律于案詳緩讀之 畢起立拱手 坐者皆起立拱手 讀律者揚言曰 恭惟國家憲章 先王明刑弼教 期協于中爰 用古禮為民讀律 凡我長幼尚敬 共夙夜毋干彝憲以忝祖父 言訖斂律降席復位 位在堂下衆賓之列 賓主復坐酒三行止".

43) 《명회전》 권97, 향음주례.

이상에서 살펴보았듯이 명 초에 제정된 향음의식 규정에는 빈흥례의 의미가 담기지 않았다. 이를 두고 《오례통고(五禮通攷)》의 저자 진혜전(秦蕙田)은 빈흥과 향음이 완전히 다른 두 가지 의례가 되었다고 지적하기도 했다. 또한 명나라에서는 향음주례에 《대당개원례》 〈정치위지의〉 이래로 의주에 포함되었던 독약 절차 외에도 독률하는 절차를 넣어, 예로써 자연스럽게 가르치는 차원을 넘어 국가의 법제를 가르치고 법을 어기지 않도록 하는 교육의 장으로 삼았다. 이 교육에는 꽤 강력한 상벌 조항이 함께 했고, 그런 점에서 행하는 동안 자연스럽게 배우게 하려던 경전상의 예교론과 거리가 생기게 되었다. 《주례》에 규정된 독법의 조항은 주희도 1년에 서너 번 백성을 모아 행하면 교화에 도움이 될 것이라고 긍정한 바 있는 제도였다. 명나라에서는 독법을 민간의 풍속을 교화하는 향음례와 함께 묶어 작은 마을 단위에서 반드시 행해야 할 강제 규정으로 만들었다. 〈향음주례도식〉에 포함된 여러 처벌 규정 및 참가 자체를 의무화한 《대명률》의 규정 등은 모든 양민들을 예교의 대상으로 보고 역대 어느 때보다도 강력하게 형정의 힘을 빌려 예제를 통한 풍속 교화를 천명하였음을 보여준다.

《국조오례의》의 향례 인식

조선에서 연구 끝에 처음으로 의주화된 《세종실록오례》 수록 향음주례는 기본적으로 빈흥의 의례라기보다는 정치위 의례에 가깝게 설계

---

44) 《대명률》 권12, 홍무 22년, 재정도식(再定圖式).

되었다. 지방관이 주인이 되고 맹동에 한 차례 행하는 점은《주례》에서 당정이 행했다는 정치위의 의례나《대당개원례》에서 의주화되었던 정치위의 향음주례와 같다. 다만 지방관이 주인을 맡고, 지역의 유덕자가 맡는 빈의 역할은 지역의 품관들이 맡게 될 것으로 예상하였다. 따라서 빈의 자리는 하나로 규정되어 있지 않고 품계에 따라 각각 자리가 달라졌다. 2품 이상의 관원이 없으면 그 아래 품관이 맡는데, 6품 이상이면 주인과 마주 보는 서벽에 자리를 설치하고, 6품 이하면 남쪽 줄에 자리를 두었다. 고을에 있는 일반 백성(庶人)들의 자리도 마련되었다. 이들은 당 아래 뜰에 동서로 마주보고 서게 했다. 단순 구경꾼이 아니라 행례의 주체가 되어 의식에 참여했다. 주인과 빈, 중빈, 서인들이 서로 절하거나 읍하면서 예를 취하고 다섯 차례 술잔을 주고받는 의식을 마치고 나면, 사정(司正)이 나서서 깨우치는 글을 낭독하는 독법의 예를 거행했다.

> 나라에서 옛 법을 따르고 예교를 숭상하여 이렇게 향음의 의식을 거행하는 것은 단지 마시고 먹기 위해서만이 아니다. 우리 장자와 유자가 각각 서로 권하여 나라에 충성하고 부모에게 효도하며 규문 내에서 화목하고 향당에서 서로 친하게 지내야 한다. 서로 깨우치고 서로 가르쳐 혹시라도 잘못을 하거나 타락하여 낳아준 이를 욕되게 하는 일이 없어야 한다.[45]

《세종실록오례》를 거의 그대로 수록한《국조오례의》의주 역시

---

45) 《세종실록》 권133, 오례, 가례, 〈향음주의〉, "今玆擧行鄕飮 非專爲飮食而已 凡我長幼 各相勸勉 忠於國孝於親 內睦於閨門 外比於鄕黨 胥訓告胥敎誨 無或愆惰 以忝所生".

《대당개원례》 이후 정치위지의 계통의 의주였다. 《국조오례의》의 향음주 의주는, 연장자를 존중하여 우대함으로써 남의 노인을 내 노인처럼 중히 여기는 마음을 가지게 하는 교육적 의미를 담은 의식이었다. 지역의 예교를 책임지는 지방관이 주도하여 지역의 나이 많은 유덕자를 지방 관장과 마주 대하는 자리로 높인 후 술과 음식을 대접함으로써 나라에서 중히 여기는 바를 알게 하려는 의례였다. 그러나 개원례나 명례에서 빈의 자격을 60세 이상의 유덕자로 정하고, 개, 삼빈, 중빈 역시 연치를 중요한 기준으로 두어 선정하는 것과 조선은 달랐다.[46] 《국조오례의》에서는 빈의 자격이 '나이가 많고 덕이 있고 재행이 있는 자'라고 규정되었다. 그런데 실제 빈 이하 개, 삼빈에 해당되는 이들을 나이나 덕행 외에 관품으로 구분하여 차등을 두었다. 향례가 시행되는 지방 군현에 서인과 차등이 있다고 여기는 품관 사대부들이 존재하는 조선의 현실을 절충한 셈이다. 그러나 품관이라고 해서 무조건 향음의례의 주인공인 '빈'이 되는 것은 아니었고 나이와 덕, 재행이 있어야 했다. 빈이 되지 못한 품관들은 빈을 보좌하며 행례의 주체로서 향음의례 공연에 참여했다.

이는 《송사》 〈예지〉에 수록된 주자의 〈향음주의〉와 유사한 측면이 있다. 기본적으로 주희는 〈향음주의〉를 '정치위'의 의식으로 이해했다. 이 의주에서 빈의 자격은 연로한 자와 치사자(致仕者)로 규정되어 있다.[47] 치사자란 관료를 지내고 은퇴한 자, 즉 전직 관료를 말한다.

---

46) 명 홍치 연간에는 "나이가 높고 덕이 있어 여러 사람들이 받들어 따를 수 있는 자를 빈으로 삼고〔年高有德爲衆所推服者爲賓〕" 그 다음을 개로 삼는다는 규정을 두어 '유덕자'라는 것을 더욱 구체화하였다. 《명회전》 권79, 예부 37, 향음주례.

47) 《송사》 권114, 예지(禮志) 67, 〈향음지례〉, "慶元中朱子以儀禮改定主賓僎介之位 其主則州以守縣以令 位于東南 賓以里居年高及致仕者 位于西北 僎則州以倅縣以升或簿 位東北 介以次長 位西南 三賓以賓之次者 司正以衆所推服者".

《의례》나《대명집례》에서도 역시 향에 내려와 있는 대부(大夫), 즉 전직 관료가 있을 경우에는 향음례에서 우대하는 자리를 마련했다.

기왕의 연구에서는 빈의 자리를 품관이 차지한다는 점이 강조되면서, 향음주례 의주에 일반 백성, 즉 서인의 참여가 명문화되어 있다는 점은 상대적으로 소홀하게 여겨졌다. 당례, 송례, 명례 향음의주 중 중빈의 자리에, 조선은 일반 백성의 자리를 마련했다. 명대 이사에서의 향음례와 같이 작은 마을 단위에서 모든 백성들이 참여하도록 하지는 않았지만, 군현 단위로 실행된 조선의 의례에서도 지방관, 지방의 유품관, 사족만이 참여하는 그들만의 의례로 설계되지는 않았던 것이다. 서인들은 당 아래 동서로 나누어 나이순으로 자리 잡았다. 사대부와 서인이 당상과 당하로 자리를 달리하여 차등 있게 앉았지만 서인들도 연치에 따라 자리 잡아 향음의 의식을 행하고 함께 독약의 의절을 행하면서 예교를 실천할 것을 약속했다. '누구나 성인이 될 수 있다'는 신유학적 이상은《국조오례의》의 의주 속에 담겨 실천되었다.[48]

한편《세종실록오례》와《국조오례의》의 향음의식 의주는 홍무 연간의 예제와 다르게 독률·독법 규정을 두지 않았다. 당 예전 이래의 독약 규정이 예교가 독려하는 덕목들의 실천을 약속하였던 것과 달리, 명대 독률·독법의 규정은 황명으로 내려진 각종 법률들을 백성들에게 일일이 고지하여 법을 어기지 않도록 하려는 시도였다. 조선의 향음의식에서는 독약 규정을 넣는 것에서 그쳤지만, 향음주례를 행

48) 현실의 신분 질서를 고려했다는 점 때문에 조선의 향례를 중국보다도 더 보수적인 것으로 해석할 수도 있다. 그러나 신분 질서가 엄연히 존재하는 현실 속에서도 자리를 다르게 해서라도 양인 이상의 모든 사람들이 향례의 주체로 참여하도록 했다는 사실이 더 중요하다고 본다. 현실이 고려되지 않는 급진적 개혁은 반동을 부르는 법이다.

할 때 지켜야 할 부칙에 약간의 처벌 규정을 두었다. 향음주례는 나이든 자를 존중하고 덕 있는 자를 드높이고 예로 사양하는 기풍을 일으키는 중요한 의미가 있으므로, 그 자리에서 심하게 떠들거나 술잔을 높이 드는 자는 예로써 견책하고 예를 크게 잃은 자는 향음주례 참여자 명단에서 배제하게 했다. 참여자를 먼 지방으로 쫓아버리거나 태형을 내리기까지 했던 명나라의 법제보다는 약하지만, 참여자 명부를 만들고 질병으로 참여하지 못할 경우 미리 고지하게 하고 실례할 경우 명부에서 빼버리게 한 것 등을 통해서 볼 때, 조선은 향음주례가 국가에서 응당 행해야 할 예제로 정식화된 이상 제도적 강제성을 일정하게 부여하려 했던 것으로 보인다.[49]

명이 국가 향례의주에 독률·독법 조항을 강력하게 구현하면서 제대로 실천되지 않을 경우 처벌까지 명문화함으로써 법과 다를 바 없는 예제를 구축한 것과 달리, 조선은 향례의주에 독법 조항을 포함시키지 않았다.[50]

---

49) 《국조오례의》 권3, 가례, 향음주의, "一 置應赴飮人籍 一 赴飮人年七十以上及官二品以上者 以禮專請之 其餘以列位請之 一 行禮有期而有疾故不能赴者 前期具狀免 一 鄉飮酒之說所以尊高年尙有德興禮讓 敢有諠譁者許揚觶者 以禮責之 其或因而失禮者 除其籍".

50) 《향례합편》에 명대의 제도를 수록할 때 더 강력한 독법·독률 규정을 담은 이사에서의 향음주의 대신 부주현/현읍에서의 향음주례만을 수록했다.

2.
교속의 천명과《향례합편》의 편찬

풍속 교화 정치의 본격화

정조가 재위 초반 농업에 힘쓰기를 권유하기 위해 반포한 유서에서 엿볼 수 있듯이, 정조는 당시 조선의 상황을 성세에서 멀어진 상태로 규정하고 있었다. 그는 모든 유교정치가들과 마찬가지로 통치가 이상에서 멀어진 책임을 백성에게 돌리지 않았다. 주자주의자들이 기획했던 대로 가정에서의 교육과 향촌에서의 교육이 제대로 이루어지지 않는다면, 정부가 모든 가정과 지역사회의 교화에 직접 개입할 수 없는 한, 생각할 수 있는 대안은 정부에 의한 공교육의 강화였다. 정조는 자신의 어머니에 대한 국가례(방례)를 통해서 전 인민의 도덕적 교화를 선도하는 한편, 향촌 단위에서의 자발적 실천을 도울 수 있는 방법도 고민했다. 그 고민의 결과물이 1797년 간행된《향례합편》이다. 본 장에서는 향례합편이 간행되기까지 논의 과정을 따라가면서 정조가 이 책의 간행을 통해 얻고자 했던 것이 무엇이었는지 살펴보고자 한다.

1795년 6월 정조는 혜경궁의 회갑잔치를 맞이하여 백성과 함께 즐거워하는 의식을 치른 서울과 지방에 향음주례를 익히게 하라는 전교를 내렸다.[51] 이 글에서 "〈남해(南陔)〉와 〈백화(白華)〉는 바로 효자가 어버이를 사랑하는 마음으로 지은 것인데, 향인들이 술을 마실 때 반드시 이 음악을 사용하니, 이는 대개 효도를 권면하고 사랑을 넓히려는 뜻을 취한 것이었다. 그런데 향음주(鄕飮酒)의 예가 없어지면서 백성들의 풍속이 점차 투박해져 고을과 학교에서 보고 느끼어 돈후하게 되는 기풍이 아득히 멀어지고 말았다."면서, 향음주 의식은 본래 효도를 권면하고 사랑을 (타인에게) 넓히려는 뜻을 가진 의식인데, 이 의식이 사라지면서 백성들의 풍속이 점차 투박해졌다고 보았다. 이어 "옛사람이 이른바 '하루 동안 예를 행하면 사방이 감화되어 변한다.'고 한 말이 있으니 경외의 지방관들로 하여금 이 예를 강습하여 밝히게 하라. 거듭 타이르는 말을 곧이어 반포할 것이다."라며 지방에서 향음주 의식을 익히게 하는 조치가 있을 것임을 예고했다.

1795년 11월 심환지가 좋은 인재를 등용하기 위해 향거이선(鄕擧里選)의 법제를 시행하자는 의견을 내자, 정조는 내각의 이제학이자 우의정이었던 윤시동(尹時東)과 이야기를 나누었다.[52] 윤시동은 향거이선 즉 지방에서 덕 있는 인재를 상향식으로 추천해 올리는 향공(鄕貢) 제도를 당장 시행하기는 어렵고, 길게 내다보고 그 근본이 되는 향음주례와 향약법을 우선 시행하자고 청했다. 그리고 자신이 지방관으로 있을 때 시행해본 경험도 덧붙였다. 정조는 인재를 발탁하기 위한 향례가 아니라 풍속을 바꾸어나가기 위한 향례로서의 향음주례가 필

---

51) 《일성록》, 정조 19년 6월 18일.

52) 《일성록》, 정조 19년 11월 18일.

요하다는 윤시동의 의견에 동조했고, 윤시동이 주장한 향약법도 강구하여 시행할 만하다고 인정하였다.

정조가 이 대화를 허울 좋은 간언과 의례적인 회답으로 여기지는 않은 것 같다. 이로부터 1년여의 시간이 지난 후 정조는《어정향음의식(御定鄕飮儀式)》1책을 규장각에 내리고 서호수와 민종현에게 교정을 보게 했다.[53] 얼마 후 서호수 등이 교정한 책자를 가지고 오자 정조는 중앙과 지방에 실제로 반포하고 실행하기 위한 준비를 요구했다.

> 이 책을 중앙과 지방에 반포하여 각기 따라 행하게 하려 한다. 지금 임금의 제도를 함께 행할 수 있는 의절로 따로 정하여 책자에 편입시킨 뒤에야 살펴 시행할 수 있다. 경들이 역대 조정의 의주 및《국조오례의》수록 내용의 장단점을 살펴서 의주 1본을 만들어 대신에게 나아가 의논하고, 이어서 예조에서 입계하고 계하하기를 기다려 책자에 편입하는 것이 좋겠다.

민종현은 당시 우의정이었던 이병모에게 이 책을 보여주고 의논을 구하였다. 며칠 후 정조는 향약법은 그래도 시행할 만하다고 동조했던 윤시동을 만나 이 일을 다시 논의했다. 이미 향음주례의 의절 작성을 논의하도록 한 터였지만, 향약까지 포함한 향례 일체를 시행하는 데까지는 아직은 나아가지 못했던 것 같다. 정조는 먼저 전년의 자궁 회갑 때 내린 교서와 이해 초에 반포했던 윤음을 거론했다.

이 윤음에는 백성의 풍속을 전면적으로 바꿔나가고자 하는 정조의 고심이 그대로 드러나 있었다. 윤음의 내용을 잠깐 살펴보자.[54]

---

53)《일성록》, 정조 21년 1월 16일.

① 내가 듣건대, 공자는 향음주례를 보고 왕도정치가 쉽다는 것을 알았다고 한다. 정사는 조정에서 보고 풍속은 민간에서 보아야 한다. 정사가 미치는 바는 얕지만 풍속에서 얻어지는 것은 깊기 때문에, 남의 나라를 잘 살피는 자는 반드시 민간을 먼저 본 다음에 조정과 저자를 보는 것이다.

② 사람의 마음은 편안하다 보면 안일하게 되고 안일하다 보면 즐기게 되고 즐기다 보면 방종해져서 마침내 방탕한 생활에 빠지고 만다. 오랫동안 태평의 즐거움을 누리면서 호강하다 보니, 어려서는 올바르게 길러지지 못하고 자라서는 스승의 가르침을 받지 못하여, 검약한 것을 현실과 동떨어졌다 하고 사치스러운 것을 살아가는 방법으로 삼는다. 그래서 어려서부터 늙을 때까지 하늘이 정한 질서와 법도를 알지 못하니, 삼배읍양(三杯揖讓)은 말할 것도 없고 풍류(風流)를 돈독히 하는 것마저도 한 번 변화시키기가 어려운 판국이다. 어버이를 사랑하는 사람이 감히 남을 미워하지 못하고 어버이를 공경하는 사람이 감히 남을 업신여기지 못하는 것은 공경을 미루어나가고 근본을 말미암기 때문이다. 그러므로 우(虞)·하(夏)·상(商)·주(周)가 서로 이어받았던 때는 부(富), 덕(德), 친(親), 작(爵) 등 숭상하는 것에 차이가 있었으나 나이만은 빠뜨리지 않았으니, 대개 나이 많은 사람을 섬기는 것이 어버이를 섬기는 다음으로 귀중한 일이기 때문이었다.

위의 대목에서 정조가 향례 시행의 최종 목표로 삼은 것이 무엇인

54) 《향례합편》, 〈양로무농반행소학오륜행실향음의식향약조례윤음(養老務農頒行小學五倫行實鄉飮儀式鄉約條例綸音)〉.

지 명료하게 드러난다. 그 목표는 남을 미워하지 않고 남을 업신여기지 않는 사람을 길러내는 것이었다. 이를 위한 출발점은 어버이를 사랑하고 공경하는 것, 즉 가정 내에서 부모를 자기 몸처럼 아끼고 감사하는 마음을 갖는 것이었다. 나아가 내 마음(내 부모를 아끼는 마음, 근본)을 미루어 넓혀서 남의 어버이에게 이르게 하는 것이다. 개인적 차원에서는 나와 가까운 곳에서부터 멀리 동심원적으로 확장해가지만, 국가적 차원에서 독려할 수 있는 방안은 각각의 단위에서 실천을 독려하는 일뿐이었다. 마을 안의 나이든 사람을 섬기는 것, 즉 그들을 아끼고 존경하는 것은 자신만을 위하는 이기심, 가족만을 위하는 편협한 사랑을 넘어 타인을 아끼고 배려하고 나눌 줄 아는 일상 문화를 형성해가는 데 꼭 필요한 윤리적 태도였다. 정조는 "요순 삼대로 일컬어지는 우, 하, 은, 주나라 때 각각 부유함, 덕성스러움, 친애, 관작 등 중요하게 여기는 것이 달랐지만 나이든 사람을 높여 떠받드는 문화를 추구한 점에서는 같았다."는 사실을 강조하며 나이든 이를 귀하게 여기도록 하기 위한 예제를 나라 안에 널리 행하려는 정책에 역사적 정당성을 부여하고자 했다.

> ③ 대개 오늘날의 사람들은 나이 많은 사람을 버리는 것을 두려워하지 않기 때문에 오륜을 따르지 않는 폐단이 생기게 되었다. 《효경(孝經)》에 이르기를 "선왕은 지극한 덕과 중요한 도를 지녀 천하를 따르게 하였다. 그러므로 충성을 임금에게 옮길 수 있고 순종을 어른에게 옮길 수 있고 다스림을 관(官)에 옮길 수 있었던 것이다."라고 하였고, 《맹자》에 이르기를 "사람마다 그 어버이를 친애하고 그 어른을 어른으로 대접하면 천하가 편안해진다."고 하였으니, 공경을 넓히고 근본을 따르는 책임에 대해서 내가 바야흐로 반성하기에 겨를이 없다.

위의 대목에서는 근래 사회 전반의 도덕적 해이를 초래한 근본 원인이 나이 많은 사람 버리기를 두려워하지 않는 것이라고 규정했다. 정조는 도덕성을 사람됨의 기준으로 삼는 주자학적 인간관을 회의하지 않았고, 가정 안에서의 효제 실천의 부족을 지적하지도 않았다. 그것보다는 나이 많은 사람, 즉 자기 집과 남의 집 노인을 중히 여기지 않는 풍습이 제반 사회 문제를 더욱 부추긴다고 본 것이다. 정조는 또 여기에서《효경》과《맹자》를 인용하여 자신의 주장에 경전적 정당성을 부여하였다.

이어서 정조는 자기를 날로 새롭게 하여 사람다운 본 모습이 나타날 수 있게 하는 방법을 적은《소학》마저 시렁에 묶어두고 제대로 공부하지 않는 당시의 현실을 개탄했다. 인륜을 권장하는 데《소학》만큼이나 도움이 된다고 보아《오륜행실도》를 엮어 펴내게 하였다고 소개한 후, 〈향음의식〉과 〈향약〉 등 향례를 담은 책을 펴내는 의미를 본격적으로 설명했다.

④ 내가 또 생각건대, 하루에 예를 행하여 사방에 그 영향을 미칠 수 있는 것으로는 향음주례가 근사할 것이다. 이 예는 노인을 쉬게 하고 농민을 위로하며 기쁨을 인도하고 나이를 구별 지으며 귀천을 밝히고 높낮음을 분별하는 것이니, 몸을 바르게 하고 나라를 편안하게 하는 요지가 대부분 이를 통해서 일어난다. 우리 세종의 성대한 시절에 양로연(養老宴)을 처음 실시하였고《삼강행실도》도 이때 간행했는데, 백성들이 지금까지도 어진 이를 친히 하고 이로움을 즐거워하는 생각이 간절하여 잊지 못하고 있으니, 나 소자가 감히 정리하여 계술하지 않을 수 있겠는가.

⑤ 향약 역시 백성을 교화하고 풍속을 바로잡는 데 많은 힘이 된다. 일

찍이 주자는 초하루에 향약을 읽으면서 삼대의 제도를 다시 볼 수 있을 듯이 여겼다. 나는 오늘의 백성을 옛날의 풍속으로 변화시켜 인의(仁義)로 덮어주고 근본과 실질을 보여주는 데는 향약의 효과가 향음주례보다 못하지 않을 것이라고 생각한다. 이 규례도 강구하여 밝히지 않을 수 없으므로 여가 시간에 향음의식(鄕飮儀式)과 향약조례(鄕約條例)를 만들었는데, 자세하고 극진하며 형식과 본질을 구비하여 우리 동포 백성들과 함께 뭉클하게 감동을 느끼고 엄숙히 질서를 알게 하는 데 뜻을 두었다. 만약 이 일이 법이나 말에만 그치지 않는다면 어떤 고집쟁이가 감히 대항하겠으며 어떤 바보가 현명해지지 않겠는가.

⑥ 아, 너희 대중들은 옛 가르침을 업신여기거나 나의 말이 사리에 어둡다고 여기지 말고 부지런히 노력하여 이 향음주와 향약을 강구하고 따르도록 하라 …… 그러면 모두가 곡식은 버릴 수 있어도 어버이를 친애하고 어른을 어른으로 모시는 도리는 잠시도 버리지 않아야만 사람이 될 수 있음을 알게 될 것이다. 그러니 어느 겨를에 다른 것을 구하겠는가. 이렇게 하면 백성들의 뜻이 한결같아지고 세상의 교화가 바로잡혀서 나와 너희 대중들이 함께 무궁한 복을 누려 천지의 밝은 빛을 대하고 우리 조종의 공렬을 받들게 될 것이다. 여기에 정성을 다해나간다면 영원한 앞날이 보장될 것이다. 조정과 민간을 살펴봄에 모든 면이 새로워져서 풍성한 복을 받고 공훈을 누리게 되는 것이 여기에 달려 있을 것이다.

위의 대목에서는 향음주례, 향약을 행하는 의의를 종합해서 부연 설명하였다. 정조는 이 윤음에서 향례를 빈흥의 예로서 주장하지 않았다. 오직 교화, 가르쳐서 민간의 문화를 바꾸어나가는 것을 목적으로 한 향례였다. 어떤 방향으로의 가르침이었을까. 정조에게 있어 사람다운 사람이란 위 윤음에서 보이듯이 '곡식을 버리더라도 어버이를 친애하고 어른을 어른으로 모시는 도리를 가진 자'였다.[55] 내가 아닌 타인을 마음으로부터 사랑하고 존중할 만한 대상에게 진정한 존경을 보이는, 그래서 이기적이고 끝없이 다투고 경쟁하는 세태를 근본적으로 바꿀 수 있는 마음을 갖게 하자는 것이었다.

향음주례나 향사례는 마을에서 행해지는 일종의 공연과 같은 것이었다. 하루 동안 거행되는 상징적 공연이지만, 소학의 가르침이 제대로 교육되지 못하고 있는 상황에서 흥기시키는 효과가 있다고 보았다. 또한 이 공연은 단지 보고 즐기기만 하는 것이 아니라 직접 참여해서 역할을 연기해보는 참여형 공연이었다. 그 의식을 익히고 자연스럽게 보고 따라하는 동안에 현능(賢能)을 존중하고 친친(親親)하고 존존(尊尊)하는 문화를 조금이라도 습득할 수 있다고 보았다. 곡식과 같은 먹거리보다 더 중한 것이 인간에게 있음을 가르칠 수 있는 최소한의 교육이 모든 조선 사람들에게 행해져야 하기 때문에, 그 최소한의 수단으로 향례 시행을 제안하였던 것이다.

이러한 제안은 즉위 초의 권농 윤음에서 민생을 강조하고 대고를 통해 '민산'을 강조했던 정조의 입장과 사뭇 달라 보이기도 한다. 군주로서의 포부를 최초로 공개한 '대고'에서도 교화가 행해지지 않는

---

55) 이러한 '사람됨의 기준'은 오늘날과는 분명 다르다. 이기적이고 욕망하는 인간, 날 것 그대로의 인간을 '사실'로 전제하고 그 위에서 윤리학을 구축해가는 것이 근대의 방식이었다. 일차적으로 이 글은 그것과 다른 전제 위에서 구축되었던 조선의 경세학을 이해하는 것을 목표로 한다. 그러나 단지 역사주의적이고 상대주의적인 이해에만 그치려는 것은 아니다. 근래의 역사 연구는 서구 근대로 일관되게 나아가는 것을 발전이라고 여기지 않고, 서구 근대만이 유일한 대안이었다고 보지도 않으며, 필자도 이러한 관점에 동의한다. 서구 근대가 앞선 선진으로서 한계를 드러내고 있기에, 이를 넘어설 수 있는 대안적/보완적 사유 방식을 고민할 때 조선의 경험이 어떤 기여를 할 수 있을까 검토해보고자 하는 것이다.

것은 민생이 피폐하기 때문이라고 진단하고 민생의 안정을 도모하기 위한 조정의 노력을 촉구한 바 있다.[56] 대고의 민산 부분은 "《서경》에 이르기를, 무릇 그 사람들을 바로잡아가는 데 있어서 부유하게 해주어야 바야흐로 착해지는 것이다."로 시작된다. 항산이 있어야 항심이 있게 된다는 오래된 주장이었다. 율곡 이이가 〈만언봉사〉를 통해 향약과 같은 교화책 이전에 안민의 정책이 우선되어야 한다고 피력했던 것과도 맥을 같이 한다. 당장에 먹거리도 없는데 사양하고 나누라고 가르치면 그 교육이 무슨 효과가 있겠느냐는 것이다. 그런데 즉위초에 보여주었던 정조의 안민 우선의 태도가 위 윤음에서는 보이지 않는다. 오직 "오늘의 백성을 옛날의 풍속으로 변화시켜 인의로 덮어주고 근본과 실질을 보여주는 데는 향약의 효과가 향음주례보다 못하지 않을 것이라고 생각한다."면서 "향약을 강구하고 따르도록 하라."고 권하고 있을 뿐이다. 안민 이후로 미뤄왔던 교화와 풍속 교정을 위해 정부가 할 일을 적극적으로 찾겠다는 의지를 윤음을 통해 확고하게 전달하고자 했다고 볼 수 있다.

완성된 《향례합편》은 권두에 1797년 1월에 내린 윤음(御製養老務農頒行小學五倫行實鄕飮酒禮鄕約綸音)이 실렸다. 다음 〈향례합편목록〉에 이어 중국과 조선의 향례 제도 연혁을 정리한 〈향례합편총서〉(이하 '〈총서〉'로 약칭)가 있다. 이어지는 향례 항목의 편차 방식은 동일하지 않다. 권1에는 향음주례의 행례와 관련된 의주를 모아 수록했다. 역대 향음주례와 관련된 의주는 《의례》의 〈향음주지례(鄕飮酒之禮)〉, 《의례》의 〈향음주기(鄕飮酒記)〉, 《대당개원례(大唐開元禮)》의 〈향음주지례〉, 《송사》 〈예지(禮志)〉의 '경원(景元) 연간에 주자가 의례에 의거하

56) 《정조실록》 권5, 정조 2년 6월 4일(임진).

여 주(主)·빈선(賓僎)·개(介)의 자리를 개정한 일',《대명집례》의 〈현읍음주독률의주(縣邑飮酒讀律儀注)〉,《대명회전(大明會典)》의 〈향음주례도식〉,《국조오례의》의 〈향음주례의주〉 등 일곱 가지이다. 권2는 앞부분에는 향사례 의주, 뒷부분에는 향약 실행 의주를 수록했다. 먼저 향사례 의주는《의례》의 〈향사례〉,《의례》의 〈향사례기(鄕射禮記)〉,《국조오례의》의 〈향사례의주〉 등을 차례로 수록했다. 권2의 향약에는 주자가 여씨향약을 증손(增損)하여 시험해보았던 〈남전여씨향약문(藍田呂氏鄕約文)〉을 수록하였다. 권3의 사관례와 사혼례는《사마씨서의(司馬氏書儀)》 및《주자가례》의 사관례 및 사혼례 조항과《국조오례의》의 문무관 관례 및 혼례 의주를 수록하였다.

《국조오례의》에 수록된 향례가 향음주례와 향사례에 불과했던 것과 달리, 정조의《향례합편》에는 향약 조항이 추가되었다. 이 향약 조항이 추가되기까지 정조의 고심이 있었지만, 최종적으로는 향약이 향례로 수록되었다.

강제하지 않는 가르침, 민간의 자발성과 향약

《향례합편》 간행 이전에 정조와 윤시동이 나눈 대화를 좀 더 살펴보자. 앞 절에서 살펴본 바와 같이 1797년의 〈윤음〉에서는 향례와 향약의 효과에 대해 확신하고 기꺼이 따르도록 권하였다. 그러나 정조는 향약 의주를 반포하도록 조치한 후에도 신중한 태도를 보이며 고심을 계속했다.

① 해주향약(海州鄕約)은 선정(先正, 이이)으로부터 비롯되었는데, 그 뒤에

부헌(副憲)으로 인한 폐해 때문에 도리어 향전(鄕戰)이 되었다고 한다.

② 한광근(韓光近)이 영광(靈光)을 다스릴 때 대략 향약을 모방하여 시행하였다. 이른바 향약의 집강(執綱)이 폐단을 일으키는 것은 바로 한 고을에 두 명의 수령이 있는 것과 같기 때문이다. 그래서 김방행(金方行)이 한광근의 후임으로 영광군수를 맡아 향약을 혁파하였다고 한다.

③ 고 상신 한익모(韓翼謩)가 전라감사로 있을 때 향약을 시행하기 위해 송사하는 백성들에게 향약의 규약을 외우게 했다. 한 백성이 짐을 머리에 이고 가는 노인을 보고 '머리가 흰 사람은 길에서 짐을 지지 않는다.'며 자신이 대신 짐을 지겠다고 자원하고는 그대로 달아나버린 일이 우스갯소리로 전해진다고 한다. 사람들이 모두 이와 같지는 않지만, 향약을 시행하는 것은 이처럼 어려운 일이다.[57]

위 인용문은 《향례합편》에 향약 조항을 싣는 문제를 두고 대화하는 중에 정조가 한 말들이다. ①에서는 해주향약이 율곡 이이로부터 시작되었는데, 훗날 향전의 폐해가 있었다고 하였고, ②에서도 영광 지역에서 향약의 집강과 수령의 갈등으로 문제가 생긴 사례를 언급하였다. 향약을 주관하는 일이 일종의 권세 있는 일이 되어 도리어 지역사회의 갈등 요소가 되기도 한다고 본 것이다. ③에서는 선행을 권하는 향약을 이용하여 악행을 벌인 사람의 일화를 전하며 향약 시행에 신중해야 한다고 말하고 있다. 이상의 언급들은 향약 반대론자들이 늘 주장하는 바이기도 했다. 이런 문제들에도 불구하고 향약을 행하면 삼대가 이루어질 것처럼 말하는 이들에게는, 현실에 어둡다는 비아냥거림이 돌아오기 일쑤였다. 위 인용문만 보면 정조 역시 입

57) 《일성록》, 정조 21년 1월 22일.

장이 같은 것처럼 보인다.

윤시동은 폐단이 있을까 염려해서 법을 시행해보지도 않으면 안 된다는 입장을 일관되게 유지했다. 정조도 위 인용문에서 보이듯 향약 시행과 관련된 우려를 전하면서도 향약법을 시험해보겠다는 쪽에 섰다. ③의 언급 뒤에는 바로 "이것이 어찌 법이 훌륭하지 못해서이겠는가. 오래되면 폐단이 나오게 마련이기 때문이다."라며 향약법에 대한 기본적인 신뢰를 보여주었다. 신분적 차별이 속습으로 굳어진 상황에서 서로 돕는 향약이 실효를 발휘할 수 있을지 염려하기도 했고, 현실에 어두운 정책이라는 비판도 우려했다. 후자에 대해 정조는 너무 현실에만 밝은 것이 오히려 오늘날의 문제라며, 큰 경장을 이런 저런 상황 논리로 그만둘 수 없다고 보았다. "이번에 내린 윤음은 기필코 실질적인 효과가 있게 하려고 한다."면서 되도록 간략하게 하고 구속하거나 독촉하지 않게 함으로써 향약이 자발적으로 실천되고 효과를 볼 수 있기를 바랐다.

당초 《향례합편》에는 퇴계 향약과 율곡 향약을 싣고, 이를 토대로 새로 만든 향약 규약을 아래에 실을 계획이었다. 향약조례를 정하는 일은 민종현이 담당하였다. 2월 8일경에 마련된 초본을 가지고 대신과 의논하였다. 2월 27일 정조는 향약조례에 대해 다시 묻고는 율곡 이이의 향약을 새로 반포하는 책에 싣도록 했다. 또 향약 시행에 폐단이 생기지 않도록 적임자를 구해야 한다고 신칙했다.

《향례합편》〈총서〉에는 향음주례의 연혁에 이어서 향약 제도와 관련된 사실들을 중국, 조선의 순으로 수록하였다. 향약 관련 중국의 사례로는, 송의 여대균(呂大鈞)이 옛 주나라에서 도둑 막기를 서로 돕고 질병을 서로 구하고 출입할 때 서로 도왔던 것을 본떠 향약 1권을 찬정하고 남전(藍田) 고을에서 행하였는데 주자가 그 조문을 증손해서 향약법을 만들었다는 내용 하나만을 수록했다.

우리나라의 사례로는 ① 1517년(중종 12) 여씨향약을 행할 것을 청한 김인범(金仁範)의 상소, ② 김안국이 영남관찰사로 있을 때《여씨향약》을 언어 주를 달고 언해하여 간행한 후 여러 도에서 행하기를 청하자 찬집청을 열어 인쇄 후 반포하도록 한 일, ③ 1519년(중종 14) 대사헌 조광조와 대사성 김식 등이 화민성속을 위해서는 향약이 필요한데, 여씨는 필부였기 때문에 천하에 행하지 못하고 일향에서만 행했지만《주례》에 당정과 족사를 세워 서로 권하는 것이 실로 향약의 법과 같으므로 주나라 제도를 좇아 규모를 세워 따르자고 청한 일, ④ 중종이 향약을 서로 권유하면 형벌이 줄어들 것이나 서울에서는 법을 세워 행할 수 없다고 전교한 일, ⑤ 1546년(명종 원년) 국법을 참작하여 가르치는 항목을 세우고 중외에 널리 반포하여 궁벽한 고을에 사는 사람이라도 모두 알게 하고, 만일 어기는 자는 엄히 벌을 주어 인심을 맑게 하고 풍속을 바로잡기를 청한 일, ⑥ 1556년(명종 11) 부제학 이황이 향립약조(鄕立約條)를 찬정했는데, 그 법을 극벌, 중벌, 하벌의 3등으로 나누어 28조목을 세우고 예안 향중에서 행하고자 했지만 이루지 못한 일, ⑦ 1560년(명종 15) 예조에서 군읍에 명하여 향약을 닦도록 한 일, ⑧ 선조대의 향약 시행을 논의한 일, ⑨ 현종대 서울의 학생들이 향약을 실천하려고 제도를 정하는 일을 판중추부사 송시열에게 부탁했는데, 송시열이 수도에서 향약이라는 이름을 쓰기가 적합하지 않다며 상관회(相觀會)로 이름을 정하게 한 일 등을 기록하였다.

이중에서 이황의 〈향립약조 서문〉, 이이의 〈파주향약 서문〉, 이이의 〈서원향약 제사(題辭)〉, 조헌의 〈동환봉사(東還封事) 중 향약에 관한 소청〉, 송시열의 〈상관회 서문〉 등은 전체 내용을 수록하여 향약을 행하는 의미를 자세히 되새겼다. 여기까지가 향약에 관한 사실이다.

후대의 폐단에도 불구하고 향약이 필요하다고 여긴 이유는 무엇일까. 훗날 유중교가 지은 〈안성율리향약 서문〉에는 향약의 예 이전에 있었던 독법의 행정에 대해 논한 대목이 있다. 《주례》에 따르면 각 향 단위에서 주장(州長), 당정(黨正), 족사(族師), 여서(閭胥)가 각자에게 속한 백성들에게 교화의 법을 읽어주어 덕행과 도예를 권장하고 허물과 죄를 바로잡아 경계시켰다는 것이다. 주장은 한 해에 4번, 당정은 한 해에 7번, 족사는 14번, 여서는 사람들이 모일 때마다 읽어주었다. 교화의 법을 읽어주며 자세히 살펴 기록하는 선행의 내용에도 차이가 있었다. 당정은 그 백성의 덕행과 도예를 기록하고, 족사는 효도하고 우애 있는 자, 친척과 화목한 자, 학문이 있는 자를 기록했으며, 여서는 삼가는 자, 민첩한 자, 신의가 있는 자, 가난한 사람들을 돕는 자를 기록했다. 유중교는 이를 두고 "다스리는 백성이 적을수록 읽는 횟수가 빈번했고, 백성과 친할수록 기록이 상세했다."고 평했다. 백성을 가르치고자 하는 선왕의 정성과 근면함이 이와 같았기에 백성이 게으를 수 없었고, 그 제도가 치밀했기에 백성이 벗어날 수 없었으며, 선을 주로 칭찬하고 악에 대한 징계는 간단히 했기에 백성이 자기도 알지 못하는 사이에 선해졌다고도 했다. 그러나 이 법이 사라지자 후대에는 백성의 수가 많아지고 백성이 부유해지면 그만이라 생각하여 백성을 교화시키는 법을 소홀히 여겼다는 것이다.

주자 향약은 춘추시대에 이미 사라진 독법의 정사, 즉 공적 관료 체계를 통해 행해지던 법제화된 교화 정책을 향촌 단위에서 간략하게 실천하기 위해 만든 향례였다. 따라서 주자 향약에는 달마다 모여 간단한 예를 행하고, 이와 더불어 옛 독법에 해당하는 향약문을 읽는 일이 포함되어 있었다. 그러나 주자 향약은 법을 잘 알아서 법을 어기지 않는 순종적인 백성들을 길러내는 데에서 머물지 않고, 백성들 스스로가 규율하게끔 하는 제도 즉 상호 간에 권선하고 징악하기를 독려하고 감시하게 하는 조항들이 포함되어 있었다.

다산 정약용은 독법의 예를 이보다는 제한적으로 시행하자고 주장했다. "옛날에 백성이 거주하는 법을 보면, 도를 배우는 사람만이 도성 안에 살면서 치민에 대해 익히고 농사를 본업으로 하는 자는 도성 밖에 살면서 밭갈이에만 힘썼다. …… 가르치고 훈계하는 일은 마땅히 도덕을 배우는 서울의 선비에게만 있었던 까닭에, 밭고랑에서 농사짓는 농부는 향촌에서 겨울철에만 가르치되 효제의 뜻으로 깨우치기를 맹자의 법과 같이 하고 농사를 쉬는 틈에 교민하는 일은 복생의 말 정도로 할 따름이다."라고 하여 교민의 내용을 효제를 배우고 농사일을 알면 되는 정도로 매우 한정시켰다.[58] 향약 또한 토호와 향족에게 향약의 집강을 맡겼을 경우 생기는 폐단을 언급하면서, 선을 권하고 악을 징계하며 효제하며 돈목하고 이웃을 구제하고 본분에 따라 직책을 수행하는 등 고대의 '독법'의 예 정도로 행하면 된다고 보았다. 향약문과 《오륜행실도》 중에서 아름다운 행실 수십 조를 뽑아 언문으로 한 권의 책을 별도로 만들어 고을에 반포하고 여러 고을에서는 각각 자제 100여 명을 뽑아 이를 익히게 하고, 동지 이후 경칩 이전 즉 농한기에 매 10일마다 강(講)하게 하고 나아가서 백성에게 권유하자고 하였다. 일종의 초등학교 도덕 교과서 정도의 내용을 향촌 학교에서 익히게 하고 이를 백성에게 권유하자고 한 것이다. 선악적(善惡籍)의 운영 등은 관에서 주도해야 하며, 상벌에 관한 권한이

58) 《목민심서》 권7, 예전 6조, 〈교민〉. 정약용은 《상서대전(尙書大傳)》을 인용하면서 "농사를 마치고 나면 학교에 가서 공부를 하는데, 그 주석에 공부의 내용이 학교에 가서 농사를 배우는 것이다."라고 했다며 백성에게 효제를 가르치는 것 이상의 교화는 필요치 않다고 보았다.

토호와 간민들에게 주어지면 안 된다고 보았다.[59]

앞서 살펴보았듯이 명나라에서는 주자 향약의 제도를 국가적 차원에서 법제화하여 군현마다 향약소를 설치해 인륜을 가르치게 했고, 여항의 담벼락에도 약법을 써서 백성들이 외우고 익히게 했다.[60] 조선에서도 중종대를 거치면서 민간이 지역의 교화를 자발적으로 이루어나가는 제도들을 실천하려 했고, 총서에 수록된 향약 실행의 역사에서 볼 수 있듯이 다양하게 변형된 향약 조문들을 만들어 실행하고자 했다. 향약과 관련된 법제를 명나라와 같이 만들자는 요구도 있었다. 정조는 향전(鄕戰)과 같은 향약 실천이 만들어낸 파열음에 대해 인식하고 있었지만, 망설임 끝에 《향례합편》에 향약문을 포함시키도록 했다. 여기에는 백성을 그물질하는 데에서 머물지 않고 주자 향약에 담긴 정신, 즉 백성들 스스로 자신의 본성을 일깨우고 가르쳐 백성들 스스로가 더불어 잘 살 수 있는 공동체를 만들기 위해 노력하게끔 독려하는 정신을 조선도 지향하고 있음을 선언하는 의미가 담겨 있었다.

1797년(정조 21) 4월 1일 정조는 새로운 우의정 이병모를 만난 자리에서 인재 얻는 방법을 논하였다. 정조는 고 우상 윤시동이 향약에 큰 뜻을 두었던 일을 언급하며,《향례합편》을 간행하고 있지만 그 실효를 기대하기 어렵다고 말했다.[61] 여기에서 실효를 기대하기 어렵다

---

59) 김호에 따르면, 다산 정약용이 향촌의 자율적 도덕 공동체 재건을 꿈꾸면서, 사족과 토족, 소민들의 도덕성 회복을 필수적으로 보았다. 소민들에 대해서는 항산이 없는 상태에서의 무리한 교화 정책 시행에 부정적이었고, 민중의 불완전한 덕성을 점진적으로 계발하는 가운데 정치 주체로 수용할 것을 제안했다. 김호, 2013, 〈다산 정약용의 '민주' 기획〉,《다산과 현대》6.

60) 《성재집(惺齋集)》 권37, 〈안성율리향약서문(安城栗里鄕約序文)〉, "皇明太祖高皇帝建極之初 尊信程朱 以爲治敎之本 令天下郡縣坊曲 設置鄕約所 敎之以人倫 閭巷墻壁 皆列書約法 民以誦習焉".

61) 《일성록》, 정조 21년 4월 1일(신미).

고 여긴 것은 향약 때문이었다. 향약에 대한 우려는《향례합편》간행 이후에도 이어졌다.

> 앞서 을묘년(1795, 정조 19) 자궁의 주갑(周甲)을 맞은 경사스러운 때에 윤음을 내려 서울과 지방에 향음하는 예를 천명하여 효를 권장하고 널리 공경하게 하고, 또 각신 등에게 명하여 역대의 향음하는 의식을 모아 책으로 엮어 사람들이 볼 수 있게 하였다. 마침 대신(大臣, 윤시동)이 향음과 향약 어느 한쪽도 버릴 수 없다고 하였다. 나는 향약은 마을 단위에서만 시행할 수 있는 것인데 조정에서 법을 만들어 반포하여 시행한다면 고금의 원칙이 달라서 효과는 없고 폐단만 생기기 십상이라고 생각하였다. 그런데 대신이 반포하여 시행하기를 간절히 청하여서 마침내 향약도 아울러 싣도록 명하였다.[62]

위 인용문을 통해 볼 때 정조가 가장 우려한 지점은 향약이 하나의 강제적인 법으로 시행될 때 생길 폐단이었다. 향약은 지역에서 자발적으로 서로 돕고 권선하는 약조가 될 때 자발적 예제로서 의미가 있지만, 조정에서 향약을 포함시킨《향례합편》을 지어 내리면 하나의 법처럼 여겨져, 이에 편승하여 지역에서 여러 문제가 발생할 수도 있다고 염려했던 것이다. 이런 고심에도 불구하고 결국 향약은 책에 포함되었으며, 정조는 책의 발간을 중단시키지도 않았다. 위의 우려는 책이 나온 뒤에 덧붙인 것이다. 이 같은 우려를 반복한 이유는 향약이 비현실적이므로 효과가 없을 것이라고 단정했기 때문이 아니라, 그럼에도 불구하고 책에 실어 내보이니 향약이 향례로서 본연의 기능을 다

62) 《일성록》, 정조 21년 6월 2일(신미).

하기를 바라는 간곡한 마음을 보이기 위해서가 아니었을까.

향례에 포함된 가례: 《향례합편》의 사관례와 사혼례

《향례합편》에는 '향례'에 대한 책이라는 제목과 부합하지 않게 가례의 사관례와 사혼례 항목이 포함되어 있다. 앞서 1부에서 살펴보았듯이, 정조는 가족 내에서의 효제 실천을 누구보다도 강조하면서 동시에 사정(私情)이 공도(公道)를 침해하지 않도록 절제해야 한다고 가르쳤다. 나라는 무수히 많은 가족으로 구성되어 있는데, 타인을 위해 절제하고 양보할 줄 모르는 가족들이 경쟁하면서 다툼과 소송이 끊이지 않는 것이 조선의 현실이기도 했기 때문이다. 정조가 《향례합편》을 펴낸 것은 타인에 대한 배려를 가족 단위 너머로 확장해 지역사회에서 공존의 문화를 만들어가기 위해서였다. 가족 안에서 효제의 정신이 사라지고 있다는 것은 더욱 근본적인 문제였다. 교화의 첫 장소인 가정이 무너지면 그 이후의 과정은 볼 것도 없었다.

앞서 〈고식〉에서의 문답을 통해서 볼 수 있었듯이, 정조는 《국조오례의》에서 국가례 안에 사가의 예제를 두었던 것을 매우 중요하게 생각했다.

> 우리 조정 제도의 성대함은 《(국조)오례의》 한 책에 다 갖추어져 있습니다. 지금 조정의 예는 《오례의》의 옛 법을 고스란히 준행하고 있지만, 사대부와 서인의 예에 이르러서는 그렇게 하지 못하고 있습니다. 원컨대 옛 법을 거듭 밝혀 사대부와 서인의 관혼상제의 예를 한결같이 《오례의》에 따라 시행하게 하고, 그중에 혹 궐실되어 미비하거나 의심스러

> 워 미정인 것은 예관으로 하여금《주자가례》 및 동유(東儒)의 예설을 참고하되《오례의》를 통해 일체 절충한 다음 정식으로 삼아 시행하게 하소서.[63]

신현(申絢)의 이와 같은 제안에 대해 정조는 "《국조오례의》가 만들어진 지 오래이고 그 후《국조속오례의》와《국조오례의보》가 만들어졌다. 내가 이 두 책을 통합하여 '통오례의'를 만들고자 하여 거의 완성했으나 아직 간행하진 못하고 있다. 사대부와 서인의 예도 이 책에 첨부하여 싣지 않을 수 없다."고 답했다. 지금 시대에 간행될 국가 전례서에 사서인까지 실천할 수 있는 의절을 완전하게 갖추자는 제안에 동조한 것이다.[64] 사서인 예제의 주요 내용은 사서인의 가례와 향례였다.

전년에 간행한《향례합편》에는 이미 가례에 포함되었어야 할 사관례와 사혼례 관련 내용이 들어가 있다. 어떤 이유로 향례를 모은 책에 관혼례가 들어가게 되었을까. 정조는 1798년 향음의식을 적은 책자를 내려주며 책의 체제를 잡아 편찬하도록 했을 때, 삼가(三加)와 친영(親迎) 즉 관례 및 혼례의 의식에 대해서 바로 언급했다. 시골 고을에는 서적이 미비하니 사관례와 사혼례 의식을 부편으로 집어넣어 궁벽한 시골 마을에서도 모두 강명할 수 있게 하라고 했다.《향례합편》 간행 직후 예조에서는 사관례와 사혼례가 들어가게 된 이유가 무엇인지를 밝혔는데, 그것 역시 정조가 말한 바와 동일했다. 관례와 혼

---

63) 《홍재전서》 권134, 〈고식〉 6, 국조고사.

64) 정조는 조선의 국가례를 종합한 예서 편찬을 기획했고, 그 결과 두 종의 책이 만들어졌다. 하나는 예의 원류와 실천 사례 및 의절을 함께 수록한《춘관통고》이고, 또 하나는《국조오례의》, 《국조속오례의》,《국조오례의보》를 합쳐 국가에서 시행되는 의절을 일목요연하게 볼 수 있도록 한《국조오례통편》이다. 위에서 말한 '통오례의'는 후자를 언급한 것으로 볼 수 있다.

례는 아주 중요한 예이지만 드물게 시행되기 때문에, 이 책에 실어 먼 고을과 궁벽한 고을에서도 모두 얻어 볼 수 있도록 했다고 밝혔다.

> 관례와 혼례 두 예는 실마리를 만들어 시작을 바로잡는 의식으로 성왕이 소중하게 여겼는데, 요즈음에 와서는 고을에서 예를 갖추는 자가 드뭅니다. 비록 속습이 점차로 나빠진 데에서 연유하기는 하지만 역시 보고 들은 바가 고루한 데서 말미암은 것입니다. 삼가 상의 재가를 따라 《사마씨서의》·《주자가례》·《국조오례의》를 편 아래에다 덧붙여 실어 먼 고을과 궁벽한 마을에서도 모두 얻어다 강독하여 밝히게 하였습니다.[65]

관례와 혼례는 《주자가례》를 비롯한 신유학의 가례서에 상례, 제례와 함께 반드시 포함되는 의식이다. 《의례》에 이미 〈사관례〉와 〈사혼례〉 의절과 예의 의미가 모두 밝혀져 있었고 《주자가례》에도 그 예제가 있었으나, 사례 중 상례와 제례에 비해서는 잘 실천되지 않았다. 《국조오례의》에도 〈문무관의 관례의식〉, 〈종친 및 문무관 1품 이하의 혼례의식〉, 〈대부 및 사서인의 상례의식〉, 〈대부 및 사서인이 1년에 4차례 제향하는 의식〉 등 대부 이하의 예가 수록되어 있지만, 사서인의 관례 및 혼례 규정은 없었다. 따라서 《향례합편》의 사서인 관례 및 혼례 규정은 조선 최초로 국가에서 펴낸, 예서에 수록된 사서인 관혼례 규정이라고 할 수 있다.

위에 들었던 〈고식〉의 문답 내용이나 《향례합편》에 관례와 혼례를 넣으라고 했을 당시 정조의 지시 내용을 살펴보면, 《국조오례의》에 사서인의 관례, 혼례가 빠져 있는 점을 특별히 의식했던 것은 아닌

---

65) 《정조실록》, 정조 21년 6월 2일(정사)

듯하다. 말 그대로 방방곡곡 배포될 예정이었던 책에 이 내용을 넣어서 집집마다 관례와 혼례를 실제로 행할 수 있도록 하는 것에 큰 의미를 두었다고 할 수 있다.

관례와 혼례가 제대로 실행되지 않는 것에 마음을 쓴 이유는 무엇일까. 본래 《주자가례》와 같은 가례서는 특별한 시대적 문제의식의 소산이었다. 주자를 비롯한 신유학자들은 자신들의 도를 실천하기 위한 사회적 실체를 만들기 위해 전례 단위로서의 새로운 가족 모델을 창출해냈다. 이 책은 관직에 있는 사람의 가족을 위한 것이 아니라, 개인적 이익이 아닌 정의로움에 헌신하려는 사람들, 즉 사(士)를 위한 것이었다.[66] 소종법을 따르는 4대를 한도로 하는 가문은 자연스럽게 형성되는 혈연 공동체라기보다는 혈연을 기초로 인위적으로 형성된 공동체였다. 소종주의를 채택하거나 가례 실행 비용을 줄이기 위해 노력한 것 모두 더 많은 사람들이 서로 도우며 보육과 양육과 교육을 해나갈 수 있는 최소한의 사회를 갖기를 바랐기 때문이다. 《주자가례》가 출간되었을 때 진순이 쓴 간기에 이 책이 지금 시대를 고대와 연결시켜주며 도덕 교육에 큰 의미가 있다고 했듯이,[67] 효·제·자를 일상에서 실천하는 과정에서 사랑과 공경을 배우고 모든 사람들이 타고난 덕성을 길러낼 수 있는, 예를 통한 교육의 장으로서 새로운 가족을 만들어냈던 것이다.

위 인용문에서 강조했던 관례와 혼례의 의미는 '실마리를 만들어 시작을 바로잡은(造端正始)' 의식이었다. 관례는 이제 성인으로서 타인을 책임질 수 있게 되었음을 세 번 머리 모양을 바꾸어 천명하는

66) 피터 볼, 2010, 《역사 속의 성리학》, 376~383쪽.

67) Ebrey, 1991, *Chu Hsi's Family Ritual, Introduction*, 16~20쪽.

의례이다. 나이만 채웠다고 관례를 치를 수 있는 것은 당연히 아니었고, 일가를 책임질 수 있는 덕성을 갖추는 것이 중요했다. 혼례의식도 가정이 부부로부터 시작되니 그 부부의 결합을 의례로 천명함으로써 역시 쉽게 바꾸지 못하게 하였다. 누구나 성인이 될 수 있고 그 교육이 가정에서 시작된다고 할 때, 개인적으로 성인으로서의 첫 출발, 일가를 이루는 첫 출발이 되는 관례의식과 혼례의식에 큰 의미를 부여할 수밖에 없었다.

조선에서도 조선의 실정에 맞게 가례서를 만들며 신유학적 가족 모델을 정착시키고자 노력해왔다. 상례와 제례는 과도할 정도로 행해졌지만, 정작 관례와 혼례는 예제대로 제대로 실행되지 않는 경우가 많았다. 이는 신유학적 문제의식에 따라 가정을 교육의 첫 장소로 삼고, 가정에서 배운 공공적인 마음을 사회로 확장해나가길 기대했던 이들에게는 큰 문제로 여겨졌을 것이다. 상례와 제례를 통해 공고히 하려 했던 소종주의의 친족 제도는 모든 사람에게 최소한의 울타리를 마련해준다는 의의를 넘어서 일부 특권층의 위세를 분식하는 대종주의의 가문으로 발전함에 따라 그 본래의 의의를 오히려 상실해가고 있었다.[68] 또 4대를 한도로 하는 친족제와 이를 단위로 행해지는 주자식의 가례는 서민들이 실천하기에는 버거웠다. 신유학적 가례 제도의 본의를 되살려 '가'가 만민 교화의 첫 장소로 기능할 수 있도록 되돌려야 했다. 정조가 풍속 교화를 돕기 위해 《향례합편》을 편찬하면서 이미 과도하게 실행되고 있는 상례와 제례 대신 관례와 혼

68) 중국 청나라에서는 정복의 시기가 끝나고 국가가 안정된 이후 민간 예의의 복구를 기치로 한 노력이 전면적으로 이루어졌다(양녠췬, 명청문화연구회 역, 2015, 《강남은 어디인가》, 글항아리, 2장). 청대 민간 예교 복구의 과정에서 《주자가례》가 기초했던 소종주의 종법 제도에 대한 비판과 대안 제시가 활발하게 이루어졌다(카이윙 초우, 양휘웅 역, 2013, 《예교주의》, 181~225쪽).

례를 넣도록 한 문제의식은 바로 이 지점에 있었다.

당시 관례의 경우 별도의 의례로 행하지 않고 혼례 직전에 약식으로 해버리는 경우가 많았다. 가정을 타고난 마음을 길러내는 가장 중요한 교육의 장으로 설정한다면, 미래의 가장이 될 아이에게 성인의 책임을 지우는 관례의식과 가정의 두 기둥인 부부가 처음 가정을 이루는 혼례의식을 치러 가정이 제대로 성립하고 유지될 수 있게 하는 것이 여전히 중요했다. 정조가 궁벽한 시골 마을에서도 강명할 수 있도록 해야 한다고 한 것은 이와 같이 관혼례가 만민 교화의 출발점이 되는 의례였기 때문이다.

관례와 혼례의식은《향례합편》에 의례의 의미나 역사에 대한 서술 없이 의절만 권3에 부편으로 수록되어 있다. 항목의 명칭은 〈사관례〉와 〈사혼례〉이다.《의례》에도 사관례와 사혼례 조항이 있지만 이를 쓰지 않고, 사대부 집안에서 행할 수 있도록 한《사마씨서의》,《주자가례》의 관례와 혼례 규정을 수록했다. 그리고《국조오례의》에 수록된 〈문무관관의(文武官冠儀)〉와 〈종친문무관혼례(宗親文武官婚禮)〉 의절을 각각 말미에 실었다.《국조오례의》 의절은 실행 주체가 문무관 즉 양반으로 되어 있어 사마광이나 주자가 만든 의절과 차이가 있으나, 의절들을 참작하여 '사관례'와 '사혼례'로 실행될 수 있도록 했다.

이때 관례와 혼례를 행하는 주체는 단지 사족(사)에만 한정되지는 않았다. 다음의 대화를 보자.《일성록》1797년 6월 9일자 기록에 따르면, 원자가 세자 유선 윤득부와 함께 소학을 읽으면서 관례에 왜 사관례만 있는지를 물었다. 윤득부는 "천하에 나면서부터 귀한 자는 없습니다. 당초에는 사만 있었으므로 사관례만 있는 것입니다."라고 했다.[69] 원자는 왜 천자, 제후와 대부의 관례는 없는지를 물었지만, 윤득부는 '나면서부터 귀한 자는 없다'고 답했다. 누구나 배우면 성인에 이를 수 있고 가정을 이루고 소학을 배우고 가정 교육을 담당하는 주체가 될 수 있었다. 정조 역시 풍속 교화의 윤음에서 향약, 향음의식 등을 담은 책자 반포의 의의를 '화민성속' 즉 백성을 교화하고 풍속을 이루기 위함이라고 명시했다. '사'의 관례, '사'의 혼례라고 되어 있으나 범민까지도 배우고 익히면 쓸 수 있도록 한 열린 의례였다.

사족 가문만이 아니라 만민의 교화를 위해, 집집마다 아이들을 길러내면서 관례를 행하여 성인(도덕주체)으로 책임지우고, 결혼을 할 때에는 친영의 예를 행하여 일가를 안정적으로 유지하기를 바랐던 것이다. 이렇게 안정적으로 유지되는 가정에서 길러낸 성인들은 향당에서 서로 돕는 풍속을 만들어내고 권선징악을 독려하는 주체가 될 것이었다. 관례와 혼례는 주자주의적 경세학의 시작을 바로잡는 의례였다. 정조가 사회의 풍속을 바꾸기 위해 두 의례를 전국 방방곡곡에 배포한 책에 포함시켰던 것은 어찌 보면 당연했다고 볼 수 있다.

이상에서 살펴본 바와 같이 《향례합편》은 풍속을 바꾸는 정치를 위해 만들어 방방곡곡에 보낸 책이었다. 마을마다 책을 읽어 향례의 의미를 알고 의주를 따라 예를 행하게 하려면, 다른 책들보다 훨씬 많은 부수의 책이 만들어져야 했다. 이만수는 책이 빠른 시일 내에 향곡 구석구석까지 이를 수 있도록 번각의 방법을 사용하자는 아이디어를 제시했다.

"《오륜행실》, 《향음의식》, 《향약조례》를 편성하라고 특별히 명하신 것은, 실로 오늘의 현실로 인해 옛날의 아름다움을 되살려 백성을 교화시키고 풍속을 이루시려는 의지에서 나온 것입니다. 이제 곧 차례로 인쇄

69) 《일성록》, 정조 21년 6월 9일(무인).

하여 서울과 지방에 반포할 텐데 여러 도의 영(營)·읍(邑)·향교(鄕校)에 반사(頒賜)할 것은 마땅히 주자소에서 인쇄하여 나누어주겠지만, 인쇄본을 갖기를 원하는 각 읍의 서원(書院) 및 향곡의 토박이들까지 모두 서울에서 인쇄하여 나누어주려면 건수가 너무 많아 실행에 옮기기 어렵습니다. 인쇄를 마친 뒤에 각각 1본(本)씩을 양남 및 관서 지방에 내려보내 도내에서 번각하고 인쇄하여 반포하게 하고, 다른 도는 각각 가까운 도에서 편의에 따라 인쇄해가게 하면 널리 반포할 수 있습니다.《향음의식》과《향약조례》는 이미 새로 반포한 의절이 있으니, 반드시 각 마을마다 한 건씩 두게 하면 앞으로 고찰해서 행할 수 있습니다. 이제 여러 도의 도신들이 면과 이를 헤아려 필요한 건수를 분배하고, 반포를 마친 뒤에 그 상황을 즉시 장계로 보고하라고 통지하는 것이 좋을 듯합니다."[70]

번각 이전에 규장각에서 간행한《향례합편》의 지방 배포는 다음과 같이 이루어졌다.

《향례합편》을 대내에 50건을 들이고, 서고(西庫)에 30건, 화성 행궁에 5건, 내각에 10건, 옥당에 2건, 춘방에 5건, 한성부에 2건씩 나누어주고, 외규장각, 5곳의 사고(史庫), 정원의 당후(堂后), 외각(外閣, 교서관), 성균관, 사학(四學), 의정부, 비변사, 육조, 오부(五部)의 각 방, 팔도의 감영, 사도(四都)의 유수영, 330개 주현·향교·서원, 화성의 52개 면에 각각 1건씩 나누어주라. 시원임 대신, 시원임 각신, 세자 사부, 유선(諭善), 시임 옥당, 교정을 맡았던 예조 당상, 초계문신, 검서관, 왕명으로 제수되어

70) 《일성록》, 정조 21년 3월 1일(신축).

선사(繕寫)를 맡았던 초계문신, 근래에 현토(懸吐) 및 교정, 서사(書寫) 등의 공역(工役)에 참여한 여러 신하에게 각각 1건씩 사급하라.[71]

이러한 배포 범위는 당초《향례합편》인쇄가 시작되었을 때 언급했던 반사 범위, 즉 "장지(壯紙)에 10건, 백지(白紙)에 20건을 인쇄하여 대내에 들이고, 내각에 장지 5건과 백지 5건을, 옥당에 장지 1건과 백지 1건을, 춘방에 장지 2건과 백지 3건을, 한성부에 장지 1건과 백지 1건을, 외규장각·5곳의 사고·승정원 당후(堂后)·외각(外閣)·성균관·사학(四學)·의정부·비변사·육조·오부(五部)·팔도의 감영(監營)·사도(四都)의 유수영(留守營)·330개 주(州)와 현(縣)에 각각 백지 1건씩 내리고, 시원임 대신·각신·교정을 맡았던 예조 당상·초계문신·검서관에게 각각 백지 1건을 사급(賜給)하도록 하라."고 한 것보다 확대된 것이었다.[72] 한성부는 당초 2건을 반사하도록 했지만 책이 나온 후에는 서울 5부의 47개 방에도 각각 1건씩 내리게 했고, 화성에는 52개 면 단위까지 각각 1건씩 반사했다. 330개 주현 외에 주현 향교도 반사 대상에 속했고, 수원의 매곡서원을 비롯한 지방 서원 100개소에도 배포하였다.[73]《향례합편》의 향음주례와 향사례 의주는 각 고을의 관장이 향교에서 행하는 것으로 되어 있지만, 그 배포 범위를 볼 때 실제 군현 단위에서 공적 관료 체계를 통해 일제히 시행하는 것보다는 아래 단위에서의 자발적 시행까지 염두에 두고 있었던 것으로 보인다.[74] 향교 외에 지역의 대표 서원에도 배포함으로써 서원이 각 지역에서 실질적으로 공적 교육을 수행해주기를 기대하였다.[75]

---

71)《일성록》, 정조 21년 6월 2일(신미).

72)《일성록》, 정조 21년 3월 24일(갑자).

73) 경기: 수원부 매곡서원(梅谷書院), 개성부 숭양서원(崧陽書院)·화곡서원(花谷書院), 강화부 충렬사(忠烈祠), 광주부 명고서원(明皐書院)·현절사(顯節祠), 여주 대로사(大老祠), 양주 도봉서원(道峯書院)·석실서원(石室書院)·청절사(淸節祠), 파주 파산서원(坡山書院)·자운서원(紫雲書院), 장단 임강서원(臨江書院), 풍덕 구암서원(龜巖書院), 인천 학산서원(鶴山書院), 남양 용백사(龍栢祠), 마전 미강서원(湄江書院), 김포 우저서원(牛渚書院), 교하 신곡서원(新谷書院), 용인 충렬서원(忠烈書院), 영평 옥병서원(玉屛書院), 포천 화산서원(花山書院), 시흥 충현서원(忠賢書院), 과천 민절서원(愍節書院)·노강서원(鷺江書院)·사충서원(四忠書院), 양성 덕봉서원(德峯書院), 연천 임장서원(臨漳書院) 등 28곳.

충청: 청주 신항서원(莘巷書院)·화양서원(華陽書院), 충주의 누암서원(樓巖書院), 공주 충현서원(忠賢書院), 홍주 노은서원(魯恩書院), 청풍 황강서원(黃江書院), 한산 문헌서원(文獻書院), 옥천 창주서원(滄洲書院), 서천 건암서원(建巖書院), 임천 칠산서원(七山書院), 서산 성암서원(聖巖書院), 문의 노봉서원(魯峯書院), 진천 백원서원(百源書院), 회덕 숭현서원(崇賢書院), 보령 화암서원(花巖書院), 홍산 창렬서원(彰烈書院), 연산 돈암서원(遯巖書院), 목천 도동서원(道東書院), 평택 포의사(褒義祠), 황간 한천서원(寒泉書院), 부여 부산서원(浮山書院), 니성 노강서원(魯岡書院) 등 22곳.

경상: 경주 옥산서원(玉山書院), 안동 호계서원(虎溪書院), 성주 회연서원(檜淵書院), 진주 덕천서원(德川書院), 상주 도남서원(道南書院), 함양 남계서원(藍溪書院), 대구 연경서원(硏經書院), 밀양 예림서원(禮林書院), 선산 금오서원(金烏書院), 인동 동락서원(東洛書院), 예안 도산서원(陶山書院), 안의 용문서원(龍門書院), 단성 도천서원(道川書院), 청송 병암서원(屛巖書院), 칠원 덕연서원(德淵書院), 순흥 소수서원(紹修書院) 등 16곳.

전라: 전주 화산서원(華山書院), 나주 경현서원(景賢書院), 능주 죽수서원(竹樹書院), 광주 월봉서원(月峯書院), 제주 귤림서원(橘林書院), 장성 필암서원(筆巖書院), 순천 옥천서원(玉川書院), 남원 노봉서원(露峯書院), 담양 의암서원(義巖書院), 여산 죽림서원(竹林書院), 보성 대계서원(大溪書院), 익산 화산서원(華山書院), 창평 송강서원(松江書院), 정읍 고암서원(考巖書院) 등 14곳.

해서: 해주 소현서원(紹賢書院), 황주 백록동서원(白鹿洞書院), 배천 문회서원(文會書院), 안악 취봉서원(鷲峯書院) 등 4곳.

강원: 강릉 송담서원(松潭書院), 원주 칠봉서원(七峯書院), 영월 신절사(新節祠) 등 3곳.

함경: 함흥 문회서원(文會書院)·운전서원(雲田書院), 길주 명천서원(溟川書院), 경성 신렬사(新烈祠), 북청 노덕서원(老德書院), 종성 종산서원(鍾山書院) 등 6곳.

평안: 평양 인현서원(仁賢書院), 영변 약봉서원(藥峯書院), 정주 신안서원(新安書院), 강계 경현서원(景賢書院), 희천 상현서원(象賢書院), 벽동 구봉서원(九峯書院), 영유 와룡사(臥龍祠) 등 7곳.

74) 이봉규의 연구에 따르면 정조는《향례합편》편찬을 담당했던 서유구가 만들어온 향음주 의주를《향례합편》에 포함시키지 않고 서유구의 저술에 넣기를 권유했다고 한다. 또 서유구는〈향음주의〉에《명집례》의 독약 규정을 포함시켜 유교의 종법 윤리적 사회의식을 향인들이 공유하게 하고 시행 주체를 태학은 대사성, 향학은 읍재 즉 관장이 주인이 되어 시행하게 하였는데, 이는 국가 주도로 공공적 의례를 수행하게 하여 향촌 사회가 공공적 삶을 영위할 수 있도록 이끌게 하려는 의도가 있다고 보았다(이봉규, 2015,〈《임원경제지》를 통해 본 풍석의 예학과 경제관〉,《풍석 서유구 연구》(하), 331~335쪽). 이봉규는 조선 후기 유학자들의 향례관을 안정복 류의 사족 중심의 향례관과 반계 유형원 류의 국가 주도의 향례관으로 나누고, 서유구는 후자에 속한다고 보았다. 이러한 향례 인식이《향례합편》의 편찬을 명한 정조의 것과 부합하며, 빈홍의 기능을 강조했던 유형원이나 이익, 서명응과 달리 교속의 기능에만 치중한 것도 서유구와 정조가 같다고 보았다. 필자는 사족 중심이냐 국가 주도냐의 문제가 조선시대 예 실천의 핵심 문제였다고 보지 않는다. 국가가 출판이나 제도를 통해 예교의 실천을 독려하더라도 국가

주의로 흐르지 않은 채 자발주의의 기반을 제공하려는 선에서 머물 수 있다고 보며, 향례 중 향약 문제를 둘러싸고 정조가 고심한 것 역시 이러한 '자발주의'를 주자학(정학)의 핵심 의제로 이해했기 때문이라고 생각하고 있다.

75) 《향례합편》을 간행하여 지방에 배포하고 지역에서 '예를 강명하여' 실천하도록 한 이후에 지역의 반응이나 실천이 어땠는지에 대해서는 검토가 필요하다. 서유구나 정약용 등이 향례에 대한 나름의 대안들을 마련한 것 외에 순조대 경상도관찰사로 나간 윤광안(尹光顔)이 향음주례를 직접 실행했던 사례가 알려져 있다. 이에 대해서는 김문식, 2018, 〈1807년 경상감사 윤광안의 향음주례〉, 《조선시대사학보》 87 참조.

3부

학례:
공교육 정상화의 노력과
태학 예제의 정비

내가 즉위한 이후로 선비를 양성하고 어진 이를 권면하는 데 마음을 썼다. 즉위 첫 해에 태학생을 대상으로 한 춘도기(春到記)·추도기(秋到記)를 다시 시행하고, 얼마 후에는 세종과 성종의 고사를 따라 반유(泮儒)를 대상으로 한 과시(課試) 규정을 정하고, 순월(旬月)간에 행하는 강제(講製)를 제도화하여, 경전과 역사서에 대한 의문(疑問)이 모여서 어느새 책을 이루었다. 나는 인재를 인도하여 양성하는 방법을 내심 여기에 담고자 하였으니, 이것은 진실로 학교는 통치의 바탕이며 인재를 양성하고 어진 이를 격려하는 것이 또 학교의 큰 임무라고 생각해서이다.

—1785년, 〈군서표기〉 중 《태학지》에 대한 글

어진 선비를 두지 않고서 나라를 제대로 다스릴 수 있겠는가. 선비는 나라의 원기(元氣)이니 윗사람이 아름다운 나무처럼 기르고 어린 모종처럼 보호하여 혹 상하기라도 할까 염려한 뒤에야 대들보 같은 인재로서의 역할을 요구할 수 있다. 옛사람이 말하기를, '주(周)나라의 선비는 귀하고 진(秦)나라의 선비는 천하다.'고 하였으니 선비가 귀하고 천함은 오로지 임금이 귀하게 여기느냐 천하게 여기느냐에 달려 있을 뿐이다.

—1784년, 〈유현을 초선하라는 하교〉 중에서

즉위 초 정조가 대고의 형식으로 치세의 방향을 천명한 윤음에서 두 번째 국정 목표로 설정한 것은 인재의 배양이었다. 정조는 태학(太學)을 교화가 시작되는 곳으로 인식했다. 민간의 자발성만 믿은 채 방치하지 않고 공교육을 통해 교화의 방향을 제시하려 했다. 군주가 사도(師道)를 자임한다는 의미에서 군사를 자칭했고, 제대로 된 인재를 길러내기 위한 교육 개혁을 정치의 주요 내용으로 삼았다. 1785년(정조 9) 편찬된 《태학지》는 성균관 이하 조선의 학교 제도 연혁과 흥학을 위해 갖춘 제도의 실상들을 소개한 책이다. 학교 연혁 서술에서 강조하고 있는 조선 공교육의 주요 목표, 제도 속에 드러난 공교육 주체와 대상에 대한 인식들을 살펴보았다. 정조는 영조의 정책을 계승하여 양반 관료의 특권을 재생산하는 기구로 전락하고 있던 학교를 개혁하려 했다. 가정과 향당의 교육을 연결하고 보완하며 타고난 명덕을 사회를 위해 발휘하는 제대로 된 인재를 길러내는 제도적 기구로 거듭나게 하려 했던 것이다. 태학 제도의 개정 역시 이런 공교육 주체와 대상에 대한 주자주의적 인식을 바탕으로 하고 있었다. 학교 제도 외에 학생들을 대상으로 거행했던 주요 학교 의례(성균관 식당례, 춘당대 식당례)의 실천과 그 의미를 살펴보고자 한다.[1]

---

1) 주자의 《의례경전통해》에서는 〈학례〉를 하나의 별도의 범주로 설정해 가족, 향당, 국가, 천하에서의 가르침을 매개하고 아우르도록 했다. 〈학례〉는 통론에 해당하는 학제(學制)와 학의(學義)에 이어, 소학의 가르침을 다룬 9편〔제자직(弟子職), 소의(少儀), 곡례(曲禮), 신례(臣禮), 종률(鍾律), 종률의(鍾律義), 시악(詩樂), 예악기(禮樂記), 서수(書數)(결)〕, 대학의 가르침과 관계된 6편〔학기(學記), 대학(大學), 중용(中庸), 보부(保傅), 천조(踐祚), 오학(五學)〕 등 총 17편으로 구성되었다. 학교 제도와 학교에서 가르쳐야 할 주요 가르침을 담았다.

1.
'인재' 대고와 공교육 회복 의지의 천명

주자학의 예교론은 '천자로부터 서인에 이르기까지 가르쳐 이르게 한다.'는 큰 원칙에 근거했다. 교육은 태어나면서부터 이루어지고 어릴 때 바로잡는 것이 중요하기 때문에 가정에서는 가례를 두고 향당에서는 향례를 실천하며 '사람답게 사는 법'을 가르쳤다. 그러나 제대로 된 교육이 모든 가정에서 이루어질 수는 없고, 향당에서의 가르침도 꾸준하지 않을 수 있었다. 정자는 "민생의 도리는 가르침으로 근본을 삼으니, 옛날에는 집과 마을로부터 서울에 이르기까지 모두 가르치는 자리가 있어서 백성이 태어나 여덟 살이 되면 소학에 들어가므로 온 천하에 가르침을 받지 않은 백성이 없었다. 이미 천하의 백성이 가르침을 받지 않은 이가 없어서, 소인은 몸을 닦고 군자는 도를 밝힘으로써 어질고 능한 이가 조정에 무리로 모이고 밝고 착한 이가 아래에서 풍속을 이루어 예의가 크게 행해졌다.[2] 풍속이 아름다

2) 예의라는 것은 인위적으로 억지로 하는 제도가 아님을 이 말을 통해서도 알 수 있다. 가르침을 제대로 받아 풍속이 이루어지면 저절로 행해지는 것이 예의이다.

워지면 형벌을 베풀어도 범하는 이가 없으니 이는 곧 삼대의 훌륭한 정치가 가르침으로 말미암아 이룩된 것임을 알 수 있다. 후세에는 다스리는 근본을 알지 못하고 그 마음을 착하게 만들지 않고 힘으로 몰고 가려 하니, 법령이 위에서 엄격해도 교화가 아래에서 밝아지지 아니하고, 백성들은 방탕하고 편벽되어 죄악으로 들어가게 된다. 그렇게 되면 형벌을 받기에 이르는 것이다. 슬프도다. 이렇게 해서 풍속을 아름답게 하고 좋은 정치를 만들 수 있겠는가."[3]라고 했다. 아래로부터 풍속을 바꾸는 교화가 이루어져야 형벌을 베풀어도 범하는 사람이 없는 평화로운 세상에 이를 수 있다고 했고, 그 방법으로 집과 마을, 조정이 있는 서울에 이르기까지 모두 가르치는 자리 즉 학교를 두어야 한다고 강조했다.

주자 역시《대학》서문에서 주자학 특유의 인간관에 기초한 교육론을 전개했다. "대학의 글은 옛날 대학에서 사람을 가르치던 법도이다. 하늘이 백성을 낳으매 이미 인의예지의 성품을 받지 않은 이가 없건마는, 모두 그 기질의 품수가 가지런하지 못하므로 그 성품의 소유를 알아서 온전히 하는 자가 없다. 총명예지하여 능히 그 성품을 다하는 자가 하나라도 나오면 하늘이 반드시 명령해서 억조의 군사로 삼아 다스리고 가르쳐서 그 본성을 회복하게 하였으니,[4] 이는 복희씨, 신농씨, 황제씨, 요 임금, 순 임금이 하늘을 이어 표준을 세운 것이며 사도의 직책과 전악의 벼슬이 베풀어진 연유이다. 융성하던 삼대 시절에는 왕궁과 국도로부터 마을 골짜기에 이르기까지 학

---

3) 《태학지(太學志)》 권11, 사실(事實).

4) 주자학의 군사론이다. 모든 백성들이 타고난 바의 본성을 회복하도록 다스리고 가르치는 것이 군사의 역할이다. 사도가 위에 있으면 군사가 되지만, 주공 이래로 사도가 아래에 있게 되었다는 것이 주자학의 인식이기도 했다. 정조의 군사론 역시 이와 다르지 않았다.

궁이 없는 데가 없었다. 사람이 태어나 여덟 살이 되면 왕공으로부터 서인의 자제에 이르기까지 모두 소학에 들어가서 물 뿌려 쓸고 응하고 대답하며 나아가고 물러나는 절도와 예(禮)·악(樂)·사(射)·어(御)·서(書)·수(數)의 글을 가르쳤다. 열다섯 살이 되면 천자의 원자와 중자로부터 공경대부와 사의 적자 및 일반 백성 가운데 준수한 자를 모아 태학에 들어가게 해서 이치를 궁구하고 마음을 바로잡고 몸을 닦고 남을 다스리는 방도를 가르쳤다.[5] 학궁의 설치가 이와 같이 넓고 가르치는 방술의 차례와 절목의 자세함이 또한 이와 같았다. 가르침을 하는 방도는 모두 임금이 몸소 행하고 마음에 얻은 것에 근본하고 민생이 날마다 활용하는 떳떳한 윤리의 바깥에서 구하지 않았다. 그러므로 당세의 사람으로 배우지 않는 자가 없었고, 배우는 자는 그 성품에 있는 바와 직분의 해야 할 바를 알아서 각각 힘써 그 능력을 다하지 않는 자가 없었다. 이것이 옛날 융성할 때 정치가 위에서 좋아지고 풍속이 아래에서 아름다워져서 후세가 따라갈 수 없었던 이유이다." 이와 같이 주자는 삼대의 융성하던 시절의 훌륭한 정치가 크고 작은 학교에서의 일상적인 가르침에 근본하였다는 점을 강조했다.

정조는 즉위 직후부터 인재 양성을 국정의 주요 과제로 설정했다. 이는 1778년 정조가 나라 안에 반포한 대고의 글에 잘 나타나 있다. 대고는 정조가 영조의 부묘례를 마치고 본격적인 왕정을 펼쳐나갈 시기에 국정 운영의 큰 방향을 천명한 글이다. 대고는 천명을 받은 왕이 하늘의 뜻을 받들어 정치의 큰 방향을 보여주기 위해 천하에 보

5) 천자로부터 서인에 이르기까지 모두가 배워서 이를 수 있다는 주자학의 원칙론이 잘 반영된 학교론이다. 소학은 모든 사람이 입학하여 배우는 곳이고 대학에도 백성 중 준수한 자가 들어가서 배운다는 원칙이 잘 드러난다

이는 글로《서경》〈대고〉의 형식을 빌렸다.[6] 그 첫머리에 "나 소자(小子)가 선왕의 자리에 서서 선왕의 백성에게 임하게 되었으니, 어찌 선왕의 마음처럼 마음먹고 선왕의 정치처럼 정치를 하여 선왕의 뜻과 사업을 그대로 따르지 않을 수 있겠는가. 지금은 왕위에 임한 초기로 신하들과 국정을 도모해야 하니, 군신 상하가 서로 닦아가는 도리를 힘써야 할 것이다. 이에 대궐 뜰에서 크게 고하노라. 그 조목은 모두 네 가지이니, 민산(民産)과 인재(人材)와 군정(軍政)과 재용(財用)이다." 라고 하여 선왕을 계술하는 정치를 행함에 있어 가장 크게 힘써야 할 네 가지 도리가 민산, 인재, 군정, 재용임을 선언했다.

그중 인재에 대한 내용에서는 조정에 좋은 선비가 많이 모이게 하는 방법에 대해 논했다. 정조가 생각한 인재책은 교육이었다. 과거로 취사하는 방법에만 골몰해서는 안 된다고 비판했다. "인재를 진작하고 성취하는 방도는 오직 양성하고 교육하는 것뿐인데, 평소에 양성하지도 않고 교육하는 방법이 있지도 않아 이미 덕과 예로 가르치고 이끌어가는 것이 없으면서, 단지 여러 명목의 과거시험만으로 취사(取捨)하고 있다."는 것이다.

과거 제도의 개선만으로는 인재를 구할 수 없다고 여겼다. 인재를 취사하는 중국 제도로는 빈홍(賓興), 향거이선(鄕擧里選)의 법, 수·당 이래의 과거 제도가 있었다. 정조대 당시 조선에서도 과거시험이 취사법의 핵심이었다. 그러면서도 "조정에서는 매양 시험관〔考官〕들을 의심하고 있고 시험관들은 걸핏하면 선비들을 속이고 있다. 상하가

---

6) 《서경》 주서(周書) 〈대고(大誥)〉는 주공이 어린 성왕을 보필해 나라를 다스리면서 어린 조카의 왕위를 빼앗기 위해 정변을 일으킨 관숙과 채숙을 토벌하는 의리를 크게 밝혀 천하에 포고한 글이다. 주공의 글이지만 성왕의 이름으로 포고되어 주체가 '아소자(我小子)'로 되어 있다. 정조 역시 이 대고의 글에서 '아소자'로 자칭했다.

이처럼 믿지 못하고 있는데 시험 제도인들 제대로 선발의 기능을 할 수 있겠는가?" 하는 것이 정조의 생각이었다.

조선은 교육을 위한 제도를 갖추고 있었다. 그런데 그것이 제 기능을 하지 못하는 것이 문제였다. "태학은 선의 본보기가 되어야 할 곳인데 경서에 통달하였다는 칭찬을 들어보지 못했고, 상서〔庠序, 사학(四學)과 향교(鄕校)〕는 인재를 배양하는 근본인데 한갓 문사(文詞)만 숭상하는 결과를 초래하여, 난잡한 풍속이 더욱 야박해지고 훌륭한 인물이 나오지 않게 되었다. 무과(武科), 의과(醫科), 역과(譯科), 음양과(陰陽科), 율력과(律曆科)도 모두 폐단이 그러하여 다 같이 똑같은 전철을 답습하고 있다." 수선지지(首善之地)로서의 태학이 오래 머물면서 경전의 뜻에 통달하여 제대로 된 치자로 거듭나는 장소가 되지 못하며, 상서 즉 사학과 향교에서도 문사만 숭상할 뿐 근본을 닦는 공부는 이루어지지 않고 있었다. 무인, 의사, 역관, 지리, 천문의 인재를 길러내기 위한 교육도 모두 다를 바 없었다.

과거 이후 관료의 공정하지 못한 인사 제도도 교육을 피폐하게 하는 데 영향을 준다고 보았다. "조정의 관료 선발〔銓選〕로 말하자면, 감별하는 지혜는 밝지 못하고 요행을 노리는 문은 크게 열려 있다. 진출시키거나 내보내는 일은〔黜陟〕은 업적에 대한 평가〔考課〕를 따르지 않고, 전관의 인사 추천〔注擬〕은 관(官)을 위하는 것을 볼 수가 없다. 청현(淸顯)이라는 관직 이름은 어느 시절에 시작되었는지 경상(卿相)의 진출을 매개하는 사다리가 되었고, 지벌에 따라 임용하는 것도 도무지 의의(意義)가 없으니, 한미한 집안 출신들은 발신(發身)할 길이 없다." "가르치고 선발하는 방법이 이와 같이 잘못되어 있으니, 비록 다스려진 세상을 이루려고 하더라도 어긋나고야 만다."는 것이 정조의 진단이었다.

조선에서는 인사의 공정성 문제를 해결하기 위한 제도적 장치도 여럿 마련해둔 바 있었다. 조선의 여러 제도들에 대한 정조의 이해는 상세했다. "자급(資級)을 따르는 법은 함부로 승진시키는 것을 방지하기 위한 것이고, 견서(甄敍, 퇴임자를 다시 임명하는 것)의 규정은 적체되어 있는 사람을 소통시키기 위한 것이다. 청렴하고 절개 있는 사람에 대한 포상은 자손에게까지 미치고, 탐욕에 대한 징계는 죽을 때까지 이르며, 정부(政府)에서는 감사(監司)가 될 만한 인재를 추천하고 지방관은 유일(遺逸)의 선비를 천거하도록 되어 있다." 그러나 정조는 이러한 제도들을 모두 지엽적인 것에 불과하다고 여겼다. 정조가 원한 것은 임시방편에 그치지 않는 근본적인 대책이었다.

정조는 인재에 대한 대고를 다음과 같이 마무리했다. "근본에 힘쓰고자 한다면 어찌 그럴 만한 방도가 없겠는가. '주왕(周王)이 장수를 누리시니 어찌 인재를 진작시키지 않겠는가.' 하였으니, 옳은 말이 아니겠는가." 정조가 조선에 있었던 여러 인재책들과 현재의 문제들을 모두 고찰한 후 결론적으로 내놓은 인재책은 근본에 힘쓰는 것이었다. 근본에 힘쓰는 것이 무엇인지는 이미 첫머리에 제시했다. "인재를 진작하고 성취하는 방도는 오직 양성하고 교육하는 것뿐이므로, 평소에 양성하고 교육하며 덕과 예로 가르치고 이끌어가는 것이다." 정조가 말년에 태학에 내린 은 술잔에는 '아유가빈(我有嘉賓)'이라는 글귀가 새겨져 있었다. "내게는 아름다운 손님이 있네."라는 《시경》의 일부 구절을 취한 것으로, 왕이 태학의 학생들을 어떤 마음으로 대해왔는지를 상징적으로 보여주는 구절이다. 정조의 인재책은 규장각을 중심으로 강조되어왔으나, 규장각만큼이나 정성을 기울였던 것이 학교 제도의 정상화였다. 평소에 양성하고 교육하며 덕과 예로 가르치고 이끌어갔던 그 실상을 살펴보기로 하자.

2.
《태학지》에 담겨진 교육 목표와 공교육 정상화 방안

태학의 거재 유도책과 내신 제도

앞서 가례와 향례를 통한 교육에 대해 살펴보았지만, 여러 방면의 교육 가운데 정조가 즉위 이래 가장 마음을 쓴 것은 태학 교육이었다. 태학은 조선의 다른 모든 학교 제도 및 학교 교육의 모범이 되는 곳이라는 의미에서 수선지지(首善之地)라 불렸다. 과거를 위주로 한 취사법과 공정하지 못한 인사책에 의해 가장 영향을 많이 받고 망가진 곳도 태학이었다. 정조는 즉위 초부터 이를 바로잡기 위해 애썼다. 어느 정도 그 방향을 잡은 후에는 대사성을 역임했던 민종현에게 태학에 담긴 조선의 교육 이념과 제도를 총정리하여 지(志)를 엮도록 했다. 《태학지(太學志)》의 편찬은 1784년 5월경에 시작되었다. 민종현은 이해 8월 초고를 만들어 정조와 수정 사항을 논의했고,[7] 1785년에 2월에는 개정 보완한 《태학지》를 왕에게 보이고 내용에 대한 재가를

7) 《일성록》, 정조 8년 8월 12일(을미).

받았다.[8] 1785년 2월 거재유생(居齋儒生)들의 제술에는 "본조 내각 각신이 윤발(綸綍) 중에 성균관과 유림에 관계되는 일을 일일이 모은 후에 국자장(國子長)으로 하여금《태학지》에 모두 기재하게 하여 나라에서 유도(儒道)를 높이 받들어 지키는 뜻을 보이기를 요청한 일에 대해 의작하라〔擬本朝內閣臣請就綸綍中 事係賢關儒林者 一一裒輯 仍令國子長該載太學成典 以示朝家崇儒衛道之意〕."는 것이 전(箋)의 시제로 출제되었다.[9]《태학지》가 어느 정도 완성되었음을 알리고 그 의의를 공유하기 위한 제목이었다.《태학지》의 가장 앞자리에 있는 '태학지를 올리는 전문' 역시 작성 일자가 1785년 2월로 되어 있다. 그러나 이때 이후로도《태학지》의 보완은 계속되었다. 추가 수정에 대한 기록들을 1788년까지도 찾아볼 수 있다.[10] 현전하는《태학지》가 간행된 책자가 아닌 필사본만으로 전하는 것도, 태학 제도를 계속 보완하느라《태학지》의 완성을 계속 유보할 수밖에 없었던 사정에서 기인한다고 볼 수 있다.

> 임금께서 선왕의 모범을 따르려고 더욱 힘써 유생을 불러들이고 집춘문(集春門)을 열고 정시를 자주 시행하고 재주와 학문이 있는 선비를 추천하여 주자의 석채의식을 강의하면서 자주 하문하였습니다. 이것은 모두 풍속과 문화에 관계되는 일로써 계도하여 이끌어가는 것으로, 본원에서 지극한 마음을 쓰지 않음이 없었으며 의식의 문장이나 의례 절차와 같은 사소한 형식에서도 남김이 없도록 하였습니다.[11]

---

8) 《일성록》, 정조 9년 2월 20일(경자).

9) 《일성록》, 정조 9년 2월 27일(정미).

10) 《일성록》, 정조 12년 3월 7일(기사).

11) 《태학지》, 〈진태학지전(進太學志箋)〉, "我聖明之光御 益懋先憲之遹追 引儒開集春之門 頻試廷對貢士講紫陽之儀 屢發筵詢 凡係風化導率之源靡不用極 至如儀文軌度之末亦罔或遺". 태학지 번역사업회, 1994,《국역 태학지》하, 성균관, 영인 원문.

위의 글은 대사성 민종현이 지은 것으로, '태학지를 올리는 전문' 중의 일부이다. 민종현은《태학지》의 저자이자 이 책의 실무 담당자였지만 "마침 사유의 자리에 있어 외람되게 편찬의 사업을 관장하였지만 강령을 나누고 조목을 펼침에는 모두 임금의 재가를 받아서 하였습니다.[12]"라는 말에서 볼 수 있듯이,《태학지》에 수록할 내용에 대해서는 정조의 의견이 직접 반영되었다.《태학지》의 구성은 아래 표와 같다.

	권차명	조목명	비고
1	건치(建置)	반궁도(泮宮圖), 묘우(廟宇), 학사(學舍)	학교의 건립 내력과 건물에 대한 설명
2	향사(享祀)	향사도(享祀圖), 위차(位次), 종사(從祀), 승출(陞黜), 향사 인물 성명·작호(爵號)	문묘 제향 사실 및 제향 인물 수록
3	예악(禮樂)	봉안규제(奉安規制), 향사반차(享祀班次), 찬실준뢰도설(饌實尊罍圖說), 예기도설(禮器圖說), 악기도설(樂器圖說), 악무도설(樂舞圖說), 예복도설(禮服圖說), 묘사솔속(廟司率屬), 변사(辨祀), 시일(時日), 축식(祝式), 악장(樂章), 석전시학(釋奠視學), 왕세자석전(王世子釋奠), 작헌시학(酌獻視學), 왕세자작헌입학(王世子酌獻入學), 고유제(告由祭), 위안제(慰安祭), 예성제(禮成祭), 분향(焚香), 대사(大射), 대포(大酺), 양로(養老)	문묘 향사, 작헌, 시학, 양로, 대사례 등 의례 규정 및 절차 수록
4	직관(職官)	차제(差除), 전최(殿最), 강제(講製), 훈회(訓誨), 진청(陳請)	성균관 관원의 임명, 강경 및 제술 규례의 변천, 역대 대사성들의 학생들에 대한 훈회, 성균관 제도에 대한 소청 사실 수록
5	장보(章甫)	학령(學令), 재규(齋規), 식당(食堂), 기재(寄齋), 원점(圓點), 공관(空館), 권당(捲堂), 유소(儒疏), 진전(進箋), 유벌(儒罰)	성균관 학생과 관련된 제반 규정 수록
6	교화(敎化)	행학(幸學), 숭보(崇報), 조사(造士), 벽이(闢異)	성균관에서 행한 교화 사실 수록
7	희름(餼廩)	공급(供給), 사여(賜予), 서적(書籍), 토전(土田), 장획(臧獲)	성균관 학생을 위한 제반 예우 제도 및 사실 수록

12) 위의 책, "臣適忝師儒猥掌撰次 綱分目列悉 仰慈於睿裁".

8	선거(選擧)	정초(旌招), 공천(公薦), 친림시사(親臨試士), 전강(殿講), 관시(館試), 도기(到記), 절제(節製), 승보(陞補), 통독(通讀), 합제(合製), 응제(應製)	성균관을 통한 인재 선발 제도 수록
9	사실(事實)	어제(御製), 기적(紀蹟), 논저(論著), 잡식(雜式), 고금학정(古今學政), 사전총서(祀典總敍)	조선 및 중국의 태학 관련 역사적 사실 수록
	부편 2권	계성사(啓聖祠), 사현사(四賢祠), 사학(四學), 향학(鄕學), 서원(書院)	

정조가 《태학지》를 편찬하며 태학 제도에 관심을 둔 까닭은 무엇일까. 《홍재전서》 〈군서표기〉에는 정조가 쓴 《태학지》 서문이 수록되어 있다. 여기에서 정조는 조선왕조에서 학교를 둔 목적을 다음과 같이 제시하였다.

> 우리나라는 문치(文治)를 숭상하여 교육을 우선으로 삼았다. 국도를 정한 처음에 먼저 학궁(學宮)을 세웠고, 후손들이 계승하여 차츰 제도가 갖추어지면서 공자를 제사하는 곳이 거의 곳곳에 생겨나게 되었다. 한 지역에서 수업하고 읽고 외우면 그 영향이 먼 시골에까지 깊이 미쳐서 오늘에 이르러서는 명분을 잡아 지키고 예절을 숭상하여 문화와 질박함을 겸비한 삼대의 도덕과 풍기를 이루게 되었다. 한 무제 때 태상박사의 의논에, "학문을 권장하고 예의를 진흥하며 교화를 드높이고 어진 이를 격려하여 천하태평의 근원이 널리 메아리치게 하소서." 하였는데, 이것이 바로 우리나라의 규모이다.[13]

조선왕조가 학교를 설립한 목적은 명분을 지키고 예절을 숭상하는 문질을 겸비한 삼대의 도덕 문화를 이루는 것이었다. 특정 재주나 능

13) 《홍재전서》 권183, 군서표기, 〈태학지〉.

력의 배양이 아닌 삼대의 도덕 문화 성취가 학교 교육의 목표였던 것이다. 정조가 조선의 학교 교육의 목표를 이러한 방식으로 이해하였다면, 당연히 즉위 이래의 학교 개혁책 역시 학교 교육 본연의 목표와 관계될 수밖에 없었을 것이었다. 그렇다면 정조는 학교를 바꾸기 위해 어떤 일들을 해왔다고 주장하였을까.

> 내가 즉위한 이후로 선비를 양성하고 어진 이를 권면하는 데 마음을 썼다. 즉위 첫 해에 태학생을 대상으로 한 춘도기(春到記)·추도기(秋到記)를 다시 시행하고, 얼마 후에는 세종과 성종의 고사를 따라 반유(泮儒)를 대상으로 한 과시(課試) 규정을 정하고, 순월(旬月)간에 행하는 강제(講製)를 제도화하여, 경전과 역사서에 대한 의문(疑問)이 모여서 어느새 책을 이루었다. 나는 인재를 인도하여 양성하는 방법을 내심 여기에 담고자 하였으니, 이것은 진실로 학교는 통치의 바탕이며 인재를 양성하고 어진 이를 격려하는 것이 또 학교의 큰 임무라고 생각해서이다.[14]

정조는 춘도기와 추도기를 다시 시행한 일, 반유를 대상으로 과시를 실행하고 열흘이나 달포마다 행하는 강경과 제술을 제도화한 일 등 두 가지 일에 힘썼다고 설명했다.

실제 정조 즉위 후 처음으로 시행된 시험이 성균관 도기유생(到記儒生) 시험이었다.[15] 1777년(정조 1) 1월 3일 도기유생을 시어궁궐인 경희궁 숭정전에 모아 강경과 제술로 시험을 치렀다.[16] 이 시험에는

---

14) 《홍재전서》 권183, 군서표기, 〈태학지〉.

15) 도기과는 성적 우수자에게 주어지는 혜택(강경 및 제술에서 각 1인을 뽑아 문과회시 급제 자격 부여) 때문에 과거 제도의 일환으로 다루어져왔다. 이 글에서는 도기과를 설치한 목적에 주목하여 교육 제도(학례)로서의 측면에 주목한다.

90여 명의 유생들이 응시하여 분잡하지 않게 하기 위한 대책을 논의해야 할 정도였다. 이후로도 매년 봄과 가을에 춘도기와 추도기 시험이 궁궐 안에서 설행되었다.

성균관의 춘도기와 추도기는 성균관에 머물면서 공부하는 학생들을 격려하기 위해 만든 일종의 출석자 우대 시험 제도였다. 출석 유생들을 위해 마련한 제도로 도기과(到記科) 이전에 원점(圓點) 제도가 있었다. 잘 알려져 있듯이 원점 제도는 일정 출석수를 채운 유생들에게만 성균관 학생들이 응시할 수 있는 문과초시인 관시에 응시할 기회를 제공하여 성균관 출석률을 높이려 한 제도였다. 즉 성균관에 명단이 올라가 있어도 일정 기간 출석하지 않으면 관시에 응시할 수 없게 한 것이다. 《속대전》에는 "재에 거처한 유생으로 원점 300점 만점인 자는 관시 응시를 허락하고, 응시자가 적을 경우에는 50점 이상인 자가 사유를 갖추어 재가를 얻은 후 응시를 허락한다."는 규정이 수록되어 있다. 원점을 기록하는 방법은 성균관 식당 참석 명부인 식당 도기에 근거한다.[17] 그러나 성균관 출석부를 기반으로 한 원점 제도가 부실하게 운영되어 실효를 보지 못하자 도기과 제도가 제안되었다.

도기과는 식당의 식사 기록을 국왕의 특지(特旨)로 수합해들인 후 제술과 강경으로 나누어 합격자를 취해서 급제 또는 급분의 상을 내리는 것이다. 불시에 치르는 일종의 거재유생 특별 시험인 셈이다. 원점과(圓點科)가 원점만 속임수로 채워 특혜를 누리는 것이 가능하다면, 도기과는 현재 성균관에 있는 학생 명부를 거두어다가 이들만

---

16) 《일성록》, 정조 1년 1월 3일(경오).

17) 성균관에서 아침저녁으로 식당이 열리면 식당지기가 식고를 치기 전에 도기(到記)를 식당으로 가져오고, 긴 소리로 도기당번을 부르면 재지기가 벼루를 들고 와서 도기 기록을 담당했다. 《무명자집(無名子集)》, 〈반중잡영(泮中雜詠)〉.

을 대상으로 시험을 치른 후 시상하는 제도였기에 이 혜택을 누리고 싶다면 성균관에 꾸준히 나가 있어야 했다. 평소에 안 나가다가 그날만 나가 있어도 혜택을 받을 수 있었기에 요행이라는 비판도 있었지만,[18] 원점 제도가 추구했던 성균관 출석자 우대를 제대로 실현하는 방법으로 여겨졌다.[19]

정조가 말했던 춘추 도기과는 완전히 불시에 행하는 것은 아니었고, 춘도기와 추도기로 나누어 일 년에 두 차례 행해졌다. 태학에 머물며 공부하는 것을 왕이 중시하고 있음을 보여주는 상징적인 의례로 행해졌으나, 제도는 사람들의 욕망에 번번이 틈을 보였다. 시행 시기가 미리 얼추 알려졌기 때문에, 이 같은 방식의 도기과로 태학에 머물면서 열심히 공부하도록 유도하는 효과를 제대로 내기에는 역부족이었다. 과거의 이익으로 꾀어서라도 성균관 거재를 늘리려는 방책이었지만, 민종현의 증언에 따르면 학생들은 도기과를 설행하는 시기에만 머물고 도기과가 끝나면 대부분 돌아가 버려 춘추 석채례를 행할 때 집사를 채우기에도 부족한 적이 있었다.[20] 거재를 유도하는 완전한 대책은 아니었으나 없는 것보다는 나은 불가피한 제도이기도 했다.[21]

두 번째, 과시(課試)는 오랜 기간 학업의 성숙을 지켜보고 평가하는

---

18) 《일성록》, 정조 5년 6월 12일(계미).

19) 도기 제도는 1525년(중종 20) 시도유생에게 응시하게 한 것에서 시작되었다. 1660년(현종 원년)에도 원점 제도를 보완하기 위해 송준길의 청으로 시행되었다. 1742년(영조 18) 성균관 및 사학의 출석부를 거두어들이게 한 후, 숭문당에 임어하여 생원과 진사는 제술로 유학은 강경으로 시험했다. 《태학지》 권8, 선거, 도기(到記).

20) 《일성록》, 정조 5년 8월 6일(병자).

21) 물론 정조도 이를 인식했다. 1781년 추도기를 설행할 때 당일의 식당도기가 아닌 전날 저녁의 식당도기를 기준으로 삼도록 했다. 불시에 식당도기를 가져오라고 해도 이것이 알려져 재빨리 식당에 참여한 후 도기과에 응시하는 일이 있었기 때문에 이를 막기 위한 임기응변이었다. 《일성록》, 정조 5년 7월 1일(신축).

제도로, 꾸준히 공부하는 기풍을 만들기 위한 제도였다. 지금으로 치면, 과거시험이 수능이라면 과시 제도는 내신수행평가라고 할 수 있다. 규장각의 초계문신 제도는 정조 인재책의 백미로 꼽히는데, 이 또한 이미 과거에 합격하여 관료로 진출한 문신들에게 월과를 주어 학문의 소양을 계속 쌓아나가도록 한 일종의 과시 제도였다. 월과란 매달 과제를 주고 이를 수행하게 함으로써 공부에 실효가 있게 하려는 제도였다. 도기과나 원점과에 대한 논의에서 보았듯이 과거시험 방식이나 시험 과목 등을 조정하여 평상시의 공부에 영향을 줄 수도 있었지만,[22] 하루의 시험으로 교육을 크게 바꾸는 것에는 한계가 있을 수밖에 없었다. 과거라는 이익으로 꾀어 공부를 하게 하는 제도는 당시 조선의 인정과 세태를 고려할 때 어쩔 수 없는 측면이 있었다. 허나 변화된 세태를 고려하되 도리에서 벗어나지는 않으려 하는 정조의 성향에는 부합하지 않았다. 정조는 자신의 인재책의 두 번째로 꼽았던 과시 제도 즉 성균관의 월강과 순제, 사학 승보시에서의 과시 규정[23] 등을 통해, 정해진 과정에 따라 학업을 연마하게 하는 제도를 인재 배양을 위한 근본적인 학교 개혁책의 하나로 내놓았다.[24]

---

22) 정조대 대사성으로《태학지》를 편찬했던 민종현은 선비들이 기꺼이 태학에 모이도록 하는 방법은 과거밖에 없다는 현실적 의견을 내놓기도 했다.《일성록》, 정조 5년 8월 6일(병자).

23) 윤기는 〈반중잡영〉에서 정조대 당시의 승보시 규정이 편법으로 운영되면서 제도의 본의가 훼손되고 있다고 비판했다. 본래의 승보시 규정은 다음과 같다. 매년 12회에 걸쳐 승보시를 실시하는데, 과목은 시(詩)와 부(賦)를 교대로 정한다. 3차 안에 뽑혀야 4차 이후의 시험을 볼 수 있으며, 마지막 회차의 점수까지 합산하여 합산 점수가 가장 높은 10인에게 감시(監試) 회시(會試) 응시 자격을 부여한다. 그런데 이때 대사성이 각 당파별로 할당 인원을 미리 정해두고서, 연말에 임금이 신칙하거나 시험을 마치라는 특명을 내리면 미리 계획한 대로 합격자를 발표한다. 즉 점수 합산이 아니라 대사성의 계획에 따라 승보시 합격 여부가 결정된다는 것이다. 숫자를 맞추기 위해 뒤 회차 시험 점수를 임의로 조정하기도 했다. 대사성의 당색에 따라 합격자 비율도 달라졌다. 그래서 유생들이 열심히 공부해서 좋은 성적을 받으려 애쓰기보다는 아부하여 좋은 결과를 얻으려 하니, 이 제도를 통해 무엇을 배울 수 있겠냐고 윤기는 한탄하였다. 심지어는 10차례 애써가며 시험을 볼 필요 없이 연말에 대사성 마음대로 합격자를 내는 것이 낫다고 극론하기도 했다.《무명자집》, 〈반중잡영〉, 205·206.

서울의 선비들은 바로 훗날 경상(卿相)이 될 사람들이다. 만약 많은 유생들을 태학에 다 모이게 해서 정해진 과정에 따라 학업을 연마하게 함으로써 인재를 배양하는 데 최선을 다한다면, 훌륭한 인재를 기르는 방법으로 어찌 좋지 않겠는가. 그런데 사습이 날로 변하고 문풍이 진작되지 않아 서울에서는 흥기했다는 말이 들리지 않고 성균관은 텅 비어 있으니, 이 때문에 내가 개탄하는 것이다. 어떻게 해야 서울의 사대부 자제들로 하여금 즐거이 태학으로 달려가게 할 수 있겠는가?[25)]

위의 제도는 모두 학교에 오랫동안 머물면서 경전과 역사서 공부를 꾸준히 하게 하기 위한 것이었다. 학교를 단순히 관료로 진출하기 위한 사다리의 한 층으로 여기지 않고 풍속과 문화를 바꾸기 위한 교육의 장소가 되도록 하는 데에 도기과나 과시 제도 등이 도움이 될 것이라 여겼다. 이렇게 제대로 된 공부가 이루어지는 장소가 될 때, 학교는 통치의 바탕이자 학교 밖에 있는 어진 이들을 격려하는 제도로서 기능할 수 있을 것이었다.

이는 《태학지》에서 태학이 '수선지지'라고 선언했던 바와 서로 연결된다. 《태학지》 〈건치〉 조 서문에서는 태학 설립의 의의 및 목적을 밝혔는데, "삼대의 예악을 닦아 유학의 도를 크게 일으키는 것이 조선왕조 정치의 근본"이며 "성군(聖君)과 진유(眞儒)가 대대로 배출되고 집집마다 공자의 글을 외우고 사람마다 성리학을 가르쳐 삼강오상의 가르침이 세상에 다시 밝혀지게 된 것이 태학 때문"이라고 강조했다.[26)] 태학의 설립이 조선왕조 정치의 향배와 관련되어 있고, 집집

---

24) 《일성록》, 정조 5년 7월 4일(갑진).

25) 《일성록》, 정조 5년 8월 6일(병자).

26) 《태학지》 권1, 건치, 〈서문〉.

마다 그리고 사람마다 가르쳐 성인의 가르침이 세상에 다시 밝혀지게 하려는 것과 관련이 있다는 인식이었다.

정조 역시 태학을 단지 뛰어난 인재들을 모아 가르치는 곳에 머물지 않고 집집마다, 사람마다 가르침의 표본이 되는 곳으로 여겼고, 태학에 이르지 않는 만인을 위한 교육의 모범이 되는 곳이라고 이해했다. 태학의 본의를 회복한다는 것은 단지 학교 건물을 보수하고 학생을 공정하게 선발하는 데에서 머물지 않았다. 태학이 개개인의 공공적 덕성을 기르고 이를 바탕으로 일반 민들을 새롭게 바꿀 수 있는, 주자《대학》이 요구한 사(士)를 배양하는 곳이 되도록 하는 것이었다.

경전 과목을 강화하는 과거시험 제도

문제는 구체적인 방법이었다. 태학이 관료제와 연결되어 있고 태학의 선발 인원이 제한되어 있는 한, 태학을 통한 '관료 선발(選擧)'의 방식을 바꾸는 일은 교육의 향배와 관련이 있을 수밖에 없었다. 따라서 정조는 즉위 이후 인재 양성을 위해 학교 제도를 정비하는 동시에 학교 교육에 큰 영향을 주는 과거 제도를 고쳐 마련했다.[27] 정조가 쓴《태학지》서문을 계속 읽어보자.

> 내가 즉위한 이후 과거의 일에 대해 의견을 모은 것이 몇 차례 되는데, 그 내용은 대과(大科)와 소과(小科)의 제도를 개선하는 것과 생획과(栍畫

27) 정조대 과거 정책은 인재 탕평, 지역 탕평의 차원에서 주로 연구되어왔다. 이에 대해서는 박현순, 2014,《조선 후기의 과거》, 소명출판 참조.

科)의 액수를 증원하는 것과 원점과(圓點科)의 강경(講經)을 복구하는 것이었다. 그러나 한결같이 마음에만 두고 아직까지 몇 글자의 비답을 내리지 않은 것은, 내가 고식적으로 처리하고 변통할 생각을 하지 않으려 해서가 아니라 진실로 법으로 바로잡지 못하는 폐단과 적임자를 얻지 못하는 문제 때문이었다.[28]

대과 및 소과 제도의 개선 내용은 불확실하나, 생획과의 액수 증원과 원점과의 강경 복구는 모두 경전을 제대로 읽은 유생들을 과거를 통해 뽑을 수 있도록 하는 제도 개선책이었다. 특히 원점과의 강경 복구책은 정조가 특별히 유의한 제도였다.

원점과는 성균관 원점 제도에 더하여 시험 과목에 강경과 제술을 함께 하도록 규정함으로써 경전 읽기에 더 힘을 쓰도록 하는 제도이다. 정조는 원점과에 대해 다음과 같이 인식했다. "원점과는 본래 인재를 취하는 방도인데, 선조대에 처음 설행하여 과연 실효가 있었다. 이에 대해서는 당시 선정신 조헌(趙憲)이 상소하여 두루 갖추어 논하였다. 그 후 숙종대에 상신 남구만(南九萬)이 아뢰어 다시 시행할 것을 청하였다. 선왕조에서 다시 원점과를 설행하여 혹 강경을 먼저하고 제술을 나중에 하기도 하였는데, 지금 선비를 이 예를 적용하여 시험한다면 매우 좋을 듯하다." 정조는 원점과 실행의 역사에서 ① 선조대 시행과 조헌의 상소, ② 숙종대 남구만의 상소, ③ 영조대 원점과 실행 등 세 시기의 일을 강조했다.

먼저 ①은 선조대에 원점과를 설치하여 다시 강법(講法)을 시행하였는데, 삼경(三經)은 주석(註釋)을 뺀 대문만을 강하되 강하는 경전은

---

28) 《홍재전서》 권183, 군서표기, 〈태학지〉.

지원자가 고르게 했고 사서(四書)는 그중에서 찌를 뽑아 면강(面講)하게 한 일을 말한다. ②는 숙종 임술년(1682, 숙종 8)에 이르러 남구만이 원점과를 다시 시행하기를 계속 청한 일이다. ③은 영조대 강경을 권장하기 위해 원점과를 시행한 일을 말한다. 제술 이후에 1경을 강하게 하여 경전에 능숙한 선비를 취하고자 했다. 정조 역시 증광(增廣)·별시(別試)·정시(庭試)·절제(節製)는 현행 제도 그대로 두고 원점과를 따로 설치하여 시취한다면, 경전에도 능숙하고 문장에도 뛰어난 인재를 뽑을 수 있고 한림(翰林)과 주서(注書)의 직임에 적합할 것이라 기대했다.[29]

원점과에 대한 의지는 굳혔으나 제도 시행 이전에 의견을 더 널리 물었다. 영조대 원점과가 시행되던 때의 경험이 있는 대신들 중 서명선은 태학에서 거재하면서 공부하였던 경험을 들어 거재를 강제하는 제도에 찬성했다. 정조는 거재를 강제하기 위해 원점과를 시행하면 나이가 들거나 게으른 유생들이 이를 어렵게 여기고, 그 결과 실재 즉 진짜 인재를 잃게 되지 않을까 우려했다. 서명선은 유생들로 하여금 많이 거재하게 하여 초계문신의 경우처럼 과습하게 하자고 제안했지만, 정조는 원점과는 강경과 제술을 나누지 않고 일경강(一經講)의 예로 강경과 제술을 함께 하는 선조대의 고례대로 행한다는 원칙을 삼았다.[30] 도기과와 원점과가 병행되면 어려운 원점과의 응시자가 줄어들 것이라는 견해도 있었지만, 과거 수가 줄어들었던 정조대의 현실을 고려한다면 합격을 위해 원점과 응시에 도전하는 이들도 늘어날 수 있다고 보았다.[31] 즉 원점과의 핵심은 강경과 제술을 함께 잘

29) 《일성록》, 정조 5년 7월 2일(임인).

30) 《일성록》, 정조 5년 8월 6일(병자).

31) 《일성록》, 정조 5년 7월 8일(무신).

하는 인재를 길러내고 선발하는 것이었다. 선조대 이래의 강제 규정을 회복하고 영조의 일경강의 정신을 잇는 경학에 근본하는 인재 양성의 방침이었다.[32] 정조가 교육을 정상화시킬 수 있는 시험제도 개선책으로 원점과 부활을 꼽았던 이유가 여기에 있었다.

사표가 될 스승을 초빙하는 제도

이상의 태학 운영 제도 개선과 선거 방식의 개편 외에 더 자질구레한 학교 개혁은 필요 없다는 것이 정조의 방침이었다. 당시에 존재하는 서울의 사학과 태학, 지방의 향교 등 학교 제도에 대해 정조는 조종조의 금과옥조, 즉 크게 바꿀 것이 없는 규정이라고 주장했다.

> 지금 시행되고 있는 법은 바로 조종조의 금과옥조이다. 진실로 적임자에게 맡길 수 있다면 유학의 가르침이 일어나지 않고 선비의 기풍이 진작되지 않는 것을 어찌 근심하겠는가. 나는 구경재(九經齋)는 굳이 복구할 필요가 없고 연영원(延英院)은 굳이 모방할 필요가 없으며, 반유(泮儒)와 학유(學儒)도 굳이 구별할 필요가 없다고 여긴다. 오직 적임자를 얻는 것이 폐단을 바로잡는 데 있어 가장 급선무이니, 앞서 말한 몇 가지 문제는 바로 적임자를 얻고 나서의 일이다.[33]

---

32) 즉위 초부터 하나의 경전을 모두 외게 하는 일경강을 부활시키자는 논의가 있었지만 정조는 미온적이었다. 1780년 대과의 일경강에 대해 논하면서 연로한 거자들이 외우는 것이 힘들기는 하나 그만두는 것보다는 낫다고 하여 일경강 제도에 대한 의지를 보였다.《일성록》, 정조 4년 6월 23일(경오).

33)《홍재전서》권183, 군서표기, 태학지.

구경재나 연영원 제도와 같은 큰 폭의 개편은 필요 없고, 오직 적임자에게 맡겨 본래 제도의 본의를 제대로 실행하기만 하면 된다고 여겼다. 이때의 적임자란 바로 학교의 사표가 될 만한 '스승'이었다. 그런 적임자를 얻지 못하는 것이 근본적인 문제였다.

> 지금 의론하는 자는 걸핏하면 지방에서 인재를 천거하는 제도의 아름다움과 영재를 양성하는 일의 효과를 말하지만, 그 말한 것을 따져보면 절목의 소소한 일에 지나지 않는다. 거울을 뒤집어놓고 비추기를 구하고 떡을 그려놓고 배부르기를 구하는 것과 무엇이 다르겠는가. 지금 비록 인재가 드물다고 하지만, 관리의 집안과 학문을 하는 가문에는 반드시 경전을 궁구하고 행실을 바르게 갖는 선비로서 나라의 정사를 경영해보려는 포부를 갖고서 유교를 흥기시키고 문풍을 진작시킬 자가 있을 것이다. 아, 초빙해온 선비가 요즘처럼 영락한 적이 없어 조정에는 본보기가 없고, 사림(士林)은 멀리서 관망만 하는 탄식이 있다. 과거가 폐단이 되고 학교가 제대로 운영되지 않는 것이 다만 이 때문이니, 조정이 유자(儒者)를 높이고 도를 중시하는 뜻이 과연 어디에 있는가. …… 연초의 윤음에서도 초선(抄選)하는 한 가지 일에 대해 간곡히 말했다. 그런데 그 후 여러 도에서 한두 명을 천거하였을 뿐이고 묘당에서는 한 사람도 천거하지 않았으니, 어찌 진짜 적임자가 없기 때문이겠는가. 조그마한 읍에도 충신(忠信)한 자가 있는 법이니, 어찌 한 세상을 속일 수 있겠는가. 현자를 구하는 데 정성스럽지 못한 것을 내 스스로 반성하고 있거니와, 신하가 임금을 섬기는 도리로 볼 때에도 한결같이 무관심해서는 안 된다. 혹여 전처럼 내버려두지 말고 특별히 유념하여 찾아보도록 하라. 진실로 적임자를 얻게 되면 과거의 일이건 학교의 일이건 모두 차례차례 잘 수행될 것이니, 나의 이런 말을 또한 형식적인 것으로 여기지 말라.[34)]

《태학지》에서는 태학 제도를 통한 인재 등용을 설명한 권차인 '선거'조의 첫머리에 여타의 과거시험에 앞서 〈정초(旌招)〉 항목을 두었다.[35] 그 첫머리에는, 1573년(선조 6) 이이의 말에 따라 급제하지 못한 선비 중 대직(臺職)에 임명될 만하다 하여 성혼을 사헌부 지평으로 삼고 경연에도 들도록 한 일을 기록했다. 이는 1552년(명종 7) 여러 도의 관찰사에게 명하여 유일의 선비를 천거하도록 해 성수침, 조욱, 성제원, 조식, 이희안 등에게 6품직을 내린 일로부터 비롯되었다. 이 고사의 핵심은 과거를 통하지 못했으나 학식과 덕망이 뛰어난 재야의 인재를 발굴한다는 점, 이 인재에게 상징적인 관직만을 부여하는 데 그치지 않고 실직을 내리고 경연이나 서연에 참여하게 한 점이었다.[36]

〈정초〉 항목에는 이후 역대의 정초 사례들을 기록했다. 인조반정 이후 김장생을 장령으로 삼고 김집, 장현광, 박지계를 6품직에 임명하고, 김장생과 박지계, 장현광을 성균관 사업에 임명하고 원자보양관을 겸하게 한 일, 인조 말년에 김상헌의 청에 따라 학문에 독실한 선비를 초빙해서 관직에 임명하되 그 관직명을 송나라 고사를 모방해서 찬선(贊善), 익선(翊善)〔진선(進善)〕, 자의(諮議)로 하게 한 일, 효종대 송시열과 송준길을 정초(旌招)를 통해 찬선에 임명하고 성균관에 좨주〔祭酒〕 자리를 설치하여 태학 선비들의 교육을 담당하게 한 일 등을 상세히 기록했다.

정조대의 사실로는 김양행(金亮行)을 성균사업(成均司業)으로 삼고

---

34) 《일성록》, 정조 7년 8월 2일(신유).

35) 정초(旌招)란 정기로써 부르는 것이다. 《맹자》 〈만장하〉에 따르면, 서인은 전(旜)을 가지고 부르고, 사는 기(旂)를 가지고 부르고, 대부는 정(旌)을 가지고 부른다고 하였다. 명망 있는 선비를 발탁하여 태학의 스승으로 모시는 것을 '정초'라 한 것은 사에게 대부의 예를 쓰는 것으로, 그만큼 선비를 중히 여긴다는 의미가 담겨 있었다.

36) 《태학지》 권7, 선거(選擧), 〈정초(旌招)〉.

호조참의에 발탁한 일, 김종후(金鍾厚)와 유언집(俞彦鏶)을 여러 차례 정성을 다해 부른 일이 기록되어 있다. 김양행과 김종후, 유언집을 얼마나 정성스럽게 불렀는지를 보여주는 글도 차례로 수록했다. 그 아래에는 〈숭유중도(崇儒重道)의 윤음〉과 〈1784년(정조 8)에 내린 하교〉를 연달아 수록했다.

〈숭유중도의 윤음〉은 송시열의 후손 유현으로 정초되었던 송덕상이 역모에 연루되어 야심차게 추진했던 근본적 인재 배양책에 큰 위기가 도래한 시점에서 내려진 윤음이다. 정조는 이들 산림들이 조정에서 일정한 역할을 하게 하는 데 실패했지만, 정성스레 정초하여 부른 유현의 실패를 유교적 예교의 실패로 여기지 않았다. 즉 유학을 정학으로 여기고 나라 사람들을 가르쳐온 역대 정치의 효과를 평가하고, 유자 중의 유자로 자처하는 송덕상의 실패는 유술의 쇠퇴, 즉 유교의 가르침이 제대로 전달되지 않았기 때문일 뿐이라고 보았다. 윤음 속 정조의 말을 들어보자.

> 저 송덕상이 나왔다 하지만, 유자에게 무슨 상관이 있으며 선정에게 무슨 누가 되겠는가. 유학을 숭상하고 도의를 부식(扶植)하는 방도를 이런 때일수록 조금이라도 소홀히 할 수 없기 때문에, 이렇게 거듭 말하여 나의 뜻을 분명히 보이는 것이다. 근래에 초야에서 발탁하여 조정에 불러 올린 자가 매우 드문데 어찌 그러한 사람이 없기 때문이라고 하겠는가. 열 집이 사는 작은 고을에도 반드시 충성스럽고 신실한 사람이 있는 법인데, 어찌 그런 사람이 없다고 일세(一世)를 속일 수 있겠는가. 이조에 특별히 신칙하여 학문이 있는 선비를 감별하여 선발하게 하고, 이어 각 도의 방백으로 하여금 경학에 밝고 행실이 뛰어난 자를 천거해 올리게 하고 그때그때 즉시 수용하라.[37]

〈1784년에 내린 하교〉는 왕세자 보양관을 정하는 시기에 이르러 재야의 어진 선비를 추천해 올리도록 한 글인데, 두 대목이 눈에 띈다. 첫째, 옛 사람이 주나라의 선비는 귀하고 진나라의 선비는 천하다고 했으니, 선비의 귀천은 오로지 왕이 귀하게 여기느냐 천하게 여기느냐에 달려 있다는 주장이다. 반유들을 자주 접하고 순제와 월강을 행하는 것도 나라의 원기인 선비를 귀하게 여기려는 것일 뿐이라는 것이다. 둘째, "종은 스스로 울리지 못하고 두드려야 울린다."면서 선비가 나올 수 있도록 고무하고 진작시켜야 한다는 것이다. 정조 자신이 선비를 기르고 보호하는 데에 정성을 다하며 즐거워서 피로를 모른다고도 했다.

좋은 정치를 위해 인재를 구하려는 마음이 간절했지만, 인재가 나오지 않는 것을 남 탓으로 돌리지도 않았다. 하교 중에 "한밤에 안절부절못하며 현자를 기다리면서 스스로 부족함을 알겠다."는 구절이 보인다. 초야의 선비를 구하려는 절실한 마음을 보이고 마음이 이러함에도 불구하고 재야의 인재가 나오지 않는 것을 또 자책했다.[38]

이렇게 정조는 태학의 거재 유도책과 내신 제도, 경전 과목을 강화하는 과거시험 제도, 사표가 될 만한 스승을 초빙하는 제도 등을 통해 학교 교육이 삼대의 문화를 회복시키는 실질적 기능을 할 수 있기를 바랐다. 학교의 정상화를 위한 정조의 노력은 여기에서 그치지 않았다. 다음 장에서는 학문하는 공동체였던 태학에서 힘으로 억누르지 않고 예로써 양보하고 배려하는 기풍이 자리 잡도록 하기 위해 정조가 어떤 노력을 했는지 살펴보기로 한다.

---

37) 《일성록》, 정조 7년 1월 2일(갑오).

38) 《일성록》, 정조 8년 1월 25일(신해).

3.

정조대 태학 식당례의 예교적 의미

나이로써 사양하는 제도의 의미

정조는 재위 기간 동안 여러 차례 성균관 학생들을 불러 궁궐 안에 식당례를 베풀었다. 때로는 직접 식당례에 참여하여 반유들과 함께 밥을 먹기도 했다. 영조대 친경을 거행한 후 친경에 참여한 사람들을 불러 모아 함께 음식과 술을 나누는 노주례(勞酒禮)나 군사 훈련이나 행행을 마친 후 고생한 군인들에게 술과 음식을 먹이는 호궤례(犒饋禮) 등에서 볼 수 있듯이, 조선시대에는 함께 음식을 나누어 먹는 의례가 자주 행해졌다. 음식을 한 자리에서 나누는 것은 그 노고를 격려하고 위로하여 백성이나 군인들의 마음까지도 챙기는 군주의 인자함을 잘 보여줄 수 있는 의식이었다. 성균관에서의 식당례 역시 마찬가지 의식이었다고 볼 수 있다. 그런데 정조가 성균관에서의 여러 의례 중 식당례에 주목한 것은 조선 교육의 향배와 관련하여 더 중요한 교육적 목표가 있었기 때문이다.

조선은 '누구나 배워서 이를 수 있다'는 주자학적 교육론 위에서 교육 제도를 운영했다. 반궁의 식당의례는 여러 사회 계층 학생들이 모여 있는 학교에서 학교 구성원들 사이에 이루어진 독특한 관계 설정 방식을 잘 보여주는 의식이다. 주자학에서의 도는 귀천의 신분이나 권력, 부와 같이 미리 내게 주어져 있는 특권들과 관계없이 누구나 배움을 통해서 이를 수 있는 것이었다.[39] 학교에서는 신분, 권력, 부와 관계없이 오직 나이에 따라 순서를 정하고, 학교 공동체에서의 여러 일상이 이루어지도록 했다.[40] 물론 실제로는 사회 신분과 가문의 격차가 학교 안의 원칙들을 무너뜨리고 학교 문화 속에 침투했다. 윤기(尹愭)의 〈반중잡영(泮中雜詠)〉 같은 성균관의 실상을 그려낸 사료들을 통해서도 이상적 학교 제도와 격차가 있었음을 잘 알 수 있다. 정조는 바로 이러한 때에 매년 궁궐 안에서 식당례를 거행하거나 성균관에서 왕이 참여하는 식당례를 거행하였다. 식당례의 의미를 재확인하고 학교 문화를 재정비하는 차원에서 한 것이다.

조선시대 학교 안에서 서치를 중시했다는 것은 왕세자의 입학의식을 통해 잘 알 수 있다. 왕세자가 성균관에 입학할 때에는 서치로 사양하는 절차가 매우 중요하게 강조되어 있었다. 《예기》 〈문왕세자(文

39) 《태학지》 권10, 사실, 〈논저〉.

40) 1763년 조엄은 통신사 정사로 일본으로 가는 길에 여러 사람과 함께 식당놀이〔食堂之會〕를 했다. 성균관의 식당례〔食堂之儀〕를 모방하여 3명의 사신과 제술관, 서기 등이 조정의 당상관과 성균관 관원의 역할을 하고 좌중에서 유일한 진사였던 김 진사가 유생 대표 역할을 하며 참여자 64명이 함께 밥과 찬을 나눠 먹었다. 조엄은 먼 지방의 가난한 선비들만이 들어가 공부하는 곳으로 여겨지며 조롱받던 성균관에 들어가서 50일 100끼의 밥을 먹으며 공부한 경험이 있었다. 서울 명문가의 자제로 자신이 제일 잘난 줄 알고 있었던 조엄은 성균관에서 여러 능력을 갖춘 다양한 인재들을 만날 수 있었다. 그때 그 다양한 인재들의 장점을 취하여 더불어 살아가는 방법을 깨달았다. 조엄은 사행 참가자들을 이끌 때 성균관에서의 경험을 활용했다. 완전한 재주는 쉽게 얻기 어렵지만 한 가지 능함은 누구나 있는 것이어서, 윗사람으로서는 진실로 능히 단점은 버리고 장점을 취하여 재주대로 맞게 쓴다면 못 쓸 사람이 없을 것이요, 또한 끝내 버릴 자가 없다는 것이 여러 능력을 가진 사람이 모여 있는 성균관 거재 경험을 통해 그가 얻은, 책에서는 얻을 수 없었던 교훈이었다. 조엄, 《해사일기(海槎日記)》 2, 계미 11월 22일(을해).

王世子)〉편에서는 앞으로 왕이 될 세자가 학교에 가서 서치로 사양하는 예를 행하게 하는 의미를 다음과 같이 설명하고 있다.

> 한 가지 일을 행하여(行一物) 세 가지 착한 일을 다 얻는 자(三善皆得)는 오직 세자뿐이니, 그것은 (학교에서) 배우면서 서치로 서로 사양하는 것을 이르는 것이다. 그렇기 때문에 세자가 배우면서 서치로 사양을 하면 나라 사람들이 이를 보고 묻기를 "장차 우리들의 임금이 되실 분인데, 우리들과 서치로써 사양하는 것은 무엇 때문인가?" 하면, 답하기를 "아버지가 계시면 예가 그러한 것이니, 그러고서야 여러 사람이 부자(父子)의 도리를 알게 되는 것이다."라고 한다. 또 다시 묻기를 "장차 우리들의 임금이 되실 분인데, 우리들과 서치로써 사양하는 것은 무엇 때문인가?" 하면, "임금이 계시면 예가 그러한 것이니, 그러고서야 여러 사람이 군신(君臣)의 의리를 나타내는 것이다."라고 할 것이다. 세 번째로 묻기를 "장차 우리들의 임금이 되실 분인데, 우리들과 서치로써 사양하는 것은 무엇 때문인가?"하면, 말하기를 "어른을 어른으로 섬기는 것이니, 그러고서야 여러 사람이 장유(長幼)의 절도를 알게 되는 것이다."라고 할 것이다. 그렇기 때문에 아버지에게는 자식이 되고 임금에게는 신하라고 이르는 것이며, 자식과 신하의 위치에 있으면서 아버지를 친하게 하고 임금을 높이는 까닭인 것이다. 아버지와 자식이 되는 것을 배우고 임금과 신하가 되는 것을 배우며 어른과 아이가 되는 것을 배우는 것이니, 부자·군신·장유의 도리가 조화를 이루어야 나라가 다스려지는 것이다.

위에서 논한 것처럼 본래 경전에서 강조했던 입학의식의 핵심은 '서치로 사양하는 것'이다. '서치'란 나이를 말한다. 정확히 말하면 나이 순서이다. 한국에서는 아직도 연치 문화가 강하게 남아 있으므로 나이에 따라 서로 사양하는 것에 익숙하다. 예를 들어 나이 드신 분이 차에 타면 자리를 양보하는 것이 서치로 양보하는 것이다. 세자의 지위는 왕 다음으로 높지만 학교에 입학해서는 나이로 양보하는 예를 행함으로써, 이미 행하고 있는 부자의 도리, 군신의 도리에 더하여 장유의 도리가 중요함을 스스로 알고 만백성에게 알게 한다는 것이다.

왕세자 입학의례에 이와 같이 서치로 서로 사양하는 의절이 포함되었던 것은 학교 안에서는 서치 외에 다른 신분, 권력, 부가 구별의 기준이 되어서는 안 된다는 전제가 깔려 있었음을 의미한다. 《태학지》에 태학 학생들이 지켜야 할 규칙으로 기록된 것은 〈학령(學令)〉과 〈학교모범(學校模範)〉 두 가지이다. 〈학령〉은 국초에 정해져 성균관에 전하는 규칙으로, 매월 초하루의 알성례, 매일 명륜당에서 치르는 상읍례 등의 일상 의례와 공부법, 유생들에 대한 처벌 규정 등이 담겨져 있다. 처벌 규정 중에는 제생이 재주를 믿고 교만하거나 나이 적은 이가 권세나 부를 믿고 어른을 능멸하고 아랫사람으로서 윗사람을 능멸하면, 사치하는 자, 아첨하는 자와 마찬가지로 퇴출하며, 힘써 배우고 행실을 고칠 경우 중지한다는 규정이 포함되어 있었다.[41]

〈학교모범〉은 선조대 이이가 〈학령〉의 미비점을 보완하여 만든 학교 규칙이다. 입지(立志), 검신(檢身), 독서(讀書), 신언(愼言), 존심(存心), 사친(事親), 사사(事師), 택우(擇友), 거가(居家), 접인(接人), 응거(應擧), 수의(守義), 상충(尙忠), 독경(篤敬), 거학(居學), 독법(讀法) 등 16개 조항으로 이루어져 있다.[42] 학교에서 〈학령〉을 지키라는 '거학' 규정을 두어 〈학령〉에서의 위 조건들을 〈학교모범〉에서도 수용하였음을

41) 《태학지》 권5, 장보, 〈학령〉.

42) 《태학지》 권5, 장보, 〈학령〉.

알 수 있다. 학생들의 공부가 학교 안에서만 이루어지는 것이 아니라 일상생활 전반에 걸쳐 있었고, 학교 안에서 서치로 사양하는 문화가 당연시되고 있었음을 알 수 있다. 정조는 권근(權近)은 〈권학사목(勸學事目)〉을 만들었고, 이이의 〈학교모범(學校模範)〉, 송준길의 〈사학규제(四學規制)〉, 조익(趙翼)의 〈학교절목(學校節目)〉 등은 모두 근본을 다지고 내실에 힘쓰며 자기를 수양하고 남을 다스리는 발판이 되는 학교에서의 배움을 강조했다며, 조선은 선비를 양성하는 규모 면에서 삼대에 비유할 만하다고 자부하기도 했다.[43]

학교 안에서 서치로 사양하는 문화를 가장 명확하게 확인할 수 있는 곳이 성균관의 식당이었다. 왕세자 입학의식은 수십 년에 한 번 거행되는 것으로, 일상적 의례가 아니었다. 태학의 일상에서 이러한 서치의 의의를 실천할 수 있었던 공간은 바로 성균관 식당이었다.

《태학지》와 윤기의 〈반중잡영〉을 통해 정리해보면, 정조대 당시 태학에서의 식당례는 다음과 같은 절차로 실행되었다.[44]

① 식고(食鼓)가 울리기 전 식당직이 도기를 가지고 나오고 재직이 벼루를 가지고 나와 도기 기록을 준비한다.

② 식고가 울리면 동서 양재의 부목이 재사를 돌며 뜰에 나와 읍하라고 외친다. 동서재의 상재생과 하재생들이 읍하는 자리에 나와 마주보고 선다. 부목이 읍하시오 하고 외치면 읍하고 방향을 바꾸어 식당으로 들어간다. 뜰에서 예를 행할 때 재직들이 《시경》 〈녹명장〉이라고 알려져 있으나 분명치는 않은 노래를 흥얼거린다.

---

43) 《홍재전서》 권11, 서인 4, 〈익정공주고전례류서(翼靖公奏稿典禮類敍)〉, 대사인(待士引).

44) 《태학지》 권5, 장보, 〈식당〉; 《무명자집》, 〈반중잡영〉.

③ 생원은 동문을 통해 동쪽 대청에 들어가고 진사는 서문을 통해 서쪽 대청에 들어가 서로 마주보고 나이순으로 앉는다. 동재와 서재의 하재생(下齋生) 즉 기재생(寄齋生)도 각기 해당 대청에 들어가서 마주보고 앉는다. 서출로 생원·진사시에 합격한 이들은 남쪽 대청에 들어가 앉는다. 모두 나이순이다.[45]

④ 소반 대신에 마포(典布)를 깔고[46] 각각 8그릇(밥, 국, 간장, 김치, 나물, 젓갈, 자반, 생채 각 1그릇)의 음식을 놓는다.

⑤ 도기는 반수부터 나이 순서대로 쓴다. 마치면 하색장이 총인원을 기록한다.

⑥ 음식이 다 오르면 '권반(勸飯)'을 외치고 그런 뒤에 유생들이 수저를 든다. 물을 낼 때가 되면 '진수(進水)'를 외치고 상을 물릴 때가 되면 '퇴상(退床)'을 외치며, 이어서 '기좌(起坐)'를 외치면 일제히 파해 흩어진다.

⑦ 국기일에는 소찬을 올린다. 국기일에 소찬을 먹는 것은 오직 성균관뿐이다.

⑧ 대사성이 식당에 참석하면 북쪽 대청에 앉고, 음식이 차려지면 반드시 일어나 유생들의 자리를 모두 둘러본 후 다시 앉아 음식을 먹는다. 음식을 먹고 자리에서 일어나는 등의 일은 대사성도 식당례에 따라야 했다.

식당에서의 밥 먹기 의식이 어떻게 진행되었는지 보여주는 구체적인 내용도 흥미롭지만, 여기에서 주목할 것은, 대청에서 자리에 앉을 때 나이순으로 앉는다는 ③의 규정이다. 식당에서 서치를 따르는

45) 《무명자집》, 〈반중잡영〉 24, "序齒升軒雙對坐".

46) 선비들이 자리에 앉고 나면 그 앞에 한 폭의 베를 깔 정도의 넓이밖에 남지 않으므로 소반 대신 베를 깔았다. 《무명자집》, 〈반중잡영〉 25.

것이 완전한 규칙으로 굳어진 것은 1663년(현종 4)의 일이지만, 그 시도는 중종대부터 시작되었다. 1543년(중종 38) 영남 유생 배신, 이제학 등이 태학에 와서 공부할 때 '수선(首善)의 땅에 어찌 장유의 차례가 없을 수 있는가. 의당 나이의 차례대로 앉아야 한다.'고 주장하여 동서 하재, 즉 기재생들 사이에서 시행했다. 이를 상사생들에게도 확대하려 했으나 반대에 부딪치자 대사성 등 사장(師長)에게 질의했다. 대사성과 사성은 모두 이 의견이 옳다고 했는데, 지성균관사(知成均館事) 성세창이 반대하여 시행되지 않았다. 1574년(선조 7) 이이가 방차(榜次, 과거 합격 연도 순)에 따라 앉는 것은 방회에서만 시행하고, 태학은 명륜의 땅이므로 왕세자가 태학에 들어갈 때 치좌를 숭상하는 것처럼 서치에 따라 앉아야 한다고 주장했다. 그러나 이때에도 서치에 따라 앉는 법이 성균관에 정착되지는 못했다. 효종 때에도 식당에서 붕당별로 밥 먹는 문화를 없애기 위해 서치에 따라 앉는 예를 시행하고자 했으나 역시 실패했고, 1663년(현종 4) 민정중이 재차 건의하면서 왕명으로 시행되었다. 이후에도 방차에 따르는 규칙이 부활하기도 했고, 나이순으로 하면서도 중인·서인 출신의 생원, 진사에게는 끝자리만을 허락하는 등 완전한 서치 문화의 정착이 이루어지지 않고 있었다.[47)]

마지막의 사례 즉 중인·서인 출신의 생원, 진사에게 끝자리만을 허락하는 것은 도기과 응시 인원에 제한이 있었기 때문에도 쉽게 사라지지 않았다. 영조대에도 식당 인원의 제한과 중인과 서인을 말석에 앉히는 규칙 때문에 식당 도기에 들지 못했던 유생이 도기 장부를 몰래 고치려고 시도했다가 문제가 된 일도 있었다.[48)] 정조대에도 성균

47) 《태학지》 권6, 장보, 〈식당〉.

관 식당 식사 정원은 100명으로 정해져 있었다. 다만 석채와 대과를 행하기 3일 전부터는 인원수를 제한하지 않아 먼 곳에서 온 유생들이 성균관에 머물면서 식당에서 밥을 먹을 수 있게 했다. 윤기는 〈반중잡영〉에서 식당 정원이 넘칠 경우 어떻게 처리했는지를 생생하게 말해주었다. 식당지기가 인원수를 헤아려 가장 최근에 사마시에 합격한 유생을 제외시키고, 그 다음으로 최근의 직전 합격자를 가려 제외시킨다. 같은 해에 합격한 유생은 나이가 젊은 사람부터 제외되었다. 이렇게 식당에 참여하지 못하는 사람을 가려낼 때, 자신이 여기에 해당되는데도 눌러 앉아 있는 경우에는 처벌할 수 있었다고 한다.

춘당대와 명륜당 식당례

정조는 성균관 유생들과 식당에서 밥 먹는 의식을 여러 차례 거행했다.[49] 첫 번째 식당례는 1781년에 거행되었다. 춘당대에 식당을 설치하고 태학 유생을 집춘문(集春門)을 통해 들어오게 했다. 정조가 태학을 중시했다는 근거로 거론된 바 있는 '開集春之門(집춘문을 열다)'은 바로 이때의 일을 지적한 것이다. 집춘문은 궁궐(창경궁)에서 성균관으로 통하는 가장 가까운 문이다. 역대 왕들이 알성하기 위해 성균관으로 향할 때 종종 집춘문을 통해 거둥한 바 있다. 그러나 집춘문이 단지 거둥을 편하게 하기 위한 문으로서의 의미만 지닌 것은 아니다.

---

48) 《태학지》 권6, 장보, 〈식당〉, 영조 7년(1731).

49) 정조의 식당례는 영조의 영향을 받은 것이다. 1769년(영조 45) 숭정전에서 유생들을 불러《논어》를 강하게 하고 숭정전에 태학식당을 설치한 바 있고, 영조 역시 유생들과 함께 1반을 들었다. 이 당시 식당례의 구체적인 형식은 알려져 있지 않다.

성종이 불시에 집춘문을 통해 성균관으로 거둥해서 성균관 유생들의 공부를 점검하고 격려한 일은 후대에도 성세의 아름다운 일로 종종 거론되었다. 1543년(중종 38) 집춘문을 열고 성균관에 있는 유생들을 궁궐로 불러들여 경서를 강하게 한 후 상을 내린 일도 있었다.《태학지》에도 유생들이 성균관에 오래 머물면서 묵묵히 경전을 공부하는 기풍을 만들고 진작시키기 위해서 행했던 일로 기록된 바 있다.

1781년 정조는 춘당대의 식당례에 직접 참여하여 유생들과 함께 밥을 먹었다. 다음해인 1782년(임인년) 문묘에 작헌례를 올리기 위해 태학에 행차했는데, 하루 전 명륜당으로 나아가 태학의 학생들을 동서의 계단으로 인견한 후 명륜당에서 식당례를 거행하였다. 식사 시간을 알리는 북을 치고 밥과 반찬의 올림을 평상시의 의식과 같이 하였다. 정조 역시 학생들과 같은 음식을 차린 상을 받았다. 문묘 헌작을 마친 뒤 반궁에서 음식을 장만하는 사람에게도 차이를 두고 상을 내려 이 의식을 기념했다. 의식을 마친 후에는 대제학 김종수가 명령을 받들어 그 사실을 기록하였다.[50]《국조보감》에는 명륜당 뜰에 식당을 설치하고 친림한 것이 국조에서 처음 있는 성대한 의식이었다고 기록했다.[51]

김종수의 문집에는 이때 지은 〈석식당에 왕이 친림하신 일을 기록한 글(夕食堂親臨記文)〉이 수록되어 있다.

> 상 6년(1782) 춘3월 정미일에 임금께서 선성(先聖)에 작헌례를 행했다. 하루 전인 병오일에 태학에 행행하여 계성사에 절하고 명륜당에 가서

---

50) 《일성록》, 정조 6년 3월 9일(병오).

51) 《국조보감》 권70, 정조조 2, 정조 6년(1782) 3월.

전교하기를 "태학생 식당에 내 장차 임어할 것이니 사학의 유생도 식당에 동참하게 하라."고 하였다. 때가 되자 임금께서 식당의 가운데 기둥에 자리하셨고 관인이 식고를 세 번 울렸다. 지성균관사 김종수와 동지성균관사 이명식, 정민시, 대사성 조상진, 박사 김명언이 제생을 이끌고 들어왔다. 종수 등은 서재생 54인과 오른쪽 길을 경유하여 서계 아래에서 동쪽을 바라보고 섰고, 명언은 동재생 57인과 왼쪽 길을 경유하여 동계 아래에 서쪽을 바라보고 섰다. 성균관 관원들은 관직의 차례대로 섰고 태학생은 서치에 따라 섰으며 사학생은 가운데에 두 줄로 섰는데, 오른쪽에 있는 자는 서쪽을 향하여 앉고 왼쪽에 있는 자는 동쪽을 향해 앉았다. 관인들이 포를 펼치라고 소리쳤고 밥을 내라고 소리쳤다. 또 국을 내고 소채를 내고 고(薧, 마른 찬)를 내고 장을 내고 저(菹, 김치)를 내는 것을 예와 같이 했다. 조상진이 식당을 돌기를 오른쪽에서 왼쪽으로 했다. 드디어 어반이 나왔다. 김명언이 반상을 받들고 올라갔고 조상진이 따라 올라가 올리는 것을 도왔다. 그릇이나 반찬이 여러 학생들과 같았다. 관인이 '권반(勸飯, 밥 먹기를 권함)', '진차(進茶, 차를 올림)', '낙시(落匙, 수저를 내려놓음)'를 아뢰고 제생이 밥 먹기를 마쳤다. 김명언이 올라가고 조상진이 따라갔으며 명언이 어반(御飯)을 거두어 양손에 반상을 받들고 서서 남은 것을 종수 등에게 보여주었다. 종수 등이 일어나고 제생 역시 일어나 공수하고 둘러서서 보고 제생이 먼저 물러났다. 상이 종수 등을 앞으로 불러 태학 안에 폐단이 있는지 여부를 물은 후 물러나게 했다. 상이 종수를 돌아보고 이르기를 "금일의 일은 네가 기록하라."고 하셨다. 이튿날 작헌이 끝난 후 문무의 선비들을 시험한 후 식당에 관인으로 있던 이들에게 미포를 차등 있게 내려주고 환궁했다. 신이 생각건대 태학에 친림하여 제생을 이끌어 함께 밥을 먹은 것은 옛날에도 없었던 일이다. 아아! 부자(夫子)를 존경하는 예가 묘궁의 선비들에게까지 미쳐, 함께 앉아 먹고 마시는 예를 행하여 고락(단 것과 쓴 것)을 함께 하겠다는 뜻을 부쳤으니 매우 성대하도다. 이는 마땅히 영구히 전해보여서 만대 제왕의 법으로 삼아야 할 것이다. 신이 그 시말을 위와 같이 기록하였다.[52]

김종수는 왕이 명륜당에서 식당례를 베풀고 함께 식사한 이 의식의 의의를 묘궁의 선비들과 고락을 함께 하겠다는 뜻을 부친 것이라고 설명했다. 그런데 이 식당례의 의의는 고락을 함께하는 것 이상의 의미를 담고 있었다.

1783년 8월에도 춘당대에 나아가 태학 유생을 불러 강을 하고 나서 식당을 베풀었다. 정조는 "정자(程子)는 승사(僧舍)에 모여 앉아 먹는 것을 보고도 삼대의 위의가 있다고 감탄했으니, 대학의 식당이야 더 말할 나위가 있겠는가. 북을 쳐서 나아가고 나이 순서로 앉는 것이 질서정연하여 볼 만하기에 내 기꺼이 유생들과 함께하는 것이다. 나물 반찬이 비록 초라하나 내주(內廚)의 진수성찬보다 나으니, 경들은 각각 배불리 먹도록 하라."고 하여, 북을 쳐서 나아가고 나이순으로 앉는 태학의 예제에서 성대했던 옛 시절의 아름다운 모습을 볼 수 있기에 식당에서 기꺼이 유생들과 함께하는 것이라고 강조했다.[53]

---

52) 《몽오집》 권4, 기(記), 〈명륜당친림식당기(明倫堂親臨食堂記)〉, "上之六年春三月丁未 上行酌獻禮于先聖 前一日丙午 駕幸太學 拜啓聖祠 御明倫堂 教曰 太學生食堂 予將臨焉 四學儒生其令同參食堂 時至 上御堂之中楹 館人鳴食鼓三聲 知館事臣金鍾秀 同知館事臣李命植·鄭民始 大司成臣趙尙鎭 博士臣金命彥 率諸生入 鍾秀等與西齋生五十四人 由路右 西堦下東面 命彥與東齋生五十七人 由路左 東堦下西面 館官以官序 大學生以齒序 四學生於中重行 右者嚮西坐 左者嚮東坐 館人呼展布 呼進飯 呼進羹 進蔬進虀 進醬進葅 如禮 尙鎭巡堂 自右而左 遂進御飯 臣命彥奉盤陞 臣尙鎭從陞 佐擧之 器皿飯膳 與諸生同 館人告勸飯 告進茶 告落匕 諸生飯訖 臣命彥陞臣尙鎭從之 命彥撤御飯 下兩手奉盤立 賜所餘于鍾秀等 鍾秀等起 諸生亦起 拱立環覩 諸生先退上命進臣鍾秀等于前 詢館中有無弊瘼 然後退 上顧臣鍾秀曰 今日之事 爾其識之 翼曉酌獻畢 試文武士 賜館人之有事于食堂者 米布有差 遂還宮 臣伏竊思之 親臨太學 引諸生共飯 蓋古未有也 嗚呼 尊禮夫子 以及乎廟宮之士 因羣居飲食之禮 而寓甘苦與同之意 甚盛德也 是宜傳示永久 爲萬代帝王法 臣故備書其始末如右云".

식당례는 꼭 태학 유생들만을 위한 것이 아니었다. 일반 사회의 각종 차별 관행에서 벗어나 나이에 따라 존중하고 양보하는 새로운 문화를 익히는 것은, 모든 학교의 학생들에게 필요한 가르침이었다. 1784년 2월 춘당대에 장막을 쳐서 만든 임시 전각에서 관학 유생들의 일차전강(日次殿講)을 실시할 때에도 식당례를 거행했다. 이날 관학 유생들에게 내려진 표의 시제는 "초계문신 전강과 제술의 계획에 대한 반상(頒賞)을 시행하고 진전(進箋)하는 날, 왕이 일차전강을 행하고 이어 장전(帳殿)에서 식당을 설행하여 분발시키고 예우한 일에 대해 관학 유생들이 사례한 일을 의작(擬作)하라〔擬本朝館學儒生等 謝於抄啓文臣講製計劃頒賞進箋之日 進定日次殿講 仍設食堂於帳殿 以示聳動優禮之意〕."는 것이었다. 즉 이날 장전에서의 식당례가 관학 유생들을 분발시키고 우대하여 예우하는 뜻을 보인 것이라는, 식당례의 본의가 시제에 잘 담겨져 있었다. 시험에 응하는 유생들은 이러한 조정의 뜻을 제대로 선양하는 작품을 써야 했다. 부제(賦題)는 '넓은 집 천만 칸〔廣廈千萬間〕'이었다.[54] '넓은 집 천만 칸'은 두보의 시 중의 한 구절로 본래 시구는 "어찌하면 넓은 집 천만 칸을 얻어 천하를 크게 덮어 가난한 선비들을 기쁘게 할 수 있을까.〔安得廣廈千萬間 大庇天下寒士俱歡顔〕"였다. 공부에 뜻이 있는 가난한 선비들을 모아 걱정 없이 공부할 수 있게 할 수 있는 곳이란 바로 학교였다. 타고난 신분이나 권력, 재산의 차이에 관계없이 학문에 전념할 수 있는 공간이라는, 관학의 이상과 실제를 시문에 제대로 담아내는 것이 응시자의 과제였다.

53) 《국조보감》 권71, 정조조 3, 정조 7년(1783) 8월.

54) 두보(杜甫)의 〈모옥이 가을바람에 무너진 것을 노래하다〔茅屋爲秋風所破歌〕〉라는 시에 있는 "어찌하면 넓은 집 천만 칸을 얻어서 천하를 크게 덮어 가난한 선비들이 모두 기뻐하게 할까〔安得廣廈千萬間 大庇天下寒士俱歡顔〕"라는 구절에서 인용한 것이다. 가난한 선비들이 안정된 거처에서 공부하게 하려는 뜻이다.

식당례가 국가적 차원에서 여러 차례 거행되는 동안, 정조가 반중의 오랜 관행들에 대해 문제를 제기하는 사례도 나타났다. 성균관 식당이 기본적으로는 나이를 따른다는 원칙을 가지고 있었으나, 동쪽과 서쪽, 남쪽 대청에 올라갈 수 있는 자격에 대한 내규를 가지고 있었다. 앞서 윤기가 기록한 식당례의 ③번 규정을 다시 살펴보자.

> 생원은 동문을 통해 동쪽 대청에 들어가고 진사는 서문을 통해 서쪽 대청에 들어가 서로 마주보고 나이순으로 앉는다. 동재와 서재의 하재생 즉 기재생도 각기 해당 대청에 들어가서 마주보고 앉는다. 서출로 생원·진사시에 합격한 이들은 남쪽 대청에 들어가 앉는다. 모두 나이순이다.

즉 동쪽 대청은 생원시 합격자로서 성균관에 들어온 학생, 서쪽 대청은 진사시 합격자로서 성균관에 들어온 학생이 앉고, 기재생은 동쪽 대청과 서쪽 대청의 생원/진사시 합격자 말미에 앉았다. 앉는 순서는 나이에 따랐지만 어떤 자격을 지니고 성균관에 들어왔는가에 따라 공간적 구분이 주어져 있었다. 기재생이 앉는 위치 역시 문제가 될 수 있었으나 문제제기는 남쪽 대청에서 일어났다. 성균관의 남쪽 대청에는 생원·진사시에 합격한 서얼들이 앉았는데, 성균관 식당 설치의 본의를 환기시키면서 남쪽 대청으로 따로 구분하지 말고 동쪽 대청 및 서쪽 대청에 연치에 따라 앉을 수 있게 해달라고 청한 것이다.

정조 역시 이 문제를 고민하지 않을 수 없었다. 가정에서의 적서 구분은 그 유래가 있지만, 학교에서는 사회 신분과 무관한 별도의 기준에 따라 생활하도록 한 큰 원칙이 훼손되어서는 안 되었다. 정조는 결국 식당에서의 서치 제도의 원칙에 따라 서얼이 남쪽 대청에 앉아왔던 성균관의 관습을 없애라고 대사성에게 하유했다. 이후 이 조치가 가정 내에서의 적서 구분까지 없애도록 하는 조치로 받아들여져 항의하는 상소가 잇따르자, 정조는 다시 본의를 부연 설명하고 가정에서의 적서 구분을 없애는 데 이르지 않도록 하라는 비답을 내렸다.

그 비답은 세자의 입학례 때 일제히 서치를 따르도록 한 조종조의 예제와 그 의의를 강조하는 것으로 시작한다. 우리나라는 오로지 예의를 숭상하여 태자가 학교에 들어갈 때 생원과 진사의 여러 선비들이 명륜당의 동쪽과 서쪽으로 나뉘어 나이로 줄을 서면, 태자가 문에 들어가 나이 많은 자에게 사양을 한 뒤에라야 비로소 당(堂)에 올라 학문을 배운다. 그때는 서얼의 여부를 일찍이 구별하는 일이 없는데, 유독 식당의 도기에는 아직껏 예전대로 따르는 잘못된 규정이 있다는 것이다. 정조는 "이 식당에서 나이를 매기는 것에 입학할 예를 적용한다면 어느 누가 안 될 일이라고 하겠는가."라고 하여 성균관 식당에서 완전한 서치 기준을 따르는 것이 예제의 본의를 제대로 행하는 것이라는 입장을 다시 한 번 강조했다. 또 유생의 강일에 말이 나와 지시한 것이었는데 그 뒤 성균관에서 이미 서치를 따르기로 했다고 들었다면서 "여러 학생들이 예를 아는 것이 진실로 기쁜 일"이라고 했다. "그러나 학교는 학교이고 가정은 가정이니, 혹시라도 이것을 인용하여 저기에 원용함으로써 쟁단(爭端)을 초래한다면, 지금 100년 된 유습(流習)을 바로잡은 좋은 뜻이 도리어 폐단을 만드는 구실이 될 것이다. 그러니 반드시 묘당이 중외에 알려 각기 예로써 상대하고 분수를 스스로 지켜 다함께 화평(和平)의 복을 누리도록 한다면 어찌 진실로 아름답지 않겠는가."라고 글을 맺었다.[55]

---

55) 《홍재전서》 권43 비답, 〈좌의정 채제공이 청한, 서얼을 신칙하여 태학의 서치(序齒)를 이유로 가정에서의 등위(等威)를 문란케 하지 못하도록 하자는 연주(筵奏)에 대한 비답〔左議政蔡濟恭請飭庶流勿以太學序齒之故 紊亂居家等威筵奏批〕〉.

유생들을 불러 여러 예를 행할 때 식당을 여는 것은 이후로도 계속되었다. 1785년 3월에도 춘당대에 식당을 열었다. 12월 1일에도 춘당대에 식당을 설치하고 '식당에 대한 명문〔食堂銘〕'을 짓도록 했는데 다산이 수석을 차지하여 《대전통편》을 하사받았다.[56)]

윤기의 〈반중잡영〉에는 이러한 식당례의 여러 풍경들이 자세하다. 다음은 춘당대 식당례에 관한 기록이다. "예전에는 임금이 친히 식당에 거둥하기도 하였으나, 근래에는 명륜당 아래에 음식을 진설하도록 명하기도 한다."[57)]라고 한 후 식당례에 대한 시를 붙였다.

임금께서 몸소 식당에 납시는 옛 규정이 있었고	親御食堂古有規
명륜당 뜨락에서 식당을 열기도 하네.	明倫庭下或行之
임금과 신하가 함께 소박한 음식을 먹으니	君臣與共虀鹽供
성은이 뼈에 사무친다고 다투어 자랑하네.	恩眷爭詑浹髓肌

임금과 신하가 함께 소박한 음식을 나눠먹는 춘당대 식당례를 칭송하는 위의 시는 어느 때의 것인지 불확실하다. 윤기는 칭송에서 그치지 않고 성대한 행사 이면의 무질서한 모습이나 성대한 행사를 틈타 사익을 취하는 사람들의 모습들까지도 생생하게 묘사하였다. 역시 뒷자리에서 볼 때 잘 보이는 것이 있었던 것이다. "춘당대 위에 식당을 차리되 유생들의 자리를 모두 성균관 식당의 동·서 대청 및 기재생의 자리에 따라 배열한다. 성균관의 식고를 옮겨와 춘당대 변두

56) 《여유당전서보유(與猶堂全書補遺)》, 〈열수문황(洌水文簧)〉하, "食堂銘_并引 乙巳十二月初一日 泮製三上魁 一玄 春塘臺親食堂 試表銘 榜 韓允鎭 三上二 李顯文·安檍·仲氏 並三中 表三上五人 共七人 翌日比較".

57) 《무명자집》, 〈반중잡영〉 105.

리의 작은 노송나무에 매달아 식당지기〔食堂直〕가 치고 동·서 양재의 일차부목(日次負木)이 구령하면, 유생들이 각기 동·서로 달려가 정좌한다."고 한 것에서는 동·서 대청과 기재생의 자리가 성균관에서와 같이 그대로 설치되었음을 알 수 있다. 식사의 시작을 알리는 북(식고)마저도 성균관의 것을 옮겨 설치하였다. 윤기는 이어 "겉으로는 정제된 것처럼 보이나 사실은 난잡하여 질서가 없다."고 비판했다. 또 "음식을 차릴 때면 하인들이 눈치를 보아가며 음식을 훔쳐내니 도대체 모양새가 없고, 간혹 두세 사람이 반찬 하나를 함께 먹거나 먹을 것이 없는 경우도 있다."며 성균관 하인들의 농간으로 실제 학생들에게는 부실한 식사가 제공되었음을 고발했다. 윤기는 이 식당례가 성대한 행사이기는 하지만 그 이면을 들여다보면 가난한 선비들의 밥상이 부실하게 채워져 "형식만 갖추는 꼴을 면치 못한" 것으로 전락했다며 안타까워했다. 이 장면을 그려낸 아래 시의 말구가 이 성대한 행사의 본의를 천명하는 것이 아니라 "임금님을 지척에서 뵌 일 자랑할 만하네."였던 것은 그러한 안타까움을 시에 은근히 담아내려 했던 것이었을까.

춘당대 위에 자리를 마련하여 식당을 차리고	臺上肆筵設食堂
노송나무에 북을 매달아 둥둥둥 치네.	鼓懸檜樹擊其鼛
시종일관 모든 절차 격식에 따르니	始終諸節渾依樣
임금님을 지척에서 뵌 일 자랑할 만하네.	咫尺堪詑襯耿光

윤기는 정조 이하 대신들이 유생들과 같은 음식을 먹은 일도 기록했다. "유생들의 음식이 다 차려진 다음 신하들의 음식이 쟁반에 오르고 마지막으로 임금의 음식이 오르는데, 이 역시 쟁반에 올려 흰

종이로 덮되 사기그릇에 담으며 반찬 가짓수도 모두 같다. 다만 정갈하게 차리고 높이 받들어 올리는 점이 다를 뿐이다. 수복(守僕)이 임금에게 올릴 쟁반을 낭관(郎官)에게 주고 낭관이 임금 자리 근처에 이르면, 대사성이 손으로 높이 받들고 종종걸음으로 나아가 어전에 꿇어앉아 올린다. 그러면 내시가 받아 상 위에 놓는다. 이때 사람들이 다 함께 우러러 바라보는데, 임금은 언제나 산뜻하게 미소 짓고 계신다." 정조는 식사가 끝난 뒤 그 쟁반을 들고서 유생들 사이를 돌았다고 한다. 유생들은 그 밥상이 깨끗이 비워진 것을 보고 기쁨의 환호를 질렀다.[58]

왕이 성균관 학생들과 더불어 식당례를 거행한 것은 유생들을 격려하기 위함이었다. 다른 의례가 아닌 식당례였던 것은 형세보다는 덕을 기준으로 삼아 사회 질서를 수립한다는 의미를 담은 서치로 양보하는 법을 일상에서 배울 수 있는 기회가 식당례였기 때문이었다. 삼대의 기풍을 엿볼 수 있는 곳이 학교의 식당임을 드러내어, 학교에서 배워야 할 것이 단순한 지식이 아니라 양보하고 사양할 줄 아는 마음가짐과 실천 행위임을 강조했다. 유생들은 이러한 배움을 추구하기 때문에 나라 사람들의 모범이 되고, 아직 배우는 자에 불과하지만 선비로 대접받으며 귀한 손님처럼 여겨졌던 것이다. 즉 왕의 깨끗이 비워진 밥상은 어떤 말보다도 선비들을 중요하게 대접하려는 진심의 표상이었다. 주나라의 선비는 귀하고 진나라의 선비는 천하다는 말이 나라에서 선비를 어떤 마음으로 대하는가에 따라 선비의 귀천이 달라진다는 의미이듯이, 정조는 조선의 선비를 귀하게 대함으로써 그들이 자부심을 가지고 나라를 위한 귀한 인재로 양성되기를

---

58) 《무명자집》, 〈반중잡영〉, "奉退御床衆裏行 同知館事大司成 君餘徧向諸生示 到處環觀溢喜聲".

기대했다. 정조는 말년에 태학에 '아유가빈(我有嘉賓, 내게는 아름다운 손님이 있네)'이라는 글귀가 적힌 은잔을 내린 바 있다.[59] 나라의 인재를 '아름다운 손님'으로 여기는 정신은 정조대 식당의례를 통해 반복적으로 선양되었다.

59) 《홍재전서》 권 10, 서인 3, 〈태학은배시서(太學恩杯詩序)〉.

4부

방례:
국가례의 시행과
왕조 이상의 설득

제사(祭祀)의 예전(禮典)을 밝히는 것과 백성의 일을 급하게 여기는 것이 그 정사는 비록 다르지만 그 뜻은 같다. 대개 사람이 화합하고 나서야 귀신도 편안해지니, 덕이 백성에게 미치지 못하면서 정성이 하늘을 감동시킬 수 있는 경우는 없다.

—《홍재전서》,《일득록》10, 정치에 관한 일

인정(仁政)은 은혜를 미루어나가는 데 있을 뿐이니, 맹자가 이른바 "이 마음을 들어서 상대에게 시행한다."고 한 것이 이것이다. 지금 화성(華城) 한 부(府)로 미루어보면 한 도를 알 수 있고, 한 도로 미루어보면 7개 도와 양도(兩都)를 알 수 있다. 지금 이렇게 은혜를 베푸는 것이 화성 한 부에만 미치고 팔도(八道)와 양도에 미치지 않으며, 단지 올해만 시행하고 천년만년토록 시행하지 않는다면, 이것을 어찌 미루어나간다고 말할 수 있겠는가. …… 어버이를 사랑함에 있어서는 뜻을 따르는 것보다 더 좋은 일이 없고, 뜻을 따름에 있어서는 은혜를 넓히는 것보다 더 좋은 일이 없다.

—1795년 윤2월 13일, 화성 봉수당 진찬의식을 마치고 내린 전교 중에서

성인식을 없앤다면 천하에는 어른이 없어질 것이고, 결혼식을 없앤다면 천하에 제대로 된 가정이 없어질 것이며, 장례식을 없앤다면 천하 사람들은 모두 그의 친척들을 소홀히 할 것이며, 제사의례를 없앤다면 천하 사람들 모두 그들의 조상을 잊어버릴 것이다.[1)]

《대학연의보》에 나오는 위 구절은 중국 수나라의 예학자 왕통(王

1) 《대학연의보》 권49, 〈가향지례(家鄉之禮)〉.

通)이 한 말이다. 성인식, 결혼식, 장례식, 제사의례 등 사가에서 의례를 갖추어 행하는 의의를 매우 간단하지만 명료하게 설명하고 있다. 천하에 어른다운 어른이 있게 하고, 제대로 된 가정이 안착되게 하고, 친척 간에 우의를 돈독히 하고, 자신의 유래를 잊지 않게 하기 위해 가정에서 네 가지 의례를 행한다는 것이다. 가정에서뿐 아니라 국가에서 국가적 의식(방례)을 갖추는 것은, 과시적 방법으로 국가의 권위와 위엄을 보이기 위해서가 아니라 왕조가 중시하는 가치와 덕목을 국가 구성원들을 향해 제시하고 강조하려 함이었다. 그 가치와 덕목이 현실적 공감을 이끌어낸다면 왕조에 권위가 생길 것이고, 그렇지 못하면 방례의 시행은 단지 시간과 비용의 낭비에 그치게 될 것이었다. 이 부에서는 정조대 국가례 시행에서 특별히 돋보이는 두 방면의 주제를 검토하여, 정조가 왕조의 가치를 어떤 면에서 강조하려 했는지 알아보고자 한다. 첫째는 정조 치세 동안 충의 인물로 선양했던 이들에 대한 국가 제향의 향배를 추적하고, 이를 통해 정조가 설득하고자 했던 왕조의 이상이 무엇이었는지 설명하고자 한다. 둘째, 국초부터 강조되어온 '민본주의'의 이상이 정조대 방례를 통해서 어떻게 상징되고 실천되었는지 알아보고자 한다.

1.

국가 사전의 복원과 보완: 충의 인물의 부식

무의 상징을 수립하기 위한 국가례

18세기의 국가의례(邦禮)에서는 국가가 '세의 질서'가 아니라 '가치-덕의 질서'를 독려하기 위해 했던 노력이 두드러졌다. 정조는 영조대까지 행해온 국가례의 기조를 크게 바꾸지 않고 유지해나갔다. 그렇다면 정조는 전대를 '계술'하는 데 그쳤다고 보아야 할까. '계술'이 선대의 뜻을 잇는 것이라면, 그 뜻이 무엇인지를 명백하게 이해한 후에야 이어나갈 수 있는 것이다. 그런 의미에서 정조는 매우 적극적으로 국조례의 의미를 재점검하는 가운데 왕조의 이상을 설득해나가는 수단으로 삼았다.

조선 후기의 사전(祀典) 정비는 17세기 이래 지속되었지만 정조대에도 여전히 해야 할 일들이 남아 있었다. 예를 들어 숙종대 이래의 관왕묘 의례는 정조대를 거치면서 '무묘(武廟)' 의례화 했는데, 이 일은 관우가 보여주었던 '충의와 절의'를 좀 더 명료하게 '정의로운 국가에 대한 충의'로 재해석해낸 위에서 진행되었다.[2] 다시 말하면 불의나 부정한 권력에의 헌신은 충이 아니며, 청룡도와 적토마에 올라탄 관우의 무력은 그가 지녔던 정의로운 목표와 결합되었기에 시대와 국가를 넘어 계승할 만한 가치가 있는 것으로 선양되었다. 정조는 관왕묘가 표상하는 바람직한 '무'를 좀 더 명료하게 표현하기 위해 악장을 직접 지어 내리고, 숙종-영조-선세자의 어제와 관왕묘의 의미를 설명한 자신의 글을 넣어 묘정비를 세웠다. 관왕묘 외에도 제갈량, 악비, 문천상이 배향된 평안도 영유(永柔)의 삼충사(三忠祠)에 제문을 내려 치제하고, 충무공 이순신 신도비문을 지어 내리며 문치의 조선이 이상화한 '무'의 의미를 설명했다.

정조는 장용영을 통해 당시 조선 군사 제도의 여러 폐단을 개혁하고자 하면서 《군지(軍志)》라는 책을 전거로 다음과 같이 말하였다. "위(魏)나라와 진(秦)나라의 정예한 무비로는 환(桓, 제 환공)·문(文, 진 문공)의 절제(節制)를 당해낼 수가 없고, 환·문의 절제는 탕(湯)·무(武)의 인의(仁義)를 대적할 수가 없다." 인화(人和)를 얻는 정치와 군사 제도 개혁이 서로 떨어질 수 없음을 강조한 말이다.[3] 정조가 인용한 구절은 조선시대 군대 경장론을 말하는 많은 이들이 인용하는 글귀이기도 했다.

또 이 구절은 조선의 지식인들이 빠짐없이 읽었던 《통감강목(通鑑綱目)》에 순자(荀子)가 조나라 효성왕(孝成王) 앞에서 병법의 요체를 설명한 대목에서도 찾아볼 수 있다.[4] 순자는 군사가 강한 나라로 널리 알려졌고 실제 열국이 경쟁하며 다투는 치열한 역사적 상황 속에

2) 4부의 숙종~정조대 관왕묘의 무묘화 과정 및 그 역사적 의미에 대한 기술은 김지영, 2016, 〈조선 후기 관왕묘 향유의 두 양상〉, 《규장각》 49를 보완 서술한 것이다.

3) 《정조실록》 권49, 정조 22년 10월 19일(기유).

4) 《통감강목》 권2 상, "楚以荀況爲蘭陵令".

서도 성과를 거두었던 위나라, 진나라, 제나라의 제도를 비판적으로 거론하며 좋은 군대상을 제시했다.

우선 순자가 본 제나라의 군대는 돈으로 산 군대였다. 제나라 사람들은 적의 머리를 벤 사람에게 8냥의 금을 내려 보상해주었을 뿐이다. 작은 전투에서는 통하겠지만 전투가 크고 적이 견고하면 군대가 뿔뿔이 흩어지게 될 것이니, 이는 나라를 망하게 하는 군대이고 시장의 날품팔이를 고용해서 싸우게 하는 것과 다를 바 없다고 진단했다.

위나라 군대는 실력을 기준으로 엄격하게 선발되고, 면세와 농지 및 택지 지급으로 우대받는 군대이다. 위나라 병사는 3배나 무거운 갑옷을 입고 12석짜리 쇠뇌를 들고 50개의 화살을 등에 매고 창을 잡고 투구를 쓰고 칼을 찬 채 3일치 식량을 가지고 하루에 100리를 달려가는 시험을 통과해야 했다. 이런 엄청난 기초 전투력을 가진 병사에게 면세와 토지 지급 혜택을 주고 이후에는 실력이 예전 같이 못해도 한 번 준 혜택을 빼앗지 못했다. 일시적으로는 좋은 군대가 되지만 길게 보아서는 나라를 위태롭게 할 군대였다.

진나라는 척박한 땅에서 혹독하게 백성을 부렸고, 보통 사람들이 성공할 수 있는 방법은 전공(戰功)밖에 없었다. 전공에 대한 후한 보상으로 서로를 분발하게 했는데, 다섯 갑사의 머리를 베면 다섯 집을 부릴 수 있게 하여 군대를 강하고 오래도록 유지시킬 수 있었다. 그러나 보상을 바라고 이익을 추구하는 군대일 뿐, 이 제도를 편안히 여기고 절의 즉 충성을 다하려는 마음은 없었다.

이렇게 여러 나라 군대의 특성을 비판적으로 검토한 후 순자는 다음과 같이 마무리한다.

제나라의 전투 기술로 위나라의 병졸을 대적할 수 없고, 위나라의 병졸로는 진나라의 정예병을 대적할 수 없고, 진나라의 정예병으로는 제 환공과 진 문공의 절제된 군대를 대적할 수 없으며, 환공과 문공의 절제된 군대로는 은나라 탕왕과 주나라 무왕의 인의를 바탕으로 한 군대를 이길 수 없습니다.

물론 순자는 자신의 이상을 실제 역사에서 구현하지는 못했고, 가까운 역사에서는 진나라의 강한 군대가 승리했다. 허나 진나라의 강한 군대는 통일제국 진을 오래 유지시키지 못했고, 이후 많은 왕조들은 탕왕과 무왕의 인의에 바탕한 군대를 꿈꾸며 시대에 맞는 중용의 제도를 추구했다.

조선 후기 숙종은 도성 문 밖에 설립되어 있던 동관왕묘와 남관왕묘에 직접 행차해서 예를 올렸고, 영조와 정조는 도성 안팎으로 행차할 때 관왕묘에서 재배례를 올려 실질적으로 '무묘(武廟)'의 역할을 하게 했다. 공자 이래 중국과 조선의 대표적 지식인들을 제사지내는 '문묘(文廟)'는 조선의 제도와 문화가 기반해야 할 가치를 세상에 깨우치고 실천했던 사람들을 기억하는 장소였다. 관왕묘가 '무묘'이길 바랐다는 것은 관우가 조선의 군대와 군사적 힘이 가장 중시해야 할 가치를 상징하는 인물이어야 했다는 의미이다.

관왕묘가 '무묘'가 된 것에 대해 기왕의 연구에서는 관우의 '충'을 강조함으로써 왕조에 대한 충성심을 독려하고 왕권을 강화하려 한 것으로 보았다. 충은 조선에서 매우 강조해온 덕목이지만, 권력에 영합하거나 맹목적으로 복종하는 것이 충으로 오해되지 않도록 주의해 왔다.[5] 마음으로부터 우러나 지킬 만한 가치가 있는 대상에 헌신하는

5) 조선에서는 이를 '내시나 환관의 충', '아녀자의 충'이라는 말로 비하했다.

덕목으로서의 충이어야 했다. 왕에 대한 몸을 사리지 않는 직간, 도끼를 짊어지고 문을 박차고 들어가 왕의 잘못을 제어할 수 있는 용기야말로 조선이 진정한 충이라고 강조하며 격려하는 문화였다는 점을 고려한다면, 무묘에서 강조하려는 '충' 역시 군신 간·군민 간의 상하 관계를 맹목적으로 합리화하려는 것, 왕조의 신민을 순치하고 왕권을 강화하려는 것으로만 해석될 수 없다고 본다.

한편 관왕묘는 재조지은(再造之恩)·대명의리(大明義理)와 연관된 장소로도 해석되어왔다. 관왕묘를 건립한 것이 명군이고 관왕묘에 명군의 기억과 연관된 여러 상징들이 있었던 것도 사실이다. 재조지은이라 부르든 대명의리라 부르든 '명의 파병이라는 기억의 재현'이 조선에서 갖는 의미가 무엇이었는지가 중요하다. 대보단이 세워지는 숙종대 이래로 대명의리론이 국가적으로 강조되었던 것은 주지의 사실이다.

대명의리론의 의미에 대해서는 학계의 해석이 크게 엇갈린다. 정파적 이해관계의 차원에서 해석하는 입장에서는 노론 지배층의 과거 팔이의 일환으로 이해한다. 명의 재조지은을 강조하면서 이를 잊지 않고 기억하는 의리를 국내 정치의 명분으로 삼았다는 것이다. 이미 국제 질서가 청을 중심으로 재편된 상황에서 국내 정치적 득실을 우선해서 과거의 의리에 매달리게 만들었던 18세기 이후의 시기를 역사의 진전을 발목 잡은 시대라고 보기도 한다. 그러나 관왕묘 의례의 정립을 이와 같은 의미에서 '재조지은이라는 명분을 팔아 왕권 강화라는 국내 정치에 활용하려 한 것'으로 해석하는 것에 대해 동의하기 어렵다. 관왕묘는 기본적으로 무묘로서 건립되었고 그 '무'라는 수단이 헌신할 가치와 관련되어 '대명의리'가 되새겨지는 공간이었다. 그때의 '대명의리'는 명에 대한 고마움을 잊지 않는 것 이상의 조선 문명의 향방, 조선 정치의 근본적 지향과 관련된 중대한 함의가 있었다. 이러한 사실을 전제한 위에서 논의되어야 한다.

관왕묘는 선조대부터 있었지만 숙종대 극적으로 새로운 의미를 가지게 되었다. 숙종은 주자성리학적 의리론에 입각한 왕조 역사 재정비를 오랜 시간에 걸쳐 추진하였다. 물론 이는 숙종이 독단한 것이 아니라, 조선 사람들이 살아가는 데 있어 형세와 이익이 아닌 의리를 중요한 판단 기준으로 자리 잡게 하려던 많은 지식인들의 의지를 수용한 것이었다. 관우를 충의와 존주(尊周)의 아이콘으로 재해석해내고 관왕묘 의례를 왕조 의례로 새롭게 자리매김한 것은 숙종이지만, 숙종의 생각은 그 시대 사람들에 의해 조각된 것이었다. 삼국(三國)이 각축하던 시절, 형세는 가장 미약했지만 백성들을 위한 인의(仁義)의 나라를 꿈꾸며 그 품은 뜻으로 천하 사람들을 오랫동안 격동시켰던 촉한의 역사를 가장 가치 있는 것으로 받아들였던 사람들.[6] 하나의 왕조에 대한 맹목적 충성이 아니라 백성들이 함께 터 잡고 살아가고 있는 나라에 대한 충성으로, '도의'라는 보편적인 정의의 관점에서 '충의'를 정의했고 역사를 기술했다. 관우의 청룡도와 적토마는 그가 《춘추》를 읽으며 다졌던 '의리'에 토대함으로써, 시대를 뛰어넘어 기억할 만한 무의 상징이 될 수 있었다.

영조와 정조는 관왕묘를 조선의 무묘로 정립시켰고, 숙종과 마찬가지로 관우를 형세에 굴하지 않고 오롯이 한나라의 회복을 위해 몸 바친 이로, 춘추 의리의 상징으로 기념했다. 무묘에서 절하는 무장들

---

6) 촉한정통론 방식의 삼국 역사 이해에는 당시 왕실 및 민간에서 《삼국지연의》 읽기가 유행하였다는 점도 한몫했다. 조선 후기 왕실과 민간에서의 《삼국지연의》 독서에 대해서는 이은봉, 2007, 〈삼국지연의의 수용 양상 연구〉, 인천대학교 박사학위논문; 민관동, 2014, 〈《삼국지연의》의 국내 유입과 출판〉, 《중국문화연구》 24; 김수영, 2015, 〈효종의 《삼국지연의》 독서와 번역〉, 《국문학연구》 32; 김수영, 2016, 〈영조의 소설 애호와 그 의의〉, 《인문논총》 73권 1호 참조.

과 병사들에게 관우를 본받아 무력이 사적 이익과 권세를 위해서가 아니라 정의로운 나라를 세우고 보전하는 데 쓰일 수 있도록 해야 한다는 것을 보여주고자 했다.

영조는 교외 행행 때마다 관왕묘에 들러 예를 행하며 관우의 정충대의를 되새겼다. 1727년(영조 3) 영조는 의릉(懿陵)에 갔다가 돌아오는 길에 동관왕묘에 들러 재배례를 행했다. 이때 내린 전교에도 무안왕(武安王)의 '충의대절'을 흠모해왔다고 밝혔다.[7] 1736년(영조 12) 《송조명신록(宋朝名臣錄)》에서 존주의 의리를 천명한 호전(胡銓)의 봉사(封事)를 거론하며, 관왕묘 및 선무사 의례를 행하는 의미를 부연 설명했다. "나는 임진일기(壬辰日記)를 보고 명의 재조지은에 감명을 받았다. 병자일기(丙子日記)를 보니 두 일이 너무도 달라 마음이 항상 아프고 한스러웠다. 지난번 선무사에 제향을 올린 것은 대개 이것 때문이었다. 선조(宣祖)의 어가가 관왕묘에 행차했을 때 읍례를 행한 것은 그 충절이 가상하기 때문이었는데, 예를 더 높여 재배례를 하는 것으로 정하고서도 미처 행하지 못했었다.[8] 나는 을사년 이후에 드디어 재배례를 행했다. 임진년 선조가 명나라 팽중군(彭中軍)을 보낼 때 서로 읍(揖)하고서 보냈는데, 그때의 일을 다시 보는 것 같아 마음이 아주 슬프고 슬프다. 선무사에 매번 친히 가서 한번 읍하고자 했지만 청인들을 접대하는 길 곁에 있어서 하지 못했었다."[9] 관왕묘와 선무

7) 《승정원일기》, 영조 3년 2월(기미).

8) 국왕은 신하에게 절하지 않고, 존중의 마음을 표현할 때에도 읍(揖, 머리를 숙이고 몸을 구부려 인사하는 것)하는 데에서 그쳤다. 황제의 사신이나 스승인 신하에게는 배례를 한다. 관우가 중국에서는 '관왕'으로 대접받지만 우리나라에서는 중국의 장수일 뿐이라 배례를 하지 않았다. 다만 충절을 존중할 만하기에 선조는 '읍'으로써 예를 표했고, 숙종대에는 사표로 삼을 만하다고 여겨 재배례를 행하였다.

9) 《승정원일기》 835책, 영조 12년 10월(정묘).

사 모두 이미 사라진 옛 왕조를 회복하려는 존주의리를 떠올리게 하는 장소임을 강조한 것이다.

1746년에는 관왕묘 의례의 의미가 더욱 분명하게 정리되었다. 이해 8월 10일 영조는 정릉(靖陵) 행행을 마치고 돌아올 때 남관왕묘에 들렀다. 이곳에서 《징비록》 및 야사에 기록된 바, 관우가 현성(顯聖)해서 명군을 도왔고 이 때문에 명에서 비용을 내려 관왕묘를 세우게 되었다는 사실을 거론하며 이 일을 자세히 고증하게 했다.[10] 관왕묘 건립 사적이 소개된 자료로는 유성룡의 기록, 허균의 기록 등이 거론되었다.[11] 관우의 충의와 무용을 강조하면서 숙종이 관왕묘에 찾아가게 된 이유를 자세히 소개하기도 했다. 숙종이 삼국사(三國史)를 읽다가 관우가 맥성(麥城)에서 죽음을 맞이하는 장면에 이르렀을 때 탄식하고 격앙되어 곁에 모시는 사람에게 읽기를 멈추도록 했으며, 이 때문에 관왕묘에 찾아가 그의 충의를 되새겼다는 이야기도 전했다.[12] 또 《동국역대총목(東國歷代總目)》의 기록도 참조해가며 〈관왕묘기(關王廟記)〉를 지었다.[13]

영조는 〈관왕묘기〉를 통해 관우의 충의 해석을 존주-춘추의리-대명의리의 맥락과 좀 더 분명하게 연결 지었다. 임진왜란 당시 관우가 현성해서 명군을 도운 일에 대한 전거를 찾은 후 직접 〈관왕묘기〉를 지어 비를 세우게 했다. 영조는 명 조정에서 관왕묘를 조선 땅에 세우게 한 이유가 두 가지가 있다고 보았다. 하나는 관우의 절의를 드

---

10) 《승정원일기》 1007책, 영조 22년 8월(계유).

11) 《승정원일기》 1007책, 영조 22년 8월 을해. 야사에 전하는 관왕 현성의 기록은 《성호사설》에 자세하게 정리되어 있다. 《성호사설》 권9, 인사문(人事門), 관왕묘(關王廟).

12) 《승정원일기》 1007책, 영조 22년 8월 정축; 영조 22년 8월(갑신).

13) 《승정원일기》 1007책, 영조 22년 8월 갑신; 영조 22년 8월(을유).

러내 칭송하기 위함이고 또 하나는 관우가 현성하여 번방을 보호해 준 공로를 생각해서였다는 것이다.[14] 관왕묘를 세운 근본적 의의-명의 파병-관우가 조선의 승리를 도운 일을 연결 지으며, 이미 멸망한 옛 왕조를 그리는 마음(匪風下泉의 마음)이 든다고 했다. 국가의 이익을 절대시하지 않고 '절의'라는 보편적 가치를 존중해온 명이 조선에 원군을 보내주었을 뿐 아니라, 그로 인해 천하의 재용을 다 써버려 결국 쇠망하고 교체되었다는 사실을 거론하며 관우의 사당이 조선에서 어떤 기억과 가치를 상징하는지 재확인했다.

명은 자기 나라의 이익보다 조선과의 의리를 앞세웠다는 사실을 통해, 중국 역사상의 일개 왕조에서 '보편적 정의를 실리보다 앞세운 정의로운 국가의 표상'으로 자리했다. 관우의 사당은 이러한 명이 보여준 큰 의리, 즉 '대명의리'를 표상하는 공간이었다. 남관왕묘에 관우가 밤에 불을 밝히고 《춘추》를 읽는 모습이 그림으로 그려져 있던 것 역시, 관우가 단순한 충절의 상징이 아니라 춘추=존주=대명의리의 상징임을 보여주었다.[15] 관왕묘에서의 의례는 '대명의리'를 환기시키며, 조선이라는 나라가 어떤 나라여야 하는지 설명하고 이러한 방향으로의 다양한 실천을 다짐하는 것이었다.

---

14) 《승정원일기》 1007책, 영조 22년 8월(갑신), "皇朝之命建此廟 實出於褒崇節義 而亦念顯聖保藩之功".

15) 《승정원일기》 1122책, 영조 31년 8월(무진), "至關王廟 上行再拜禮. 見壁上有明燭圖曰 關王好讀春秋 此必明燭達朝時也". 관왕묘 내에 있는 《춘추》를 읽고 있는 관우 도상이 언제 그려진 것인지는 불확실하나, 최초에 완성된 상태 그대로 보수하며 유지해왔던 것으로 보인다. 추정 근거는 두 가지다. 현종대 동관왕묘 내부를 수리할 때의 기록을 보면 정전의 양 벽과 양무(兩廡) 좌우 벽을 백토로 발랐는데, 너무 거칠게 발라져 장차 그림을 그릴 수도 없다고 하였다(《승정원일기》 193책, 현종 7년 3월 7일 정해). 영조대 연행사들이 돌아왔을 때 중국 관왕묘 내부 모습에 대해 담소했는데, 관우 소상을 중심에 두고 4인이 시립한 모양이나 청룡도, 승인(僧人, 보정화상), 주창(周倉), 적토마, 벽화 등이 우리나라 관왕묘와 다르지 않았다고 했다(《승정원일기》 1057책, 영조 26년 6월 을유).

정조 역시 영조와 마찬가지로 도성 밖을 행행할 때 관왕묘에 반드시 들러 예를 올렸다. 이를 송나라에서 군행할 때 무성왕(武成王, 태공망) 묘에 전배한 의미를 취해 숙종과 영조가 배례한 것을 따라 행하는 것이라고 하였다.[16] 1785년에는 갑주를 착용하고 어제 악장을 연주하게 하는 등 관왕묘의 제사의절을 무묘에 부합하게 다듬고,[17] 숙종의 어제, 영조의 어제, 사도세자의 예제 및 자신의 글을 새긴 비를 묘정에 세웠다.[18]

정조가 쓴 묘비명에는 숙종에서 영조를 거쳐 정립된 관왕묘의 의미가 더욱 선명하게 부각되어 있다. 이 비문은 무묘인 관왕묘에서 연주될 악장의 가사로도 쓰였다.

상제 곁에 계시는 왕	王在帝傍
굳센 정신 영웅의 기백으로	魄毅神雄
적색 말에 시퍼런 칼 들어	赤驥翠鋩
오랑캐(만융)를 말끔히 소탕했네.	廓掃蠻戎
향 올린 제사에 절하고 조아리기	瓣香拜稽
만방이 서로 같네.	萬方攸同
우리가 처음 제사 모셨던 것도	誕我肇祀
단지 충절을 숭상했던 때문은 아니라네.	匪直尙忠

16) 《승정원일기》 1446책, 영조 3년 8월(갑인).

17) 악장은 이듬해 완성되어 1785년 2월 정기 제향에서 처음으로 연주되었다. 악공들은 모두 개주(介冑)를 착용하고 오방기치(五方旗幟)를 세웠다. 영신(迎神)에는 왕재장(王在章)을, 전헌(奠獻)에는 힐향장(肹蠁章)을, 송신(送神)에는 석하장(錫嘏章)을 연주하였다. 악기는 중고(中鼓) 1, 장고(杖鼓) 2, 필률(觱篥) 2, 대금(大笒) 2, 태평소(太平簫) 2, 대금(大金) 1, 소금(小金) 1, 가(歌) 2, 해금(奚琴) 2였다. 《일성록》, 정조 10년 2월 4일(무인).

18) 《승정원일기》 1589책, 정조 9년 9월(정묘); 《일성록》, 정조 9년 9월 25일(을사).

……

뜰을 둘러선 개사들	環庭介士
가슴에 땀이 젖고 머리털 치솟아	竪髮沾胷
번쩍번쩍 위아래로 오르내리니	剡剡上下
속마음 아니 시원한가.	弗遐皦衷
신이 이르러 오면	神之迪矣
마치 손잡고 만나는 것 같으니	如相攀逢
이 하늘 땅이 다하도록	地久天長
우리나라에서 영원히 지내소서.	永食吾東

위 묘비명에서 정조가 관우에 대해 단지 충절의 상징만은 아니라고 한 것은 무슨 의미인가. 정조는 관우를 굳센 정신과 영웅의 기백을 지니고 적토마와 청룡도로 오랑캐를 말끔히 소탕한 장수로 그려냈다. 관우가 싸운 적은 내전으로 갈라진 한 왕조의 사람들이기도 했지만, 정조는 '선왕의 도', '중화의 평화-공존적 문화 지향'을 함께 공유하지 않는 적들(만융)과의 싸움을 더욱 강조했다. 관왕묘에 세워진 묘정비의 글에서 정조는 한 왕조의 회복을 위한 관우의 싸움이 국가의 내부와 외부에서 '정의롭고 합당한 질서'를 흔드는 적들과의 싸움이었음을 강조했다. 이를 관왕묘 의례 때 연주될 악장의 노랫말로 삼아서, 뜰에 둘러선 군사들과 조선 사람들이 관우의 정신을 본받아 무란 그런 정의의 회복을 위한 것이어야 함을 알게 하고자 했다. 왕조의 입장에서 정의를 위한 무란 스스로에게도 위협일 수 있었다. 인의에 바탕한 정치 체제를 만들고 유지함으로써 수많은 자발적 관우를 만들어내는 것은 왕조의 몫이었다. 무묘의 상징으로 관우를 선택한 것은 스스로 지킬 가치가 있는 나라를 만들겠다는 다짐이기도 했다.

이렇게 서울의 관왕묘뿐 아니라 지방에 산재한 관왕묘에도 같은 제사 의례를 써서 관우의 의미를 지방에서도 공유하고자 했다. 관우 외에 악비도 사당에 모셔 제사지내 존주의 의리를 되새기게 했다. 숙종은《송사》를 읽다가 악비가 나오는 대목에 이르러 시대가 멀리 떨어졌음에도 감격하고 존경하는 마음이 저절로 일어났다며, 영유의 제갈량 사당에 악비를 배향하게 했다. 영유에 있는 제갈량의 사당은 선조가 피난할 때 영유에 제갈량이 거처했던 곳과 같은 지명이 있는 것을 보고 세우게 한 것이다. 단지 지명이 같다는 이유만으로 제갈량을 떠올렸을 정도로 나라의 위기를 구할 절의와 모략이 절실했으리라. 선조대 세워진 영유의 무후사는 시간이 흐르면서 점차 허물어졌는데, 현종 때 다시 고치고 현판을 게시하게 하여 왕조의 생각이 선조 때와 다름이 없음을 알렸다. 숙종은 여진(금)과의 화의를 배격하고 송의 회복을 위해 싸웠던 장군 악비의 행적에 감명을 받아 무후사에 합향하도록 하면서, 이 조치가 백 대 이후까지 바람에 전해지는 소리처럼 전해지고 굳건히 세우는 바가 되기를 바랐다.[19]

영조대에는 중국에 사신으로 갔던 조현명이 북경에서 문천상의 유상을 가지고 오자, 영조가 영유의 와룡사에 이를 배향하고 그 의미를 새긴 비를 세우게 했다. 영조는 제갈량은 한나라를 회복하고자 했고, 악비는 휘종과 흠종을 맞아오려 했고, 문천상은 송 왕조를 보존하려 하였다며, 그들이 시대를 뛰어넘어 한결같이 보여준 충의에 감동받아 제향하게 되었음을 강조했다.[20] 문천상까지 배향한 뒤 와룡사는 삼충사(三忠祠)라는 어액을 달게 되었다. 삼충사의 정전에

---

19) 《숙종실록》 권28, 숙종 21년 3월(신묘).

20) 《영조실록》 권71, 영조 26년 3월(기미).

는 가운데에 제갈무후, 왼쪽에는 악비, 오른쪽에는 문천상의 소상이 안치되었다. 제갈량은 학창의를 입고 와룡관을 쓴 채 손에 깃털 달린 부채를 들었으며, 악비는 갑옷, 문천상은 복두를 착용한 모습이었다고 한다.[21]

정조는 숙종이 지었던 삼충(三忠)의 도상찬(圖像贊)을 영유의 삼충사에 옮겨 봉안하게 하고 직접 제문을 지었다. 의리와 무략을 함께 갖추었던 제갈량, 오랑캐에 대한 굴복을 거부하고 싸웠던 악비의 절의, 송나라를 지키기 위해 애쓰다 굴복을 거부하고 끝내 죽음으로 나아갔던 문천상의 충렬을 거론하며, 동쪽 소중화의 나라에서 세대를 뛰어넘어 기억하는 의의를 되새겼다. 아래는 종종 관우와 비견되었던 악비 도상찬을 삼충사에 봉안할 때 정조가 지은 제문이다.[22]

아, 악왕이여	嗟哉岳王
남송의 국운이 불행하였으나	不幸南宋
분연히 오랑캐와 화친을 물리치고	奮斥虜媾
대일통을 내걸었네.	揭大一統
올출을 패주시키기는 쉬웠으나	走兀朮易
진회를 제거하기는 어려웠으니	去秦檜難
예로부터 지사들이	終古志士
뜨거운 눈물 홍건히 쏟았다네.	熱涕汍瀾
돌아보건대 내 세대를 뛰어넘는 느낌에	顧予曠感
마치 하루아침 사이인 듯	若隔一晨

21) 《연원직지(燕轅直指)》 권4, 〈유관록(留館錄)〉, 계사년 1월 13일.

22) 《홍재전서》 권21, 제문 3, 〈숙묘가 지으신 제갈무후·악왕·문천상의 도상을 영유 삼충사에 옮겨 봉안할 때의 치제문〔肅廟御製贊武侯岳王文山圖像 移奉于永柔三忠祠時 致祭文〕〉.

옛 상자에 보관된 비단 초상에	古篋鮫綃
엄연한 정신이 깃들어 있네.	有儼精神
땅의 거리는	地之相距
만 리 남짓하고	萬有餘里
세월이 멀기는	歲之相遠
천 년 남짓하네.	千有餘禩
거룩한 표상 시원스럽나니	偉表颯爽
지금 해동에 임하였고	今焉海東
저 서쪽 변방을 돌아보니	瞻彼西陲
이 밝은 사당이 정연하도다.	秩此明宮
이에 초상화를 펼치니	于以展之
사당 안에서 하였도다.	于宮之內
이에 희생과 예주를 정결히 받드니	載潔牲醴
길이 백 대에 제사를 받들리라.	永享百代

충의 인물의 포장과 선양: 왕을 위한 의리인가, 나라를 위한 의리인가

관우나 악비, 문천상 등 무인들의 충의를 기념하는 일은, 정국이 바뀔 때마다 상대 당에 의해 역적으로 공격받았던 송시열이나 전쟁 통에 화의를 주창한 일로 대놓고 소인으로 지목당했던 최명길, 왕위가 바뀔 때 원상으로 나라에 공이 있었으나 역적으로 몰려 죽임을 당한 허적 등의 충을 평가하고 기억하는 일보다는 쉬운 일에 속했다.

주자학자들의 세계에서 선양되는 문신들의 충에는 두 가지 논점이 있었다. 하나는 불사이군, 즉 왕조가 바뀐다든가 정변이 있었을 때

새 권력을 따르지 않고 군신관계의 의리가 있는 옛 군주를 지키는 것이다. 고려 말의 정몽주나 길재, 단종을 지키기 위해 목숨을 버린 사육신의 경우가 이 사례에 해당한다. 정조는 숙종대에 사육신으로 지정되지 못한 충신을 추가로 장릉(莊陵)에 배식하고, 그 일의 전말을 적은 《장릉배식록(莊陵配食錄)》을 직접 지은 바 있었다.[23] 이때 장릉에 위판을 새로 모신 사람은 안평대군(安平大君) 이용(李瑢), 금성대군(錦城大君) 이유(李瑜), 화의군(和義君) 이영(李瓔) 등 왕실 인물과 이양(李穰), 권자신(權自愼), 정효전(鄭孝全) 등 조정 신료들을 비롯해 단종 능을 지킨 영월군 호장 엄흥도(嚴興道)까지 정단에 모신 인물이 32인, 별단에 모신 인물이 236인이었다. 장릉 배식을 명한 전교에서 정조는 사육신을 비롯한 이들의 충성에 대해 세조조차도 '후세의 충신'이라거나 '난신(亂臣)으로 논할 수는 없다.'고 인정한 점을 지적했다. 변란에 처했을 때 시세를 돌아보지 않고 군주를 위해 죽은 인물을 '충의'의 이름으로 평가하고 기억하는 일은 특별히 논란이 될 만한 일이 아니었다.

문제는 정권이 바뀔 때마다 충역이 엇갈리는 송시열 같은 인물이나 병자호란 때 화의를 주장했던 최명길 같은 인물에 대한 평가였다. 정조는 즉위 이후 역대 인물들에 대한 평가를 꾸준하게 재론하며 국가적으로 표장할 만한 충의를 보인 인물들에 대해서는 적극적인 의례를 실행했다. 왕에 대한 맹목적 충성이 아닌 종묘와 사직을 위한 대의(大義), 조선과 조선 백성들에 대한 충의가 우선되었다.

정조의 평소 언행을 모은 《일득록》에는 그의 고심을 담은 인물평이 가득하다. 최명길에 대한 인물평을 보자.

---

23) 《홍재전서》 권60, 잡저 7, 〈장릉배식록(莊陵配食錄)〉.

일찍이 야연에서 근신들과 정묘호란과 병자호란에 대해 논하면서 하교하기를, "삼한(三韓) 강상(綱常)의 근본을 부지하고 의리의 바름을 세워서 우리 동방을 천하 후세에 이름나게 한 것은 삼학사의 공이다. 더 이상 무엇을 논하겠는가. 그리고 가벼운 수레를 타고 술병을 차고서 백만 군대의 앞으로 달려나가 자리를 펴놓고 담소하면서 눈앞의 위급을 능히 해결하고 종사를 보전하여 오늘이 있게 한 것은 고 재상(최명길)의 공이니 또한 어찌 작은 일이겠는가. 뒷날에 전날의 일을 논하는 자들 중에 고 재상을 소인으로 지목하는 자가 있다고 하는데, 나는 매우 그르게 여긴다."고 하였다.[24)]

지천 최명길은 …… 시무를 잘 아는 호걸이라고 할 수 있으니, 당세의 재상 중에 그와 맞설 사람을 찾기 어려운 것이 당연하다. 병자호란 때 강화를 주장한 일에 대해 사람들이 비록 완벽하지 못하다고 책하지만, 만약 지천이 없었더라면 종사가 어찌되었을 것인가. 김창협의 〈최석정의 연행을 전별하는 시〉에 나오는 "백이와 숙제의 의리 참으로 높으니, 문종(文種)과 범려(范蠡)의 마음 또한 괴로우리〔夷齊義誠高 種蠡心亦苦〕." 라는 글귀는 청음(淸陰, 김상헌)과 지천의 마음을 잘 말한 것이다. 지천이 독자적인 판단을 내리고 그 허물을 자기가 받은 것은 어떠한 고심과 대의인가. 청음이 심양 객관에서 한 말에서는 더욱 결연한 본심을 볼 수 있다. 황경원(黃景源)의 〈배신고(陪臣考)〉 중에서 그를 배신의 반열에 둔 것에 대해 비난하는 사람도 있다. 그러나 왕형공(왕안석)조차도 명신록 안에 들어 있는데, 하물며 지천은 왕형공 같은 잘못이 없고 더구나 왕형공에게는 없는 공로까지 있는 사람임에랴.[25)]

---

24) 《홍재전서》 권171, 《일득록》 11, 원임직각 김재찬, 계묘년(1783) 기록.

위의 두 평가에서 정조는 최명길을 삼학사, 김상헌, 백이·숙제와 같이 형세에 굴복하여 자신의 이해를 돌보지 않고 죽음을 불사하며 큰 의리를 지키려 했던 인물과 대비시켰다. 그러나 바로 그런 이유로 소인(小人)이라고 부르며 트집잡는 세간의 견해를 그대로 받아들이지 않았다. 최명길의 나라를 위한 공로, 종묘사직을 위한 공로를 정조는 중히 여겼다. 최명길이 '가벼운' 수레를 타고 술병을 차고 백만 군대의 앞으로 달려나갔다고 하여 종묘사직을 위해 자신의 안위를 돌보지 않았던 그의 담대함과 충의를 드러냈다. 또 김창협이 최명길의 손자 최석정을 전별하며 지은 시를 인용해서 최명길이 월왕 구천(句踐)의 신하였던 문종과 범려의 마음을 가졌다고 평가했다. 월왕 구천이 오왕 부차에게 항복하고 오나라에 잡혀 있을 때 범려는 구천의 곁을 지키며 부차가 말을 탈 때마다 등을 내어주는 수모를 당했고, 문종은 월나라를 지키며 어렵게 마련한 재물로 구천을 빼오기 위해 애썼다. 종묘사직의 훗날을 도모하기 위해 당장의 수모와 고통을 감내했던 문종과 범려의 마음이 곧 최명길의 마음이니, 범인이 함부로 평가할 수 없다는 것이다.

최명길이 전쟁으로 조선의 명운이 오락가락할 때 훗날을 도모하여 치욕을 감내하며 충의의 어려운 경지를 보여주었다면, 송시열은 전쟁 이후에 조선이 청에 제대로 복수하는 방법을 제시하며 치욕의 시대에 조선이 생존한 이유를 제시하려 한 인물이었다.[26] 송시열은 현종대 이후로 조정 안팎에 무수한 적을 만들었다. 남인, 소론 측에서 모두 혐원을 가지고 있는 인물을 특별히 포장하는 것은 조정의 탄탄

25) 《홍재전서》 권171, 《일득록》 11, 인물 1, 원임 직각 이병모 을사년(1785) 기록.

26) 조선이 진정으로 복수하는 법에 대한 정조의 생각은 〈천하례〉에 대한 부에서 자세히 다룬다.

한 지지를 얻으며 왕권을 안정시켜야 했던 정조의 처지에서 볼 때 정치적으로 매우 무모한 일로 보이기도 한다.

정조가 즉위한 지 얼마 지나지 않았을 때 조정에서 한 사건이 일어났다. 송시열이 존주의리에 가탁해 세상을 속였다는 극단적인 비난을 담은 유소(儒疏)가 들어온 것이다. 정조는 이 문제에 대단히 예민하게 반응하며 상소를 올린 이명휘(李明輝)를 국문하고 처벌했다.[27] 여주에 있는 송시열의 사묘에 '대로사(大老祠)'라는 이름을 내려주고 '송자대전(宋子大全)'이라는 큰 이름으로 문집을 간행하게 했으며 효종의 묘정에 배향하기까지 했다.[28] 송시열은 '춘추의리'를 크게 내세우며 의리에 따라 진퇴한 인물이었다. 세상에 도가 있으면 나아가고 그렇지 않으면 물러난다는 새로운 방식의 충의 담론이 널리 받아들여진 시대에, 송시열은 실제 그런 삶을 살았던 대표적인 인물이었다. 아래는 정조가 송시열을 효종 묘정에 배향하면서 내린 전교의 일부이다.

> 옛날 효종대왕 시절에 송 문정공(宋文正公)은 불세출의 대현(大賢)으로서 세상에 있지 않은 특별한 대우에 부응하였다. 이에 성조(聖祖, 효종)께서는 부탁하여 책임을 지우시고 선정(先正, 송시열)은 몸을 바치는 충성을 약속하여 부절을 맞춘 듯 함께 도모한 계책에 빈틈이 없었으니, (그 계책은) 바로 '춘추대의'였다. 알아주시고 대우하심이 이처럼 훌륭하였고 군신의 마음 맞음이 이처럼 성대하였는데도 효묘에 배향하는 예식을 지금까지 거행하지 못하였으니, 조가(朝家)의 궐전(闕典)일 뿐만이 아니다. …… 성조께서 선정에 대해 이미 불세출의 대우하심이 있었으니, 존

27) 《일성록》, 정조 즉위년 4월 18일(기미).
28) 《일성록》, 정조 즉위년 5월 24일(병신).

숭하여 받들고 존대하여 보답하는 일을 반드시 세상에 있지 않는 전례(典禮)를 강구하여 거행해야 할 것이요, 기왕의 전례가 있고 없고는 본래 말할 것도 못 된다.

정조는 송시열이 '춘추의리'로 효종과 마음을 같이하였던 사실을 거론하며 그를 효종 묘정에 배향하지 않은 일을 조정의 궐전이라 평가했다. 효종과 송시열이 '의합(義合)' 즉 의리로 서로를 인정한 군신 관계였다는 점에 주목한 것이다. 정조는 주자와 송시열을 시대를 뛰어넘어 서로 이은 듯 마음을 같이한 사람이었다고 평가했는데, 송시열이 주자보다 나은 점은 함께 의리를 도모할 군주를 만났다는 사실이라고 하기도 했다.[29] 의리가 있다면, 마음을 다해 따르며 잡목이 우거진 길을 개척하는 일도 마다하지 않아야 한다는 것은 정조가 늘 신하들에게 요구한 바였다. 이것이 바로 정조가 말한 신하의 '분의(分義)'였고, 그 '분의'가 바로 정조가 바람직하게 생각하는 문신의 충이었다. 정조는 송시열의 사당에 '대로'라는 큰 이름을 내려 선양하고 '송자'라는 이름을 붙여 문집을 간행함으로써, 그가 지킨 춘추의리를 중시하고 지켜나가겠다는 다짐을 드러내고자 했다. 동시에 효종 묘

29) 《홍재전서》 권9, 서인(序引) 2, 〈양현전심록서(兩賢傳心錄序)〉, "내 일찍이 우리나라에 선정 우암이 있는 것이 송나라에 주자가 있었던 것과 같다고 생각하였다. 가령 그 학술의 순수하고 바름이나 규모의 공명정대함이나 해와 별처럼 빛나는 대의(大義), 성스러운 도리를 위해 잡목이 우거진 길을 개척한 것 등등이 대체적으로 다 같다. 그 가운데 다른 점을 찾아 비교해보면, 선정은 다행히도 영릉(寧陵, 효종) 시대에 태어나 알고서 말하지 않은 것이 없고 거치지 않은 관직이 없으며 모든 국사가 다 그의 포부대로 전개되어나갔다. 이에 소인배들의 감정이 축적되어 결국 초산(楚山)의 화를 당했던 것이다. 반면 주자는 불행하게도 부릉(阜陵, 송 효종) 시대에 태어나 말을 했다 하면 허다히 배척을 당하고 관직에서 내쫓긴 때가 많으며 포부를 펴내놓아도 저지당하기 일쑤였기 때문에, 소인배들의 감정이 축적되지 않고 그때그때 삭아버려 고정(考亭)에서 편안한 최후를 마칠 수 있었다. 이상이 따지면 같지 않으면서 같은 것인데, 사실은 같거나 같지 않거나 그 모두가 결국은 다 같아지고 만다. 그것은 마음의 법이 같기 때문이다."

정에 배향함으로써 당론이나 은원 관계를 뛰어넘은 의리에 기반한 충의의 군신관계를 설득하고자 했다.

1785년(정조 8) 9월 1일 충신의 자손을 불러 충의를 선양하는 의식을 거행했다. 이해는 영조 즉위 60주년이 되는 해이기도 했다. 이보다 앞선 8월 29일 조참 때 의식을 거행하는 의의를 직접 설명하였다.

> 충성을 포상하고 절의를 장려하는 것은 나라의 대정(大政)이다. 비록 다른 시대의 사람일지라도 오히려 드러내 밝히는데, 하물며 우리 선대왕을 한결같은 마음으로 도운 사람들이겠는가. 아, 신축년(1721, 경종 1)과 임인년(1722, 경종 2)의 일을 오히려 어찌 말하겠는가. 그때로 말하면 나라의 형세가 한 올의 머리카락에 매달린 것처럼 위태로웠는데, 집이 쓰러지려는 판국에 누가 거장(巨匠) 노릇을 하려 하겠으며, 나루가 끝이 없는데 누가 뱃사공을 맡으려 하였겠는가. 두세 사람의 충직한 신하가 목숨을 내놓고 우리 종묘사직을 지킬 것을 맹세하여 천지 귀신에게 물어보아도 의심할 것이 없었으니, 형벌을 받아 죽는 것을 두려워하지 않고 여러 음흉한 사람들을 소탕하고 임금을 떠받들어 마침내 이해와 이날이 있게 하였다. 관작의 대소는 다르지만, 요컨대 모두 나라가 있다는 것만 알고 자기 몸은 돌보지 않으면서 우리 선대왕을 위해서 충성을 바치고 목숨을 버린 점에서는 똑같았다.
>
> 내가 춘궁(春宮)에 있을 때부터 본래 그들의 우뚝한 공로와 큰 절개를 알고 있었고, 매양 고사를 접할 때마다 책을 덮고 긴 탄식을 하지 않은 적이 없었다. 내가 왕위를 계승한 뒤에는 태실(太室)에 배식(配食)하기도 하고 강사(江祠)에 치제(致祭)하기도 하였으며, 시호를 내리거나 벼슬을 추증하거나 자손을 녹용(錄用)하기도 하여 표창하고 장려하는 은전에 거의 부족함이 없었다. 아, 그러나 표창하고 장려하는 것을 갖추어 시행

하였다 하여 올해 오늘을 맞아 또한 어찌 다시 성의를 보이는 조처가 없을 수 있겠는가.

즉위한 이래 선왕의 충신들을 나라에서 잊지 않고 있음을 보여주기 위한 조치를 계속해왔고, 시호를 내리거나 벼슬을 더 높이거나 자손을 등용하는 등 노력을 다해왔다는 것이다. 위 인용문에서 재평가를 통해 태실 즉 종묘에 배식하고 강사에 치제한 이는 송시열이었다. 영조의 즉위 60주년이 되는 이해에 인정문에서 조참을 할 때 영조의 충신들에게 치제하거나 정려를 내리고 증직하며 그 행적을 기렸다. 김창집(金昌集), 이건명(李健命), 이이명(李頤命), 조태채(趙泰采), 이정소(李廷熽)의 집에 근시(近侍)를 보내어 치제하고, 자손들 중 아직 등용되지 못한 이들을 찾아 등용하게 했다. 고문을 받다가 죽은 김성행(金省行)과 조성복(趙聖復)에게는 정려를 내렸다. 이홍술(李弘述), 이우항(李宇恒), 윤각(尹慤), 이상집(李尙䌖), 백시구(白時耉), 김시태(金時泰), 심진(沈搢) 등 무신들의 집에도 예관을 보내 치제하고 무신 양익표(梁益杓)·우홍채(禹弘采), 훈도(訓導) 이봉명(李鳳鳴)에게는 증직했다. 그리고 다음날 치제한 이들의 자손들을 불러 모아 직접 만나보고자 한 것이다. 김창집의 자손 12명, 이건명 10명, 이이명 1명, 조태채 1명, 서종제(徐宗悌) 17명, 윤각 1명, 이상집 5명, 이홍술 8명, 백시구 9명, 김시태 2명, 심진 3명 등 신임사화 때의 사대신과 삼장신(이홍술, 이우항, 윤각)을 포함한 11인의 자손 69인이었다.

정조는 기왕에 제대로 평가받지 못한 충의의 인물들을 부식하는 데 힘을 기울였다. 당파적 관점이나 왕권에 대한 무조건적인 추종을 강조하는 맥락에서가 아니라 나라를 위한 '충의'와 대의에 기반한 의합의 관점에서 충의를 분간하고 교육하고자 했다.

2.
제왕의 효를 통한 민본의 설득: 효제에서 출발하여 천하에 이르다

정조는 1795년 원행을 마친 후 경모궁, 현륭원, 화성에 관한 일체의 기록을 정리하고자 했다. 조정의 모든 일에 빠짐없이 기록을 남기도록 했던 정조였던 만큼 경모궁에 관한 일, 영우원이나 현륭원에 관한 일, 화성 축조 및 운영에 관한 일 등에 대해 의궤(儀軌), 등록(謄錄), 정례(定例)라는 이름으로 개별 자료를 남겼다. 《정리통고(整理通考)》는 이렇게 흩어져 있는 기록들을 모아 그 일의 의미와 사실이 드러나도록 재정리하여, 보는 이에게 이러한 방례(邦禮)의 의미를 제대로 알리기 위한 책이었다. 인간(印刊)하는 데에는 끝내 이르지 못했지만, 정조대 당대에 초고를 만들었고 도설도 이루어졌다. 정조가《정리통고》를 본래 의궤와 같이 연내에 완성하려고 했던 점을 고려해보면, 이 시기에 정리해서 보여줄 만큼 선세자 및 자궁에 대한 자신의 '방례'가 어느 정도 마무리되었다고 여겼던 것 같다. 공적으로는 대리청정을 했던 세자였고 사적으로는 왕의 아버지였던 사도세자(장헌세자)에 대한 예제 그리고 어머니 혜경궁에 대한 예제가 1795년의 시기에 완성되었다고 보았기에, 그 전체 과정과 자신의 실천을 담은 일통의 기

록을 남기고자 한 것이다.[30]

그렇다면 정조는 왜 장헌세자에 관한 일을 기록한 책에 굳이 '정리'라는 이름을 붙였을까. 단순히 원행을 담당했던 기관이 '정리소(整理所)'였기 때문일까. 아니면 더 중요한 뜻이 담겼던 것일까.

공과 사의 경계에 선 정조의 효

1794년 겨울, 정조는 이듬해의 원행을 앞두고 정리소를 설치했다.[31] 조선시대에 능행이나 원행을 할 때 의례는 예조판서가, 경비에 관한 일은 호조판서가 주관하고, 군병 및 의장에 관한 일은 병조판서가 주관하였다. 이때 예조판서를 예의사(禮儀使), 호조판서를 정리사(整理使), 병조판서를 노부사(鹵簿使)라고 불렀다. 특히 먼 곳에 있는 능이라 경숙(經宿)해야 할 경우나 온천 행행이 있을 때에는 여러 날 머물기 위해 숙소나 주정소를 정비하고 그곳의 경비 등도 미리 조처해야 했으므로, 호조판서를 정리사로 임명하여 미리 현지에 내려 보냈다.[32] 정조대에는 잦은 원행에 대비하여 모든 절차를 장용외영에서 담당하게 했고 정리사를 따로 두지 않았는데, 을묘년 원행을 앞두고 다시 정리소를 두었다. 정리소는 어떤 역할을 위해 설치되었는가. 《원행을묘정리의궤(園幸乙卯整理儀軌)》에 수록된 정조의 말을 살펴보자.

---

30) 정조가 이 시기에 편찬을 시도했던 《정리통고》의 편찬 시말과 구성, 현전 현황에 대해서는 김지영, 2015, 〈1795년 《정리통고》 편찬과 정리의 의미〉, 《역사학보》 228, 219~233쪽 참조.

31) 《일성록》, 정조 18년 12월 10일(계해).

32) 《승정원일기》, 현종 7년 1월 12일(계사), "整理使鄭致和 殿閣看審事 溫陽地出去"; 《승정원일기》, 숙종 17년 8월 3일(을유), "整理使柳尙運 寧陵出去"; "前頭陵幸時 戶曹判書爲整理使 凡事使之檢飭 而御齋室修理處看審次 本曹郎廳 爲先發送事 榻前下教".

본소(정리소)를 설치한 것은 오직 우러러 자궁의 성덕을 본받아 털끝만치라도 민읍에 폐를 끼치지 않고자 하는 데서 나왔다. 예(禮)를 간략히 하되 의(義)를 바르게 하고, 정성을 펴되 비용을 줄이려는 것이 나의 본의이다.[33]

정리소를 설치한 것이 고을 백성에게 폐를 끼치지 않기 위함이었다는 것이다. 원행과 진찬을 함께 하는 유례없는 행사를 준비하면서 '민폐'를 가장 우려한 것이다. 정조가 외조부 홍봉한의 시무책을 정리한 《익정공주고(翼靖公奏稿)》를 편찬하면서 지은 서인(序引)에도 비슷한 취지의 글이 있다. 우선 글의 첫머리에서 "우리나라는 봄가을 능행에 의절은 예조가 맡고, 호조에서는 정리(整理)를 맡고, 병조에서는 여위(輿衛, 가마와 시위)를 맡았는데, 풍덕과 여주 등 먼 곳의 능에 행행할 때에는 어선(御膳)의 모든 준비를 그 고을에서 하고, 길 닦고 다리 보수하는 일을 연도의 백성들이 했다."며 원릉에 행행할 때 해당 지역 백성들에게 끼친 민폐를 지적했다. 영조가 세금으로 고을 백성들의 부담을 줄였지만, 대가를 뒤따르는 아문에 대한 접대비는 그대로였는데, 훗날 홍봉한이 백관들이 각자 먹을 것을 준비해오도록 건의하여 민폐를 더 없애고자 했다는 것이다. 이어서 자신이 정리소를 둔 의미를 설명했다.

내가 정미년(1787, 정조 11)에 그 접대 제도를 영원히 없애고, 임자년(1792, 정조 16)에 와서는 광묘(光廟, 세조)가 밥을 미리 지어 싣고 가셨던 그 훌륭한 덕을 본받아 거듭 금하였다. 그리고 기유년(1789, 정조 13) 원

---

33) 《원행을묘정리의궤(園幸乙卯整理儀軌)》 권1, 연설(筵說), 갑인년(1794) 12월 13일.

(園)을 옮긴 후로 해마다 그 원에 행행할 때면 뒤따르는 관원들의 제반 장비에서부터 군병들 먹을 것과 말먹이 등등 모두를 관에서 지급하도록 했으며, 을묘년(1795, 정조 19)에 자궁을 모시고 원을 참배하러 갔을 때는 탁지부 정리의 예에 따라 별도로 정리소를 두고 당하 낭관을 차출하여 원행에 따른 제반 업무를 관장하도록 했다. 그리고 화성에 별도로 재력을 비축해두고 그곳을 외정리소(外整理所)라 한 후 각종 수요를 다 대도록 하여 털끝만큼도 민폐를 끼치거나 경비에 축나는 일이 없도록 하려고 했다. 자세한 내용은《정리의궤》에 나와 있다. 공이 만약 지금까지 살아 있었더라면 틀림없이 마음이 서로 맞았을 것이다.[34)]

이전과 같이 조정의 여러 관부에서 나누어 일을 맡아 원행을 하다 보면 예조에서는 예의 절차만 중시하고, 병조에서는 시위의 엄중함만 중요하게 여기며, 호조에서는 비용 계산에만 치중할 터였다. 정조가 원행에 관한 모든 것을 관장하는 기구에 '도감(都監)' 즉 조직위원회와 같은 범범한 이름을 붙이지 않고 '정리(整理)'라는 이름을 붙인 것은 한편으로는 능 원행 시 현지 배설 및 비용을 관장했던 호조 정리 사무의 전례를 이으면서,[35)] '백성을 위한 비용 절감'이라는 측면에서 모든 일이 조율되도록 하려는 의미가 담겼다.[36)] 이때 비용을 줄이는 것은 단지 돈을 아끼는 것이 아니었다. 반드시 행해야 할 것은 행하고 쓸데없는 것은 줄이고〔예의 시중(時中)〕, 민간의 부담을 줄이는 것(비용의 절제)이 중요했다. 첫 인용문의 "예를 간략히 하되 의를 바르

34) 《홍재전서》 권11, 서인 4, 〈익정공주고전례유서(翼靖公奏藁典禮類敍)〉.

35) 호조의 정리 사무에 대해서는《만기요람(萬機要覽)》 재용편(財用篇) 4, 호조각장사례(戶曹各掌事例) 정리(整理) 참조.

36) 《홍재전서》 권177,《일득록》 17, 〈훈어(訓語)〉.

게 하고, 정성을 펴되 비용을 줄인다."는 의미가 바로 이것이었다. 정리소가 행할 바는 부모님을 위한 효를 펴는 이 행사가 '예의'와 '비용' 면에서 모두 '이치(理)'에 맞도록 정돈하는 것이었다. 즉 효는 효대로 하고 정리소는 공공을 위한 개혁을 따로 행하는 것이 아니라, 제대로 된 효를 제대로 된 방법으로 실천하는 것이 '정리'의 일이었다.

우선 비용의 절제에 관한 노력을 살펴보자. 정조는 효의 비용을 절제하기 위해서 오랫동안 여러 조치를 강구해왔다. 정리소는 그 여러 조치를 이어가면서, 실효성 있게 제대로 조처하는 임무를 맡았다.

① 매년 현륭원에 전배(展拜)하러 가는 것은 비록 부득이한 사정에서 나온 일이지만, 백성과 고을이 폐해를 입는 것을 생각할 때마다 맛난 음식도 달지가 않다. 현륭원을 옮긴 뒤로 안에서 전초(錢鈔)를 경기감영에 내려주어 벼를 사서 조적(糶糴)하도록 한 것은 전적으로 장구하고도 원대한 계획에서 나온 것이었다. 지금부터 길을 닦고 다리를 만드는 일이나 군마(軍馬), 시초(柴草) 등의 일을 아울러, 이 가운데서 가져다가 마련함으로써 경상비용을 번거롭게 쓰지 말고 백성의 힘을 수고롭게 하지 말아야 할 것이다.[37]

② 현륭원 행행 때 쓸 벼를 사서 경기감영에 별도로 비치해둔 것은 경상비용을 번거롭게 쓰지 않고 백성의 힘을 수고롭게 하지 않으려는 데서 나왔는데, 행한 지 여러 해가 되다 보니 작전(作錢)하는 즈음에 관리들이 중요한 일이라는 핑계로 지나치게 많이 받는 폐단이 필시 없으리라 보장하기 어렵다. 이번부터 시작해서 흉년이 들어 곡식이 귀해진 때라

37) 《홍재전서》 권169, 《일득록》 9, 정사 4.

하더라도 상정(詳定)한 것 외에는 값을 더하지 못하도록 하여 백성의 실정이나 공적인 비용에 있어 둘 다 방해받는 바가 없도록 하라.[38]

③ 현륭원에 행행할 때 어가를 수행하는 백관(百官) 및 이예(吏隷), 군교(軍校)의 밥상을 차리는 데 드는 비용은 각기 정해진 법식이 있어 이미 정례(定例)에 싣도록 하였으니, 한편으로는 경비를 줄이려는 데에서 나왔고 한편으로는 사치를 억제하려는 데에서 나왔다. 그러나 이러한 부분은 아랫사람들에게 전적으로 책임지울 수 없기 때문에, 단연코 어공(御供)하는 수라(水剌)부터 그릇 수를 정하여 조금도 그 수를 넘지 못하도록 하였으니, 훗날 이 정례를 보는 사람들은 내 뜻이 어디에 있었는지를 거의 알 수 있을 것이다.[39]

④ 매년 현륭원에 행행할 때 과천(果川)으로 가는 길이 편리하고 가깝지 않은 것은 아니지만, 사이에 겹겹의 산령(山嶺)이 있고 험준한 내로 막혀 있어 도로를 닦는 일에 백성의 힘이 배나 들고 호위 군병이 행군할 때 군사와 말들이 피로하고 지치게 된다. 지금 이렇게 연로(輦路)를 시흥(始興)으로 바꾼 것은 군사와 백성들의 노고를 깊이 생각한 데서 나온 것이다.[40]

⑤ 우리 왕조에서 횃불을 세워두는 법은 예로부터 이미 그렇게 하였지만 간편함과 밝기에 있어 도리어 이등(膩燈)만 못하다. 일찍이 듣건대, 대국(大國)의 법제에는 황제가 행행하는 때라 하더라도 협로(夾路)에 불

---

38) 《홍재전서》 권169, 《일득록》 9, 정사 4.
39) 《홍재전서》 권169, 《일득록》 9, 정사 4.
40) 《홍재전서》 권169, 《일득록》 9, 정사 4.

을 밝히는 것은 모두 양 뿔로 만든 소등(小燈)과 이지(膩脂)로 만든 짧은 촛불이고 일찍이 횃불을 피우는 법은 없었다. 그래서 일은 간략하면서 비용은 적게 드니, 한 개의 촛불이면 밤중 내내 밝힐 수 있고 비바람이 크게 치는 때라 하더라도 잠시도 꺼지지 않는다. 지금 현륭원에 행행하는 때에 한강을 벗어난 뒤부터 한번 시험해보니 과연 횃불을 세우는 제도보다 나았다. 그러나 동서(東西)의 능에 행행할 때에도 아울러 이 법을 쓴다면 공인(貢人)들이 이익을 잃는 일이 될 듯하다. 그러니 지금은 우선 예전 규례에 의거하여 행하라.[41]

정조가 비용의 절제를 위해 한 일은 궁원을 오갈 때의 행차 비용, 수행 인원을 먹이고 재우는 비용, 잔치 비용 등 일회적 행사 비용을 줄이는 것뿐 아니라 아버지를 위해 세운 궁, 원의 관리 비용(①,②), 원의 수호를 위해 세운 화성의 유지 비용 일체를 국용에 부담지우지 않는 것이었다. 원소의 관리 비용을 충당하기 위해 관천고(筦千庫)를 세웠던 것처럼, 자신의 효가 공공에 새로운 부담을 지우지 않기를 바랐다. 원행 때 중간에 쉬는 주정소나 밤을 지내는 행궁 등에서 소요되는 모든 비용은 정리소가 마련한 돈으로 해결했다. 정기적인 원행에 비용이 반복적으로 들어갈 곳은 과감하게 개혁하여 전례를 바꾸었다. 수라의 반찬 가짓수를 줄이고(③) 화성까지 이르는 도로를 새로 낸 것(④)이나 주교를 만든 것, 원행 때 길가에 세우는 횃불을 값싸고 실용적인 3,604개의 등으로 바꾼 것(⑤) 등이 그것이다. 왕의 의지가 이러해도 밑에 있는 사람들이 제멋대로 해버리면 아무 소용이 없을 터였다. 이러한 노력은 외정리소에 외탕고(外帑庫), 내용고〔內用庫,

41) 《홍재전서》 권169, 《일득록》 9, 정사 4.

관천고, 일용고(日用庫), 월장오(月椿廒), 불영탕(不盈帑), 무진창(無盡廠)], 외별고(外別庫), 별잉고(別剩庫) 등을 두어 공인이나 지방 백성, 경상비용에 부담지우지 않고 원소 관리, 원행, 화성 운영이 가능하게 하는 것으로 귀결되었다.[42] 자신의 뜻을 잘 이해할 수 있는 이들을 정리 당상으로 삼았던 것도 단지 측근 신하들에게 명예를 더해주기 위해 그렇게 했던 것은 아니었다. '정리'의 뜻을 제대로 받들지 못한 정리 당상들은 혹독한 질책과 처벌을 받아야 했다.

한편, 예를 간략히 하되 의를 바르게 하고자 하는 정리의 두 번째 취지는 정조가 즉위 초부터 오랫동안 강구해온 바였다. 예의 시중(時中)을 위해 정조는 아버지를 왕으로 추숭하지 않고 아버지에 대한 예를 행했다. 정조가 아버지를 위해 궁과 원을 두고 여기에서 행할 의절을 마련한 것은 즉위 초반의 일이었다. 1776년 즉위 직후 아버지의 사당과 묘소를 경모궁과 영우원으로 승격시킬 때, 이곳에서 행할 의절을 담은 《궁원의(宮園儀)》를 펴낼 때, 1793년 금등문서를 공개한 직후 전례 문제가 제기되었을 때, 1796년 호남과 호서에 선세자를 추숭할 것이라는 소문이 퍼졌을 때 등, 정조는 아버지와 관련된 전례 문제가 제기될 때마다 '예는 인정(人情)에서 출발하지만 의로써 제재(制裁)해야 한다.'는 말로 자기 입장을 표현했다.[43]

아버지에 대한 효심을 보이는 모든 예는 아버지에 대한 사랑의 마음에 바탕한 것이었다. 가엾게 세상을 떠난 아버지를 누구보다 안타까워했던 정조였기에 아버지를 위해서라면 무엇이든 해주고 싶었을 것이다. 당시에 그런 여론이 없지도 않았다. 정조가 아버지를 위해 통

---

42) 《일성록》, 정조 20년 2월 11일(정해).

43) 김지영, 2013, 〈정조대 사도세자 추숭 전례 논쟁의 재검토〉, 《한국사연구》 163.

쾌하게 복수하고 아버지를 왕으로 추숭하는 것이 아버지를 위한 효라고 말이다. 그러나 정조는 아버지에 대한 효의 방법은 '갚지 않는 갚음'이라고 주장했다. 아버지를 왕으로 추숭하지 않고, 의리 즉 공도의 한계 안에서 최대한 성의를 다하고자 했다. 당시 장헌세자 추숭반대론을 이끌었다고 소문났던 김종수마저도 자신의 뜻을 따랐던 것일 뿐이라고 했다.[44] 정조의 주장대로라면 추숭반대론의 주창자는 벽파가 아니라 바로 자신이었다.

그렇다면 정조는 왜 추숭반대론을 지지했을까. 할아버지의 명령 때문이었을까? 아버지에 대한 효가 할아버지에 대한 효와 충돌하기 때문에, 그것은 할아버지에 대한 불효라고 주장하는 권신들이 무서워서 아무것도 안했던 것일까? 보통 사친을 추숭하는 것을 '이존(二尊)'이라 하여 비판한다. '이존'이란 하늘에 태양을 둘로 나누는 것과 같다. 내가 지존의 권력을 가졌다고 해도 이미 정해진 이름을 바꿀 수는 없다. 권력으로 역사를 바꿀 수는 없는 것이다. 왕이 권력으로 이를 행한다면 세상에 대고 '이 세상엔 정의란 없다. 힘으로 바꾸지 못할 것은 없다.'는 것을 선언하는 것과 같았다. 정조는 '의리'를 무엇보다 중시한 왕이었고, 자신의 효가 지나쳐 정도(正道)를 넘을 경우 그것이 세상에 줄 신호가 무엇인지 누구보다 잘 알고 있었다.

1795년 1월 아버지의 회갑을 맞이하여 여덟 글자 존호를 올리고, 어머니와 함께 원행하면서 지극정성으로 어머니를 모시며 자신의 효성을 천하에 과시했다. 정조가 행했던 효의 방법은 어린 시절부터 배워온 유학의 가르침과 다르지 않았다. 효는 부와 명예로써 하는 것이 아니다. 부모의 뜻을 따르는 것이 진짜 효이다. 그렇다면 뜻을 따른다

---

44) 《정조실록》 권45, 정조 20년 7월 2일(을사); 《한중록》 병인추록(1806)(정병설 역, 451·452쪽)

는 것은 무엇인가. 또 '정리'의 의지 속에서 어떻게 구체화되었을까.

은혜를 미루어 '공천하' 하다

> 상이 이르기를, "정리소를 설치한 것은 나의 뜻이 오로지 번거로움을 없애고 폐단을 줄이고자 한 데 있었다. 위로는 내주(內廚)의 공급에서부터 아래로는 수행관원들의 노자(路資), 군마와 여도(輿徒)의 식량과 사료에 이르기까지를 모두 마련해내도록 하였으니, 이 때문에 10만 꿰미의 돈을 따로 마련해둔 것이다. 그런데 도성으로 돌아오려 할 때 비축해둔 돈이 남아 있었으니, 이는 모두 자궁의 은덕이 미친 결과였다. 그 남은 돈 2만 냥으로 곡물을 마련해서 '을묘정리곡(乙卯整理穀)'이라 이름 지어 300개의 주현(州縣)에 나누어주고 매년 이자를 취하게 하였으니, 수백 년이 지난 뒤에는 억만여 포(包)의 곡식을 얻을 수 있을 것이다. 이렇게 하여 공적으로나 사적으로 풍족하게 비축되면, 이른바 은혜를 미루어 남에게 미치도록 하고 부모를 봉양함에 그 뜻을 따른다는 데 이보다 더 큰 것이 없을 것이다. 부모를 사랑함에 있어서 그 뜻을 따르는 것만 한 것이 없고, 뜻을 따름에 있어서 그 은혜를 널리 베푸는 것만 한 것이 없다." 하였다.[45]

위 인용문은 정조대 각료들이 정조가 평소에 했던 말 중에 후세에 전할 만하다고 생각한 좋은 언행들을 기록한 글이다. 정조는 정리소의 남은 돈으로 곡물을 사들여 '을묘정리곡'이라고 한 후 300개의 주

45) 《홍재전서》, 《일득록》 10, 정사 5.

현에 나누고, 이를 자본 삼아 이자를 취해 지방의 부를 불릴 재원으로 삼게 했다. 지방의 부란 무엇인가. 백성들이 이를 통해 부모를 사랑하고 봉양할 자원을 삼을 것이었다. 아낀 재원을 이식해서 지방의 부를 늘리는 이런 조치를 정조는 부모를 사랑하고 봉양하는 방법이라고 설명했다. 자기 부모를 사랑하는 마음으로 만인의 부모를 사랑할 수 있게 하는 것, 이것이 정조가 생각한 '제왕의 효'였다.

그런데 이는 정조만의 독특한 생각은 아니었다. 유교, 주자성리학을 경세의 방법으로 삼았던 조선의 상식이기도 했다. 흔히 주자성리학에 토대한 조선 정치의 방법을 '효치(孝治)'라고 한다. 《효경》을 주 텍스트로 삼은 이와 같은 주장을 역사학계에서는 통치의 안정을 보증하는 공순(恭順)한 인간의 창출이라는 목적 아래 국가에 대한 충의 전제로서 부모에 대한 효를 강조하여 군주권 중심의 국가체제론을 옹호하는 것, 즉 '군부일체론'으로 왕권을 강화하고자 한 것이라고 해석하기도 했다.[46] 영조와 정조의 정치에 대해서도 그런 차원에서 해석하며, 정조가 1795년의 원행에서 어머니에 대한 지극한 효를 강조했던 것도 그 근저에는 강한 왕권에 대한 욕구가 있었다고 주장한다. 과연 그럴까.

관건은 '효'에 대한 강조가 '공손하고 순종적인' 인간을 길러내고자 한 것이라는 해석의 타당성 여부이다. 조선시대 왕세자의 어린 시절 첫 교재로 종종 등장하는 책이 바로 《효경》의 주자학적 주석본인 《효경대의(孝經大義)》이다.[47] 이 책은 공자와 증자의 효에 관한 대화를

46) 정호훈, 2004, 《조선 후기 정치사상 연구-17세기 북인계 남인을 중심으로》, 혜안, 249~299쪽; 임민혁, 2006, 〈조선 후기 영조의 효제 논리와 사친 추숭〉, 《조선시대사학보》 39, 조선시대사학회; 우경섭, 2012, 〈조선 후기 《효경》·《충경》 이해와 효치론-김육과 영조를 중심으로〉, 《정신문화연구》 35권 1호, 한국학중앙연구원; 김성윤, 2012, 〈정조의 경세론과 효제 윤리〉, 《한국실학연구》 23, 한국실학학회).

기록하고 있다. 사람들이 서로 다투고 빼앗지 않는 화목한 세상을 만들기 위한 방법이 바로 '효'라고 주장하고, 그 주장을 여러 방면에서 부연 설명한다. 그 책의 마무리 역시 증자의 질문과 공자의 답변으로 되어 있는데, 효에 대한 흔한 오해를 질문한 것이었다. 증자가 효는 순종하는 것이냐고 묻자 공자는 "어찌 그럴 수 있는가, 어찌 그럴 수 있는가?"라며 강하게 부정한 후 간(諫)하여 올바르게 하는 것이 효라고 설명한다. "불의를 당하면 간쟁하는 것이니, 아버지의 명령을 따르는 것이 또 어찌 효가 될 수 있는가?" 이것이 《효경대의》의 마지막 문장이다. 이렇게 부모의 명령을 무조건 따르는 것이 효가 아니라는 것을 조선시대에는 초학자들부터, 왕실에서는 원자 시절부터 배웠다.[48] 물론 '효'를 공순의 관점에서만 보지 않는 이 같은 입장은 그 이후에 배우는 《소학》과 같은 교재에서도 일관된다.

효의 이러한 지점을 이해하면, 효의 순종의 원리와 '군부일체론'을 연결시켜 '충' 즉 국가(군주)에 대한 복종을 절대화하려는 시도로 파악하는 것 역시 잘못임을 알 수 있다. 당시 사람들은 아첨하고 영합하며 맹목적으로 충성하는 것을 '아녀자나 환관(婦寺)'의 충이라고 비판했다.[49] 더구나 왕권은 (왕의 권력, 권한, 힘 어떤 측면에서든) 주장한다고 강화되는 것이 아니다. 사람들이 그 정치를 공감하고 받아들일 때 저절

47) 조선시대 효경 텍스트 간행에 대해서는 옥영정, 2012, 〈《효경간오》, 《효경대의》, 《효경언해》의 간행본과 그 계통 연구〉, 《정신문화연구》 35권 1호, 한국학중앙연구원 참조.

48) 주자는 공자와 증자의 대화를 기록한 《효경》을 후대의 위설이 포함된 것으로 여겨, 효경을 경 1장과 전 14장으로 나누어 재정리한 후, 재정리에 관한 자신의 입장을 밝혀 《효경간오(孝經刊誤)》를 썼다. 이 《효경간오》를 근간으로 하여 주자학적 입장에서 자세한 주석을 달아 펴낸 책이 《효경대의(孝經大義)》이다. 조선 후기 숙종이 원자 시절 강학할 때 《효경대의》를 첫 텍스트로 삼았으며, 이때 이것을 가르친 이가 학계에서 주자성리학자로서 별 이견이 없는 송준길(宋浚吉)이었다. 결국 《효경》이라는 텍스트를 읽는 방법과 경세의 기초로서 '효'를 다루는 방식이 문제이지, 효에 대한 강조가 바로 '군부일체론'이나 군주권 강화론과 연결되는 것은 아니다.

49) 《영조실록》 권22, 영조 5년 6월 1일(갑술).

로 힘도 생기는 것이다. 효가 천하를 다스리는 대경대법이 되는 것은 효가 순종의 윤리이기 때문이 아니라 효의 마음을 미루고 미루면 천하를 조화롭게 하고 평천하하는 데 이르게 할 수 있기 때문이다.[50]

정조가 정리소를 만들었던 것은 예의 시중과 비용의 절제를 통해 자신의 효가 올바른 공도 안에서 실천되게 하려던 것이었다. 여기에서 더 나아가 정조는 정리곡을 통해 자신의 효에 대한 마음을 미루어 천하에 이르게 하는 실천을 보여주려 했다.

> 이를 통하여 생각건대, 인정(仁政)은 은혜를 미루어나가는 데 있을 뿐이니, 맹자가 이른바 "이 마음을 들어서 상대에게 시행한다."고 한 것이 이것이다. 지금 화성 한 부로 미루어보면 한 도를 알 수 있고, 한 도로 미루어보면 7개 도와 양도(兩都)를 알 수 있다. 지금 이렇게 은혜를 베푸는 것이 화성 한 부에만 미치고 팔도(八道)와 양도에 미치지 않으며, 단지 올해만 시행하고 천년만년토록 시행되지 않는다면, 이것을 어찌 미루어나간다고 말할 수 있겠는가. …… 어버이를 사랑함에 있어서는 뜻을 따르는 것보다 더 좋은 일이 없고, 뜻을 따름에 있어서는 은혜를 넓히는 것보다 더 좋은 일이 없다. 아, 너희 유사의 신하들은 나의 지극한 뜻을 알아서 똑똑히 듣고 삼가 준행하도록 하라.[51]

정조에게 효는 어버이의 뜻을 따르는 것이었지만, 이는 순종한다는 의미가 아니었다. 정조의 해석상 어버이의 뜻을 따르는 것은 은혜

---

50) 가족 안에서 배운 공공심〔仁〕을 이웃의 다른 사람들, 같은 나라 사람들, 천하로 확장할 수 있을 때 공동체의 공공선에 이를 수 있다는 것이 주자학의 경세론이자 예치론의 핵심 주장이었다. 피터 볼, 2010, 《역사 속의 성리학》, 7장; 송재윤, 2010, 〈가족, 선정, 의례〉, 《국학연구》 16, 국학연구원, 76·77쪽.

51) 《홍재전서》 권28, 윤음 3, 〈화성에서 진찬하는 날 중외에 유시한 윤음〔華城進饌日諭中外綸音〕〉.

를 넓히는 것이었다. 은혜를 넓히는 것이란 맹자의 말대로 내 어버이의 마음(=내 마음)을 들어서 상대에게 시행하는 것이었다. 이렇게 천하와 함께 나누고 더불어 살게 하는 것이야말로 어버이의 뜻을 따르는 것이었기에, 정조는 어머니에 대한 효의 의례가 단지 어머니를 떠받드는 것으로 귀결되지 않고, 만백성과 함께 나누는 의식과 실천이 되게 하려 했다. 어머니의 이름으로 행해진 나눔의 실천을 통해 어머니를 영광스럽게 하고자 했다. 당시 모든 사람들이 효자, 효부를 자처했음에도 불구하고 가족-친족의 이해관계에만 골몰하여 공공의 기획이 실천되지 않고 있었다. 따라서 효가 가족 안에서만 머물지 않고 공공을 향한 실천으로 확장되는 것을 보여주는 정조의 의례 행위는, 당대인에게 유교정치에서 '효'를 강조하는 이유가 무엇인지 이해시키는 교육이기도 했다.

1795년의 원행에서 행해진 주요 행사 중에 양로연과 행궁 문에서 쌀을 나누어주고 굶주린 사람들을 먹이는 행사가 있었던 것 역시 같은 뜻에서 이루어진 일이다. 어머니가 나를 키울 때의 마음이 내가 어머니를 사랑하는 마음이 되고, 그 사랑의 마음을 미루어 노인이나 힘없는 백성들에게 이른 것이니, 사민(四民)과 팔도에 이르는 은혜는 자궁(혜경궁)의 은혜로부터 말미암은 것이었다. 선정(善政)의 명예를 정조 자신이 아닌 어머니의 덕으로 돌려, 부귀함으로써가 아니라 진정한 명예로써 어머니를 높였다. 이것이야말로 유교 경전에서 누누이 강조했던 '제왕의 효'였다.

정조는 "제사의 예전을 밝히는 것과 백성의 일을 급하게 여기는 것이 그 정사는 비록 다르지만 그 뜻은 같다. 대개 사람이 화합하고 나서야 귀신도 편안해지니, 덕이 백성에게 미치지 못하면서 정성이 하늘을 감동시킬 수 있는 경우는 없다."고도 했다.[52] 백성들에게 실질적으로 혜택이 이르는 정치를 행하지 못하면서 제사를 통해 천지와 귀신을 편하게 할 수 없다고 여겼던 그였기에, 세상을 떠난 아버지와 살아계신 어머니를 위한 효 역시 백성을 위한 정치로 귀결시켰다. 어머니의 은덕을 팔도의 백성들에게 미치게 하려는 '정리곡'을 포함하여 정리소의 주관 하에 펼친 많은 의식과 실천에는, 어버이의 마음을 법받아 만백성에게 이르게 하는 정치, 즉 효에서 출발하여 '공공 천하'하며 조선이 오랫동안 노력한 유교정치의 방법으로 당대의 문제를 해결하려던 효자 왕 정조의 야심이 담겨져 있었다.

다산 정약용의 〈자찬묘지명〉에는 1795년 1월 사도세자에게 여덟 글자 존호를 올리고 옥책문을 지어 올릴 때, 금등의 의미가 반영되지 않은 것 때문에 존호를 개정하고 옥책문 전체를 다시 짓게 된 시말이 기록되어 있다. 금등의 의미란 무엇인가. 바로 선세자의 지극한 효성이라고 다산은 설명했다. 정조가 오랜 시간을 통해 세상으로부터 인정받고 싶었던 것은, 아버지는 단지 광인이 아니었으며 세상의 제대로 된 인간이라면 누구나 가져야 할, 더구나 제왕의 지덕이라면 더군다나 갖추어야 할 '지극한 효도의 마음'을 가진 사람이었다는 사실이었다. 가장 인간적인 마음, 공감하고 아파하고 기꺼이 나누려는 마음을 아버지도 가졌음을 보여주고자 했다. 단순히 아버지를 죽게 한 사람을 미워하고 증오하고 복수하는 방식으로서가 아니라, 아버지가 제대로 된 좋은 사람이었음을 밝히고 그것이 공인을 받아 그를 죽음으로 몰아넣은 사람들이 자연히 배척되기를 바랐다. 또 그 아버지의 아들이기에 제대로 된 마음을 가지고 제대로 된 정치를 해나갈 수 있었음을 보여주고자 했다.

---

52) 《홍재전서》, 《일득록》 10, 정사.

효의 실천을 사적인 행위가 아니라 '공공 천하' 하는 방법으로 제시하고, 선정이야말로 부모를 향한 국왕의 효임을 보여주고자 했던 정조의 방법은 조선 정치가 공유했던 예치의 방법과 다르지 않았다. 1795년 화성 행차 후 정조는 아버지를 위해 행한 오랜 효의 실천을 기록으로 남기고자 했다. 그 기록에 '정리'라는 이름을 붙여 제대로 된 효를 제대로 된 방법으로 실천하려는 뜻을 담았다. 기왕의 조선의 제도에 대한 혁신 역시 제대로 된 효의 실천이라는 목적과 동떨어져 있지 않았다. 예의 시중과 민생을 위한 절제, 효의 마음을 미루어 만백성을 위한 정치를 행하는 것, 이것이 정조가 생각한 복수(갚지 않는 갚음)이고 효도의 방식이었다. 또 왕의 정통성 역시 아버지의 무리한 추숭을 통해서가 아니라 그 절제와 시중의 정치에 대한 공감 위에서 마련될 수 있었다.

정리원행의례를 통해 정조는 어버이에 대한 효에서 출발하여 공천하에 이르는 것이야말로 제대로 된 효의 실천이라는 점을 보여주었다. 효가 가족 안에만 머물지 않고 공공을 향한 실천으로 확장되는 것을 보여주었던 이 방례는, 유교정치에서 왜 '효'를 강조하는지 당대인들을 이해시키는 교육이기도 했다.

5부

천하례: 대명의리와 정조의 사대예설

내가 크게 두려워하는 것은, 춘추대의를 울타리 밖에 버려둔 지 오래되었는지라 온 세상 사람들이 그릇된 견문에 젖어 태연하게 수치를 모른 채 모두 수염 난 부인으로 바뀌는 것이다. (이렇게 되면) 주자가 말한 진짜 오랑캐 무리와 가깝게 되는 것이다.

세상의 모든 군자는 옛것을 답습하여 따르는 것에 구구하게 얽매이지 말고 제도를 개정하는 것에 다투지 말며, 춘왕일통(春王一統)의 대의를 내걸고 비풍삼장(匪風三章)의 뜻을 강구하라. 문란함이 극에 달하면 다스려지기를 생각하게 되는 것이다. 양기를 부양하고 음기를 억제하여 천하가 하루에 인(仁)에 의귀하게 한다면 복색을 바꾸는 것은 단지 순간적인 일이다. 이것이 바로 주자가 말한 실속이며 큰 것이다. 이 어찌 규범〔體〕과 실천〔履〕의 근본이 아니겠느냐.

—1799, 정조의 〈사대예설〉 중에서

조선의 대청 의례를 근대적 의미의 생존을 위한 외교 의례로서가 아니라 여러 국가가 병립한 세계 속에서 평천하에 동참하는 조선의 방법이라는 차원에서 살펴보려 한다. 양위 후 태상황으로 있던 청나라 건륭제가 1799년 1월 죽었다. 정조대 조선과 청의 관계는 외면적으로 아주 좋은 상태였다. 1790년 청 황제가 '복자신한(福字宸翰)'을 보내주고 조선이 황제의 80세 생일 즉 만수성절(萬壽聖節)에 대제학 서호수를 정사로 삼아 보냈다.[1] 청 황제는 각국 사신들이 모인 자리에서 조선의 표문과 자문을 펼쳐 보이며 조선의 정성스러운 사대에 깊은 만족감을 드러내 보이기도 했다.[2] 그로부터 9년 뒤 건륭제의 부

1) 건륭제의 만수성절 의례는 천하가 조공해오는 중화제국의 위상을 만방에 과시하기 위해 매우 성대하게 치러졌다. 이에 대해서는 거자오광, 이연승 역, 2019, 《이역을 상상하다》, 그물, 367~377쪽 참조.

음이 이르자 조선 조정에서는 청 황제에 대한 복제 논의가 분분했다.

조정에서의 각기 다른 복제 논의는 청에 항복한 지 160여 년이 지난 시점에서 조선 사람들의 대청 인식 층차가 어떠했는지 보여준다.[3]

---

2) 서호수, 《연행기》 권2, 〈열하에서 원명원까지[起熱河至圓明園]〉, 경술년(1790) 7월 16일(갑오). 정조대 건륭제의 칠순 성절 이래로 성절을 축하하는 표문, 사절 등을 통해 진하외교를 펼쳤던 것에 대해서는 구범진, 2014, 〈조선의 청 황제 성절 축하와 건륭 칠순 '진하외교'〉, 《한국문화》 68 참조.

3) 복제는 한 사람이 죽었을 때 어떤 상복을 입을지에 대한 것이다. 상복은 애통한 마음을 외면화한 것이다. 내가 망인과 얼마나 친밀한지, 망인을 얼마나 존중하는지에 따라 상복의 등급이 정해졌다. 5부에서 다루는 것은 천하례, 즉 국가와 국가 사이의 예제이다. 왜 황제상에 입는 상복 문제를 천하례 부문에서 다루는가? 복제야말로 개별 주체 간 상호 인식을 가장 직접적이고 외면적으로 드러내는 장치였기 때문이다. 참최, 세최 등 용어 때문에 읽기를 멈추지 않도록, 용어에 담긴 의미를 최대한 풀어내고 복제 논란에 담긴 본래 의미와 복제 논란을 일으킨 정조의 의도를 읽어내고자 했다.

4) 청 왕조 성립 이후 조선 지식인들이 청을 바라보는 입장은 17~18세기 전반까지의 복수설치론-대명의리론에서 18세기 후반 이후의 북학론으로 전개되었다는 식으로 이해하는 것이 일반적이다. 복수설치론-대명의리론은 청 적대론이자 명분론, 북학론은 바뀐 현실을 받아들이고 청을 배우자는 우호론이자 현실론으로 이해되기도 하는데, 후자를 '현실론'이라 명명하는 순간 전자는 바뀐 현실을 자각하지 못한 허구적 담론으로 치부될 수밖에 없다. 허구적 담론으로 보는 가장 극단적 방식은 전쟁의 패배와 무능력을 철저하게 감추기 위한 조선 지배층의 자기기만과 허위의식의 산물이라고 보는 견해이다(계승범, 2011, 《정지된 시간-조선의 대보단과 근대의 문턱》, 서강대학교출판부). 문제가 있기는 하지만, 18세기까지의 '숭명배청'의 기조는 임진왜란 때 명의 원조와 병자호란 때 청의 적대라는 역사를 염두에 둔다면 어느 정도 이해할 수도 있으나 현실의 변화를 직시하지 못한 것이었다고 보는 입장도 있다(한명기, 2007, 〈재조지은과 조선 후기 정치사-임진왜란~정조대 시기를 중심으로〉, 《대동문화연구》 59). 국익 중심의 현실주의적 외교사 연구들의 시각이 반영된 해석들이라고 할 수 있다.
이에 대한 비판은 조선인들이 사용하는 개념, 사유 방식에 대해 좀 더 역사적인 방식으로 접근하면서 대명·대청 인식을 바라보고 평가해야 한다고 여겼던 지성사 연구자들에 의해 제기되었다. 정옥자는 대보단을 세워 명나라의 죽은 황제를 제사지냈던 조선인들의 행동을 뿌리 깊은 비주체적 사대주의로 평가해온 관점을 대신해 조선 후기 중화 계승 의식의 산물로, 현실 중국에 대한 사대가 아닌 '문화적 중화' 즉 비패권적 유교 문화에의 지향으로 이해해야 한다고 제안했다(정옥자, 1998, 《조선 후기 조선중화사상 연구》, 일지사). 우경섭, 김호, 허태구 등도 중화 개념의 핵심이 유교의 '왕도', '의리', '예제와 인륜'이라는 유교의 핵심 가치와 관련되었음을 지적하며, 명에 대한 존숭과 반청이 현실 '중국'인 명이나 청 제국에 대한 것이 아니라 보편의 문명적 가치를 의미하는 '중화'에 대한 것이었다고 주장했다(김호, 2013, 〈조선 후기 화이론 재고-'역외춘추(域外春秋)'론을 중심으로〉, 《한국사연구》 162; 우경섭, 2013, 《조선중화주의의 성립과 동아시아》, 유니스토리; 허태구, 2019, 《병자호란과 예, 그리고 중화》, 소명출판, 4장 3절). 즉 '중국'과 '중화'를 분리해 보아야 하며, 중국 명나라에 사대한 것이 아니라 명이 상징하는 비패권적 사유와 문화, 중화 문명에 대한 존중으로 읽어야 한다고 보았다.

심환지가 받은 정조 편지를 모아 엮은《정조어찰첩》에 따르면, 정조는 조정의 복제 논의의 향방에 유의하며 여러 사람들의 복제 논의를 부추겼다. 정조 자신의 입장은 〈사대예설(事大禮說)〉이라는 소논문으로 제시되었다. 필자는 5부에서 〈사대예설〉에서 주장하는 논리를 분석, 정리한다. 이 글과 전후 시기《일성록》과《일득록》,《정조어찰첩》에 드러난 복제 관련 언설들을 정리하여, 정조의 천하례 인식을 청-일본과 함께하는 천하에서 다 같이 오랑캐로 전락하지 않기 위한 노력의 차원에서 읽어내고자 한다. 패권적 형세론의 입장 위에서 안으로는 대명의리라는 명분론으로 왕실과 기득권 정치 세력의 정당성을 마련하고 밖으로는 청의 눈치를 보며 왕조의 생존을 도모했다는 기존 학계의 평가를 극복할 대안적 독법을 제시하고자 한다.[4)]

1.

청 황제의 죽음과 조선 조정의 복제 논의

1799년 1월 22일 태상황으로 있던 청나라 건륭제의 부음이 조선에 전해졌다.[5] 정조는 이시수(李時秀)를 원접사로 삼고 조석중(曺錫中)을 문례관으로 삼아 칙행이 곧 이를 것에 대비했다.[6] 승지 이서구에게는 예조등록(禮曹謄錄)을 가져오게 해 함께 복제 조항을 검토했다.

이서구: 옹정 을묘년에 생포단령에 가장자리를 꿰매지 않았고 생마대(生麻帶), 포로 둘러싼 사모(뿔이 없고 끈이 있음)로 마련했습니다.

정조: 그런가. 우리나라의 예제는 선조(영조)께서 《국조상례보편(國朝喪禮補編)》을 간행한 후로 개정되었다.[7] 을묘년에는 예제가 아직 고쳐지기 전이라 이와 같이 포모(布帽)·포포(布袍)의 제도를 썼지만, 이 또한 하나의 의리이다. 이미 의리라고 했으면 어찌 두 가지 이치가 있겠느냐. 그 칭호가 큰 것이다. 금번에 만일 《국조상례보편》에서 고친 뒤의 의절에

---

5) 《승정원일기》, 정조 23년 1월 22일(신사).

6) 문례관은 외교의절 중 의문점을 청 예부와 협의하는 일을 담당한다. 조석중의 친병으로 인해 문례관은 바로 이희갑(李羲甲)으로 교체되었다. 《승정원일기》, 같은 날 기사.

의거해서 제복(祭服)을 입도록 하면 어떻겠는가. 지금 사람의 소견이 고루하여 혹 오히려 제복을 더 중한 것으로 인식할 우려가 없는가.

정민시: 복제 한 가지의 일은 저들 중에도 기왕의 등록이 있기에 우리나라에서 갑작스런 의논으로 변개할 수 없습니다. 이번에 만약 제복으로 한다면 과연 오히려 중하게 여긴다는 혐의가 있어 쉽게 외간의 사설을 부를 것입니다.

정조: 경 등이 물러난 뒤에 비국에서 잘 살펴 헤아려보고 다시 아뢰도록 하라.

이상에서 살펴본 바와 같이 청 황제에 대한 복제를 논의할 때 처음으로 검토되었던 것은 가장 최근의 사실, 즉 옹정 을묘년(1735) 옹정제가 죽었을 때의 복제였다. 청 옹정제에 대한 조선 군신의 복제는 《국조오례의》의 규성, 즉 "황제를 위해 성복하는 경우 참최를 입는다."는 규정에 따른 참최복이었다.[8] 참최복은 자식이 아버지에 대해 입는 상복이다. 아주 거친 베와 가장자리를 깁지 않은 옷, 거친 베로 만든 머리끈과 허리띠, 몸을 가눌 수 없을 정도의 슬픔을 표현하는 지팡이 등이 참최복의 특징이다. 《국조오례의》에는 황제의 상에 참최복을 입는다고 규정했지만, 그 의주에서는 최복의 구체적인 형식을 규정하지는 않았다. 최복의 형식은 당연히 국왕 상례 때의 복제 조항에서 찾아볼 수 있는데,[9] 유교 경전 상의 참최복이 아니라 조선

7) 《국조상례보편》의 복제 항목에는 "경자년 이후에 복제는 고제를 회복하였다. 이 조항은 고친 곳이 많아 다른 조례처럼 주석을 달거나 괄호를 하지 못했다. 또 연품으로 인하여 대상의 의주만 기록했다. 내상과 먼저 난 내상, 소상과 소내상의 복제는 도표로 나열했다. 대상은 이미 의주에 나타나 있으므로 도표에는 상기만 나열했다."고 하였다(《국조상례보편》 권1, 〈복제〉, 서). "복제는 고제를 회복했다."는 말은 본문에서 정조가 말한 방상 참최, 즉 아버지의 상에 준해서 임금의 상을 행한다는 고례(=주자례)의 본의를 완전히 구현하게 되었다는 의미이다.

8) 《국조오례의》 권5, 흉례, 〈위황제거애의(爲皇帝擧哀儀)〉; 《국조오례의》 권5, 흉례, 〈성복의〉.

조정의 관복과 관모 모양을 따르되 재질과 색, 재봉하는 방식만 참최의 정신이 반영되도록 고친 복색이었다.[10]

정조가 포포(布布)와 포모(布帽)라고 한 것은 바로 이 《국조오례의》의 참최복을 가리킨 것이다. 《국조오례의》에 나오는 왕세자나 문무백관의 참최복 규정에는 지극히 거친 생포를 사용하여 의상(衣裳)과 중의(中衣)를 만들고, 관에는 삼줄로 만든 머리끈을 달고, 허리띠는 교대(絞帶)를 쓴다고 하였다. 교대의 재질이 생마였으므로, 생마대란 바로 참최복의 허리띠를 의미한다. 다만 이 규정에는 생포로 만든 의상과 중의의 가장자리를 깁지 않는다는 명시적 표현이 없어 완전하게 참최복의 형태를 구현한 것이라 볼 수 없었다. 13개월 후 지내는 연제 즉 소상제 때의 왕세자복 규정에만 최복을 고쳐서 의상을 만들 때 대공복에 쓰는 칠승포를 쓰고 가장자리를 깁지 않는다고 되어 있을 뿐이었다.

이런 《국조오례의》의 참최복을 고례의 참최복처럼 고치자는 논의는 17세기 내내 지속되었다. 1714년 숙종이 이를 받아들여 국상에 입는 최복 형태를 바꾸도록 했고,[11] 영조는 《국조상례보편(國朝喪禮補編)》 복제 항목에 반영시켜 상복 제도를 완전히 개편했다.[12] 《국조상례보편》이 완성된 것은 1758년이었으므로, 옹정제의 복을 입었던 1735년에는 전래의 국가 예제 규정에 따라 황제상에 포포/포모의 참최복을 입었던 것이다. 이후로는 청 황제의 부음이 이른 적이 없었다.

---

9) 《국조오례의》 권5, 흉례, 〈복제〉.

10) 거친 생포로 만든 포와 포로 싼 관모이다. 관모에는 뿔을 제거하고 끈을 달았다. 허리띠도 마대로 한다.

11) 《국조보감》 권55, 숙종조 15, 숙종 40년(1714).

12) 《국조상례보편》, 도설, 〈성복〉.

건륭제가 중국 역사상 드물게 오래 살면서 황제 자리에 있었기 때문이다. 따라서 1758년의 《국조상례보편》에 수록된 개정된 복제는 청 황제를 위한 외교 의례 현장에서 사용된 일이 없었다.

〈표〉 조선시대 국가예전의 상복 규정과 청 황제 복제

	연도	복제 명칭	상복 내용	비고
국조오례의	1474년	참최	포포·포모	관복과 관모의 재질(생마)과 색깔, 재봉 방식 일부에 참최의 정신이 반영되도록 한 변형 참최복
옹정제 상	1735년	참최	포포·포모	을묘년 복제
국조상례보편	1758년	참최	최복	관구질대의 형식을 예경에 규정된 대로 갖춘 참최복

이서구가 1735년 을묘년 등록 읽기를 마치자마자 정조는 바로 문제제기를 했다. 옹정 을묘년 복제는 《국조오례의》의 참최복이다. 조선은 이미 예제 개정을 통해 군신복제를 예경과 주자의 논의를 따라 고쳤고, 이것이 어정보편(御定補編), 즉 《국조상례보편》에 실려 있다. 참최복을 입는다면 어정보편의 참최복(정조는 이를 제복(祭服)이라 지칭했다)을 입어야 하는 것 아닌가. 그런데 이렇게 고치면 잘 모르는 사람들이 더 중한 복을 입는다고 말들이 많지 않겠는가 하는 질문이었다. 정민시 역시 그럴 우려가 있다고 동조했고, 덧붙여 청나라에서 이전의 의주등록을 살펴볼 것이라는 점도 지적했다. 정조와 정민시 모두 어정보편에 따라 청 황제를 위해 완전한 참최복을 입는 것에 부정적 입장을 피력한 것이다.[13]

다음날인 1월 23일 정조는 이서구와 만나 다시 복제 문제를 논의했다.

정조: 복제의 일이 어제 이미 발단되었으니 의견들이 어떠한지 듣고 싶다. 대저 의리는 둘이 아니며 그 호칭이 큰 것이다. 이미 박부득이해서 행한 것일 뿐이지만, 을묘년에 정한 성복(成服) 절목은《국조상례보편》이전의 상복 규정에 따른 것이다. (상례)보편이 간행된 후로 천고의 누습을 한 번에 씻어버리고 제대로 된 예제가 정해졌다. 이번에는 이전의 오류를 답습할 필요가 없고 당연히 보편에서 고친 제도를 써야 한다. 그런데 모(帽)를 굴관으로 바꾸고 모영(帽纓)을 수질(首絰)로 바꾸며 단령(團領)을 제복(祭服)으로 바꾸고 마대(麻帶)를 요질(腰絰)로 바꾸고 무장(無仗, 지팡이가 없음)을 유장(有仗, 지팡이가 있음)으로 바꾸면, 요즘 사람들은 그 외면만을 보고 반드시 도리어 더욱 중하게 여긴다고 생각할 것이다. 비록 딱 잘라 행할 수는 없지만 의리는 이와 같은 것이다. 이미 의리라고 말했으면 의리에 어찌 둘이 있겠는가.

이서구: (《국조상례보편》 편찬 이전의 제도에) 부족함이 있다는 말과 의리에 둘이 없다는 말은 진실로 성교와 같습니다.《국조오례의》를 따라 신하들의 복색을 모두 가장자리를 깁지 않은 생마대로 마련하는 것은 실례 중의 실례입니다. 참최를 두 번 입지 않는다는 의리에 있어서도 이정하지 않을 수 없습니다. 예경에 제후의 대부는 천자를 위해 세최(細衰)를 입는다는 글이 실려 있으니 분명히 근거할 만합니다. ① 저것(오례의 규정)은 비록 관구질대(冠屨絰帶, 참최복의 굴관·신발·머리띠와 허리띠)를 행하지 않지만 참최라는 이름이 있고, ② 이것(예경 규정)은 비록 관구질대

13) 《정조어찰첩》 6첩의 날짜 미상의 편지 중에는 정조가 복제에 대한 이 같은 논점들을 적어 보낸 편지가 들어 있다.《국조상례보편》의 최복 제도는 매우 훌륭한 것이지만, 이를 청 황제의 복제에 적용한다면 정민시의 의견처럼 청 황제를 이전보다 더 성대하게 대접하는 것처럼 보일 것이다. 존주대의가 완전히 사라진 때 이러한 조치를 행할 수는 없다. 조정이나 재야에 언론이 엄중하여 믿고 따를 만한 사람이 있다면 이를 행할 수 있으나 지금은 그렇지 않다는 것이 정조 주장의 핵심이다. 성균관대학교 동아시아학술원, 2009,《(탈초역주) 정조어찰첩》, 성균관대학교출판부, 520·521쪽.

를 행하나 (참최가 아닌) 세최의 복이니 경중이 판이합니다. 비록 만난 때나 쓰이는 곳이 진실로 매우 가슴 아픈 일이지만 따지고 보면 박부득이 해서 그런 것입니다. 중함〔참최라는 이름〕을 버리고 가벼움〔세최라는 이름〕을 취하여 마땅히 입어야 할 복을 입어 조금이나마 바름을 얻어야지, 어찌 속견에 구애되고 부박한 의론에 끌려 잘못을 답습하고 이러한 이참(貳斬)의 기롱을 범하면서도 바꾸지 않겠습니까.

정조: 세상의 등급이 이미 내려갔고 인심이 바뀌어 존주양이(尊周攘夷)의 대의도 펼 데가 없고 빈말이라도 강개한 뜻이 담긴 말을 전혀 들을 수가 없다. 심지어 칙사가 입경할 때에 사부가의 자제들이 다투어 달려나와 구경하면서도 그 부끄러움을 알지 못한다. 의리가 날로 어두워지고 풍속이 이미 예전 같지 않으니 생각이 이에 미치면 어찌 개탄스럽지 않겠는가. 이러한 때에 비록 갑자기 옛 제도를 변화시켜 분분한 말들이 나오게 하기는 어렵지만, 의리가 이와 같으므로 어제 연석에서 발언한 것이다. 일제학(一提學, 정민시)의 말도 또한 그러한 염려가 없다고 말할 수는 없다.[14] 나는 여러 사람의 의견을 들어 쓸 것이다. 옛 것을 그대로 따라도 의리에 어긋나지 않고 강구함에 별반 좋은 도리가 없으니 경들은 물러나 널리 의논해보는 것이 좋겠다.

이날 이서구와의 대화에서 정조는 두 가지 점을 지적했다. 하나는 복제에서 의리가 담긴 호칭이 중요한데, 을묘년에도 어쩔 수 없어 한 것이지만 '참최'라는 호칭을 사용했다는 것이다. 다른 하나는 이번에 건릉제에 대해 《국조상례보편》의 신 참최복을 입어준다면, 사람

14) 전날의 연석에서 일제학 정민시는 이전의 복제 규정을 청나라에서도 살펴본다는 점과 제복으로 변경할 경우 더 중한 것으로 여길 염려가 있다고 하였다.

들이 외면만 보고 왕이 청 황제를 이전보다 더 중하게 대해준다고 생각할 수 있다는 것이다. 이서구는 '세최'라는 이름을 가진 복제를 써서 정조가 제기했던 두 가지 곤란함을 피해갈 대안으로 삼았다. 세최는 제후국 신하가 천자를 위해 입는 상복 제도로, 주자가 제후의 대부는 자신의 군주 즉 제후를 위해서만 참최복을 입을 뿐 천자를 위해서는 입지 않는다고 하면서 거론한 복제이다.[15] 세최는 참최보다 약간 등급을 낮춘, 덜 거친 베를 사용하여 외면적으로도 경중이 드러나 보이게 했다.[16] 따라서 세최를 쓴다면 '참최'라는 호칭의 곤란함도 피하고, 청 황제를 위해 더 중한 옷을 입어주는 것 아니냐는 세간의 의혹도 피할 수 있으리라는 것이 이서구의 생각이었다. 그러나 정조는 이서구의 답을 정답으로 여기지 않았고 그래서 바로 응대하지 않았다.[17] 의리가 어두워지고 풍속이 밝혀지지 않아서 존주양이의 대의를 펼 곳이 없는데, 비분강개해서 현실성 없는 빈말이라도 내지르는 사람이 없다고 한탄했다. 그러면서 옛 것 그대로 따라도, 즉《국조오례의》에 근거한 을묘년 복제를 써도 세최를 쓰는 것과 의리상 별반 차이가 없으니 물러가 더 의논해보라고 했다. 결론은 다시 유보되었다.

1월 25일 논의가 계속되었다. 정조는 칙서를 받고 성복례를 거행하는 의절을 모두 강희 임인년(1722)과 옹정 을묘년(1735)의 예, 즉

---

15) 《의례》, 〈상복〉, 참최 삼년 조에는 아들이 아버지를 위해, 제후가 천자를 위해, 신하가 군주를 위해 입는다고 되어 있다. 이렇게 입는 이유를 밝혔는데, 모두 '지존(至尊)이기 때문'이었다. 즉 아버지와 천자와 군주가 가정과 천하와 국가에서 가장 존귀한 자리임을 상복 제도를 통해서도 다시 보였다.《의례역주》6, 상복 11, 참최삼년.

16) 인간관계의 경중을 규정하고 책임 지운다는 복제의 본의를 고려하면, 이 말은 제후국의 경계 안에서는 제후의 신하에게 천자보다 자기 군주가 더 중하다는 뜻이다.

17) 뒤에서 살펴보겠지만, 정조는 이서구의 답이《국조오례의》이래로 중국 황제상에 참최복을 입어왔던 조선의 전통을 고려해야 한다는 것, 참최 대신 세최라는 이름을 써도 여전히 청 황제를 천자로 인정한다는 실체 자체가 바뀌는 것이 아니라는 것 등 두 가지 점에서 부족하다고 여겼다.

《국조오례의》 규정을 따른 참최복을 입는 것으로 정하자고 했다. 왕의 황제상 복제에 대한 입장이 구체화되려 하자 조정 신하들도 자신들의 입장을 다투어 개진했다. 영의정 이병모는《국조상례보편》을 따라야 한다고 주장했다. 정민시는 왕의 상복에 가장자리를 깁지 않는 것은 말이 안 되며, 신하들의 경우에는 외복배신(外服陪臣)에 불과한데 호황(胡皇)을 위하여 참최복을 입을 수 없다고 했다. 조진관은 부득이 복을 입어야 한다 해도 가장자리를 깁지 않은 옷을 입어서는 안 된다고 했다. 이서구 역시 세최의 주장을 고수하며 절대 참최복을 입을 수 없다고 했다.[18]

결국 1월 29일 예조에서 복제 절목을 정해 올렸다. 정조가 강희제의 상과 옹정제의 상 때의 전례를 기준으로 결정한 복제를 따랐다. 그 중 복제 규정은 다음과 같았다.

> 전하께서는 최복〔衰服, 생포로 싼 익선관(翼善冠), 가선을 깁지 않은 생포로 만든 원령포(圓領袍), 생마(生麻)로 만든 대(帶)와 가죽신〔靴〕이다〕으로 3일간 성복한 뒤 상복을 벗는다. 성복한 뒤부터 복을 벗기 전까지 공무를 볼 때 입는 옷〔視事服〕은 백포(白袍)에 익선관, 오서대(烏犀帶), 화(靴)로 하며 대내에서 예를 행한다.
>
> 종친과 4품 이상의 문무백관은 최복〔생포로 싼 사모(紗帽), 가선을 깁지 않은 생포로 만든 단령(團領), 생마로 만든 대와 가죽신이다〕으로 3일간 성복한 뒤 상복을 벗는다. 성복한 뒤부터 복을 벗기 전까지 공무를 볼 때의 옷〔公服〕은 백의(白衣)에 오사모(烏紗帽), 흑각대(黑角帶), 가죽신을 착용한다. 5품 이하는 그대로 백의에 오사모, 흑각대, 가죽신 차림으로 승정전

18) 《승정원일기》, 정조 23년 1월 25일(갑신).

뜰에서 의주(儀註)대로 예를 행한다.[19]

위에서 볼 수 있듯이 정조가 입을 복은 을묘년 규정과 동일하게 명칭은 '참최복', 실제 내용은 《국조오례의》와 같이 생포 익선관, 가선을 깁지 않은 생포 원령포, 생마로 만든 대와 가죽신으로 정해졌다. 종친 및 4품 이상의 문무백관도 '참최복'으로 생포로 싼 사모, 가선을 깁지 않은 생포 단령, 생마로 만든 대와 가죽신이었다.

이렇게 을묘년 규정을 그대로 따르는 것으로 예조의 시행절목이 마련되었고, 이 내용이 조정에 알려졌다. 조정에서는 즉각 반응했다.

19) 《정조실록》 권51, 정조 23년 1월 29일(무자).

2.

복제에 대한 반론과 정조의 이중적(?) 대응

1월 29일에 결정된 예조 절목은 이후 몇 차례 수정되었다. 우선 출궁할 때의 복식이 백포가 아니라 곤룡포로 바뀌었는데, 아직 부고를 전하는 칙시를 받지 않은 상태에서 칙사를 맞이하기 위해 나가는 행렬이었기 때문이다. 이는 전례를 따른 것이었다.[20]

또 성복 후 옷을 벗는 기간도 재조정되었다. 본래는 칙서가 도착한 후 4일째에 성복하고 3일 후에 옷을 벗는 것이 규례였다. 지방관의 경우에는 서울에서 다시 보낸 문서가 도착하기를 기다려 예를 행해야 했다. 예조에서는 《한서(漢書)》 및 《사기(史記)》의 내용을 들어 칙서가 도착한 당일 성복례를 행하고 3일 후에 벗는 것으로 바꾸자고 건의했다. 팔도 감사 등의 외관들도 칙서가 도착하여 성복례가 거행될 때를 기해 동시에 성복하고 3일 후에 옷을 벗는 것으로 정했다.[21] 그러나 성복의 내용에서 가장 중요한 '참최' 규정 자체는 바뀌지 않았다.

---

20) 《정조실록》 권51, 정조 23년 2월 2일(경인).

21) 《정조실록》 권51, 정조 23년 2월 5일(계사).

복제 내용이 결정되어 조정에 알려진 다음날부터 복제에 대한 이견이 제기되었다. 가장 먼저 반응한 것은 예조참의 이익모였다. 그는 종친과 문무백관 4품 이상의 복제가 "끈(纓)만 있고 각(角)이 없는 포로 싼 모자(布裹帽)와 가선을 깁지 않은 포단령(布團領)과 생마대(生麻帶)를 착용하도록 하고 이를 참최(斬衰)라 이름하게 된 것"을 비판했다. "100여 년 동안 천하의 변이 극에 달했다. 우리 조정이 중국으로 사신을 보내 외교 관계를 맺고 있지만 원통하고 억울한 마음이 없었던 적이 없었다. 형편상 면할 수 없는 일, 즉 세폐를 보내는 일(조공을 바치는 일)은 꾹 참고 행할 수밖에 없지만, 시행하지 않아야 할 예를 왜 행해야 하느냐."고 이익모는 물었다. 그리고 제후의 대부는 천자를 위해 참최복을 입지 않는다며 을묘년의 전례를 행하지 말자고 했다. 성복 절목을 베껴서 청나라 사람들에게 보여줄 필요도 없고, 참최를 두 번 입지 않는 의리를 밝혀 (문무백관의) 복을 없애는 것으로 결단해서 존왕양이의 실상을 닦아 천하 후세에 할 말이 있도록 하자고 주장했다. 이익모 주장의 핵심은 문무백관이 황제를 위해 상복을 입지 않도록 하자는 것이었다. 그리고 그렇게 주장하는 이유는 '존왕양이'의 실상을 보이는 것, 즉 사실상 청 황제를 천자로 받아들이지 않겠다는 의지를 보이려는 것이었다. 이서구와 대화 후 정조가 아쉬워했던 비현실적일지라도 과감한 주장, 바로 그것을 이익모가 제기한 것이다.

2월 3일에는 예조참판 김이익이 상소를 올려 신하들이 입는 상복의 가장자리를 기워서 배신(陪臣)이 세최를 입는 의미를 담아내자고 건의했다.[22] 명칭을 바꿀 수 없다면 내용이라도 바꿔서 사실상 참최복을 입지 말도록 하자는 것이다. 정조는 이렇게 답했다. "그 호칭은

---

22) 《일성록》, 정조 23년 2월 3일(신묘).

매우 크니, 가선을 깁거나 깁지 않은 데에 관계되는 것이 아니다. 비록 담색복(淡色服)일지라도 호칭은 참최라고 한다." 같은 날 홍문관 응교 박길원도 복제에 대한 상소를 올렸다. 그의 주장은 이익모의 주장과 거의 다르지 않았다. 한 가지 보탠 것이 있다면 배신이 참최복을 입는 것이 잘못되었다고 지적한 것이다. 우리나라가 청나라에게 중히 여겨지는 것은 예의가 있기 때문인데, 잘못인 줄 알면서도 고치지 않는다면 저들에게 경시를 당하고 후세에도 비난을 받을 것이라는 것이었다. 박길원의 상소에 대해 정조는 "너와 이익모의 말을 어찌 잘못이라고 하겠는가마는, 고쳐서 두찬(杜撰, 더 틀린 곳이 많은 저술)에 가깝게 되기보다는 (훗날의) 예를 잘 알고 식견이 많은 사람을 기다리는 것이 낫다."고 말했다. 완곡하지만 역시 거절하는 말이었다.

흥미롭게도 이 상소가 올라온 날 정조는 심환지에게 편지를 보내 이 사태를 논의했나. 《정조어찰첩》에는 복제 문제와 관련된 여러 장의 편지가 함께 수록되어 있다.[23] 지금부터 연대기의 내용과 어찰첩의 편지를 교차해서 살펴보겠다.

먼저 2월 3일에 심환지에게 보낸 편지이다.(1799.2.3.1)

> 애초에 내가 논의를 꺼내지 않았다면 그때 입시한 사람들 중에 복색과 예제가 어떠한지 누가 알았겠는가. 그 뒤 이서구가 먼저 세최의 복제를 주장하였고, 서용보가 뒤따라서 사흘간 천담복(淺淡服)을 입어야 한다고 주장하였으며, 이익모는 복을 입지 말라는 상소를 올렸으니, 이는 모두 내가 각각 그들의 인품에 따라 하교한 것이다. ① 이익모의 상소는 의견은 크나 해당됨이 없다고 할 만하다. 그는 사람됨이 본디 거칠지만 활달

---

23) 성균관대학교 동아시아학술원, 2009, 《(탈초역주) 정조어찰첩》, 성균관대학교출판부.

하니 이로 인해 물망을 얻더라도 무방하다. 그러나 상소의 말미에서 등록을 칙사에게 적어 보내는 전례가 있음을 알려서, 청나라 모르게 시행하기 어렵다는 점을 밝혔다. ② 서용보의 주장은 매우 모호하다. 그의 인품으로는 이러한 논의를 해도 무방하므로 가장 무방한 말로 하교하여 말하지 않았다는 비난을 면하도록 한 것이다. ③ 이서구의 주장은 그에게 약간 재주가 있으므로 근거가 있는 논의를 주장하게 한 것이니, 범속한 사람들이 이러한 이야기까지 모두 살펴보지 않은 것보다는 낫다. 대저 입지 말라는 것은 논할 수 있는 바가 아니고(①-1), 천담복은 의의가 없고 매우 성실하지도 않은 것이다(②-1). 세최의 제도는《국조오례의》 복제의 본의를 모르는 소리다. 모포를 관상으로 바꾸면 용하변이(用夏變夷)해야 한다는 잡소리가 없어지겠는가(③-1). 그렇다면 모두 논하지 않아 아무 일 없는 편이 가장 낫다. 의리라는 것은 하나이다. 어찌 큰 절개에 수치를 품고 있으면서 작은 일에 수치를 면하는 의리가 있겠는가. 근래의 여러 상소는 우리의 기세를 돋우려 한 것일 뿐이다. 경도 여러 주장을 칭찬하며 극구 찬미하는 것이 좋겠다. 만일 고쳐서 예의에 합당한 것이 있다면 내가 어찌 어렵다고 하겠으며, 어찌 그렇게 하라고 권하지 않겠는가.

이 편지에는 놀라운 주장이 담겨져 있다. 이익모와 서용보, 이서구의 주장이 모두 정조의 하교에 의한 것이었다는 말이다.[24] 각각의 주장에 대한 정조의 본심은 어떤 것이었을까. 이익모는 청 황제에 대해

24) 이 하교에 의한 것이라는 말의 의미가 일일이 데려다가 시켰다는 의미인지 대화 중에 넌지시 부추겼다는 의미인지는 정확하지 않다. 전후로 심환지에게 편지로 당부한 바에 의하면 후자로 판단된다. 신료들이 제각각의 역할을 하도록 밀어준 것과 막후에서 조정하여 자신의 뜻을 관철하는 꼭두각시로 삼는 것은 완전히 다르다고 본다.《정조어찰첩》을 비선을 이용한 막후 조정 정치의 증거로 읽는 독법은 재고가 필요하다.

무복(無服) 즉 복을 없애자는 주장을 했다.(①) 그가 이 주장으로 물망을 얻는 것을 정조는 좋다고 보았다, 다만, 이는 지금 상황에서 논할 수 있는 바는 아니다(①-1). 그의 평상시 인품이 넓게 확 트여 있으나 거친 면이 있는 사람이기에 이런 주장, 즉 현실성이 없지만 명분이 드높은 설을 주장하게 했다.[25] 그러나 그도 상소의 말미에 등록을 칙사에게 적어 보내는 규례가 있음을 말해, 이것이 실제로 시행되기는 어렵다는 것을 무언중에 드러냈다. 서용보는 3일 동안 천담복을 입자는 주장을 했다(②). 청 황제에 대해 참최복을 입을 수 없으니 흰색에 가까운 천담복을 입자는 주장이었으나, 이는 근거도 없고 성실하지도 않다(②-1). 이서구는 제후의 대부는 천자를 위해 참최복을 입지 않는다는 주자의 말에 근거해서 세최의 복을 입자고 주장했다(③). 이 역시 정조가 평소 재주가 있는 이서구의 장점을 고려해서 넌지시 알려준 바에 의한 것이었나. 이서구의 주장은 두 가시 점에서 부족한데, 하나는《국조오례의》복제의 본의를 헤아리지 못했다는 점이고, 또 하나는 포모 즉《국조오례의》참최복 대신 관상 즉 관구질대의 세최복으로 바꾼다 해도 조선이 오랑캐 문화를 버리고 중화 예제를 제대로 실행하고 있다고 할 수는 없을 것이라는 점이었다(③-1). 편지의 말미에서 정조는 "큰 절개에 수치를 품고 있으면서 작은 일에 수치를 면하는 의리는 없다."고 말했다. 정조의 고심이 드러나는 대목이다.

같은 날 정조는 편지 한 통을 더 보냈다. 김희순(金羲淳)이 상소를 올린다는 말을 듣고 보낸 편지이다.

김희순이 상소를 올리려 한다는 말을 들었는데, 현실과 동떨어진 터무

25) 정밀하게 고려하지 않지만, 올바른 바를 주장하는 사람이라는 의미로 읽었다.

니없는 주장을 해서는 안 된다고 주의시켰다. 추가로 생각해볼 만한 점에 대해 서용보와 이서구에게 편지를 보내려 한다. 모두가 따를 만한 말로 마음에 꼭 드는 것이 없다.[26]

편지의 끝에선 상소한다는 소문을 절대 미리 내지 말라고 심환지에게 각별히 당부했다. 이 편지를 보낸 후에도 조정의 상소는 이어졌다. 2월 4일 교리 민명혁(閔命爀)과 집의 유경(柳畊)이 상소하였다. 민명혁의 상소는 이익모의 주장을 지지하며, 앞서의 전례나 청인들의 감시를 두려워하지 말고 명분으로 당당하게 설득하면 된다는 내용이었다.[27] 유경의 주장은 "옛 규례에 따라 참최를 입는다고 하는데 어떻게 그런 규례를 시행했는지 알 수 없다. 주자가 제후의 대부가 천자를 위해 참최를 입지 않는다고 주장한 이래 이는 반드시 따라야 하는 법칙이 되었다. 중국의 대일통을 존중하던 때에도 예가 아닌 복을 입거나 예 아닌 예를 행해서는 안 되었는데, 지금 천자를 위해 예가 아닌 복을 입어 지나치게 공순하게 해서는 안 된다."는 것이었다. 정조는 민명혁의 상소에 대해 "어찌 너의 말을 기다리겠가(以豈待爾言乎)." 라고 했다. 그 말을 행할 수 있는 여건이라면 너의 말을 기다리지 않고 바로 행할 것이라는 의미이다. 이익모와 다르지 않은, 현실에 맞지 않는 주장이라고 에둘러 표현한 것이다. 유경의 상소에 대해서는 "사건은 다르지만 습속은 하나이다(以事件雖異習俗則一也)."라고 했다. 정조가 말한 '습속은 하나'라는 의미가 무엇인지는 앞선 논의들이나 이 상소문에 직접 드러나지는 않는다. 유경은 《국조오례의》 참최복 규례

26) 《정조어찰첩》, 1799년 2월 3일 두 번째 편지.

27) 《일성록》, 정조 23년 2월 4일(임진).

를 예가 아닌 상복, 예가 아닌 예라고 비판했다. 주자의 세최복 주장이야말로 옳은 주장이라며 대비시켰다. 뒤의 〈사대예설〉에서 더 분명해지지만, 정조는《국조오례의》의 참최 역시 주자의 세최와 마찬가지로《춘추》의 대일통(大一統)을 중시하고 존왕양이를 실천하려는 동일한 지향에서 나온 것이라고 보았다. 그렇게 보면 '습속은 하나'라는 정조의 말은 조선 국제와 주자 예제가 중시하는 습속의 동일함을 강조한 것이라 볼 수 있다.

2월 3일자 편지에서 언급되었던 김희순의 상소문은 2월 10일자《일성록》기사에서 볼 수 있다. 정조가 소문을 들은 지 7일이 지나서야 올라온 상소였다. 무언가 새로운 주장이 담겼던 것일까. 김희순은 정조가 여러 가지 규정을 고치면서도 군신상하의 참최복 규정은 바꾸지 않았던 것이, 원통함을 참고 마지못해서 행할 수밖에 없는 사정 때문이라고 했다. 사정이란 낭연히 청의 압박을 의미했다. 청의 압박은 그들에게 의주를 보여주기 때문에 현실화된다. 우리는 '우리의 예(禮)'를 행할 뿐인데 의주를 저들에게 보여주는 것 때문에 구애된다면 안 보여주면 된다고 주장했다. 여기에서 '우리의 예'란 이익모의 의견과 같이 신하들이 참최복을 안 입는 것을 의미한다. 참최복을 입지 않는 것을 미리 알려서 문제를 만들지 말고 의주를 등사해서 보여주지 않은 채 신하들의 무복(無服)을 관철시키면 된다는 것이 김희순의 주장의 핵심이었다.[28]

정조는 이익모의 주장과 다를 바 없는 무복의 주장은 받아들이지 않았다. 의주를 등사해 보여주지 않는 사안에 대해서는 예조에서 대신들에게 물은 후 의견을 갖추어 아뢰도록 했다. 2월 14일 예조에서

---

28) 《일성록》, 정조 23년 2월 10일(무술).

대신들의 의견을 수합해서 보고했다. 의주를 베껴서 보여주는 절차를 없애자는 데에는 모두 동의했으나 그 주장의 결은 약간씩 차이가 있었다. 한 계통은 청에게 이런 것까지 미리 알려주면서 눈치 볼 필요가 없다는 것으로, 이병모와 김이익 등의 주장이다. 심환지와 이익모는 의주를 베껴 보여주는 문제는 대의를 고치는 문제〔無服〕에 비하면 작은 일이니 이런 자잘한 문제에 매달릴 필요는 없으나 존치 여부를 묻는다면 없애야 한다고 주장했다. 칙사를 맞이할 때의 의주는 청 측에서 먼저 요구하지 않으면 주지 않는 것으로 결정되었다.[29]

신하들이 복을 입지 않는 것이 대의를 관철하는 것인데, 이를 바꾸지 않고 잗단 일들만 고치고 있다는 이익모나 심환지의 주장은 당시 존주양이의 대의를 중시하는 측의 입장을 대변하고 있었다. 물론 어차피 어쩔 수 없는 형편 아니냐는 현실론에 서서 전례를 그대로 따르는 것도 무방하다고 여기는 이들도 있었다. 불만이 있어도 뾰족한 대안이 나오지 않는 상황에서 참최복을 입는다는 조정의 결정은 바뀌지 않았다.

2월 19일 정조는 다시 심환지에게 편지를 보냈다. 이 편지는 앞부분이 결락되어 있다. 편지의 내용을 살펴보자.

> ① 그 밖의 것은 논할 필요도 없다. 또 표문을 올리지도 않고 칭신을 하지도 않는다면 장차 무슨 말로 명분을 내세워 착용한 복제를 바꾸겠는가. 대저 사변은 끝이 없는데 대응하는 방법은 하나이니, 하나라는 것은 이치이다. 어찌 둘이 되었다가 셋이 되었다가 하는 이치가 있겠는가. 저들에게 칭신하는 것이 이치에 어긋남은 말할 것도 없거니와, 또 이치에

29) 《일성록》, 정조 23년 2월 14일(임인).

어긋나는 중에서도 이처럼 이치에 어긋나는 일을 하고자 하니 이는 도대체 무슨 말인가. ② 요사이 몇몇 사람들의 준론은 비록 받아들일 수는 없으나, 피리춘추(皮裏春秋, 마음 속으로만 춘추대의를 지킴)로 치부한다면 조금이라도 도움이 될 수는 있을 것이다. 이는 내가 애초에 아무아무를 일으켜 그렇게 말하도록 권하고 가르쳐준 것이다. 아무아무는 그들이 하는 대로 내버려두어 그들의 미덕을 이루게 하고, 경들은 일을 참작하고 헤아려 이치에 어긋나는 중에 또다시 이치에 어긋나지 않게 해야 할 것이니, 성인이 다시 나타난다 해도 사변에 대처하는 방법은 여기서 벗어나지 않을 것이다. 권도는 본디 보통 사람이 쓸 수 있는 것은 아니다. 하지만 일이 변하는 지경에 이르렀다면, 공부가 성인의 경지에 도달하지 못했다고 해서 사변에 대처하고 권도를 쓰는 방법을 생각하지 않아서는 안 된다. 다시 깊이 생각하는 것이 어떠한가. ③ 경은 차자를 올리고자 하나 설목을 내리기 전에도 할 수 있었고 수의할 때에도 할 수 있었다. 어찌 이제 와서 때가 지난 뒤에 갑자기 말을 바꾸는가. 옛 정승 김홍경이 칙사를 맞이할 때 배종하고서 조정의 반열에 참석하지 않은 일에 대해서는 비난한 사람들이 많았다. 게다가 이는 고상이 이미 써먹은 수법이니 효빈(따라하기)에 가깝다. 어찌해야 하겠는가. 까닭 없이 동조하는 것은 더욱 어려울 듯하니 좋은 방도가 없어 매우 근심스럽다. 만약 그 전에 손을 써서 처의(處義, 의리에 맞게 처신함)하고 인입(引入, 인책하고 출근하지 않음)하였다면, 이 또한 한 가지 방도가 되었을지도 모르겠다. 하지만 지금 이때에 대신이 이렇게 해서는 안 된다. 어찌 매우 답답하지 않겠는가.

이 편지의 내용은 세 부분으로 나누어진다. ①에서는 매우 흥미롭고 날카로운 지적이 보인다. 앞에서 살펴보았듯이 이익모나 김희순,

심환지 등이 청에게 칭신하는 복제를 입는 것을 반대하며 무복을 주장했다. 정조는 묻는다. "표문을 올리지도 않고 칭신을 하지도 않는다면 어떤 명분으로 말을 만들어 복제를 바꿀 것이냐?" 청에게 칭신하지 않는다면, 즉 청을 천자국으로 인정하지 않는다면 '제후국 대부'라는 말도 성립되지 않는데, 제후국 대부에 대한 복제 논의인 주자의 '불이참'을 어디에 갖다 붙일 수 있는가 하는 것이다. ②에서는 우선 이익모 등의 기세 높은 의견(준론)을 받아들일 수는 없지만, 춘추대의를 마음속으로 다지는 효과는 있을 것이라며 긍정했다. 심환지와 같은 대신은 이익모 같은 준론을 반복할 것이 아니라 이런 시기에 행할 만한 '도리에 맞는 차선책(權道)'을 찾아야 한다고 했다. ③에서는 심환지의 처신에 대해 의논했다. 심환지가 어떻게 하려고 했는지 이 편지에는 나오지 않지만, 내용을 통해 짐작해보면 영조 을묘년의 재상 김흥경처럼 참최의 성복례에 불참하는 방안을 제시했던 것으로 보인다. 정조는 김흥경의 처신이 잘못되었을 뿐 아니라 이를 반복하면 따라하는 것처럼 보일 뿐이라고 지적했다. 미리 다른 핑계를 대고 자리에서 물러나는 것도 한 방안이었는데 이 또한 시기를 놓쳤다고도 했다.[30] 정조는 꼬장꼬장한 의리를 대표하는 심환지를 위해 방법을 찾아주려 했지만 답은 쉽게 나오지 않았다.[31]

---

30) 청 옹정제의 부고가 이른 후 여러 의식을 거행하기 위해 좌의정 서명균을 출사시키고자 했다. 서명균이 여러 핑계를 대고 나오지 않았으나 영조는 억지로 불러내려 하지 않았다. 《영조실록》, 영조 11년 9월 19일(을묘).

31) 정조가 이렇게 심환지에게 반복해서 편지를 보내며 적절한 처신까지 떠안고 고민한 것은, 그가 정조 조정의 재상이었고 어떤 경우에도 가장 올바른 의리를 견지하며 왕에게 조언하고 함께 정치를 해나갈 책임이 있었기 때문이었다. 정조는 절대왕권을 가진 군주의 정치가 아니라 군주와 신민이 각기 자기 역할을 충실히 수행하는 가운데 자연스럽게 어우러져 이루어지는 정치를 바랐다. 올바른 의리가 아닐 경우 도끼를 메고 문을 밀치고 들어가 간언하는 것이 정조가 바란 신하의 역할이었다.

다음날 정조는 또 편지를 보냈다. 이 편지의 서두에서 정조는 심환지의 처신을 위한 좋은 방책이 잘 찾아지지 않는다고 한 후 바로 핵심 사안으로 넘어갔다. 이익모 등 신하들이 최복을 입어서는 안 된다며 존주양이의 큰 의리에 대해서 열심히 말하는데도, 위에서 이를 억누르며 시행하지 않는다는 비판들이 제기되고 있다는 것이다. 성균관 유생 송도정의 소장 중에는 "비답을 내리지 않고 버틴다."는 말이 들어 있었다. 정조가 볼 때 자신의 본뜻이 존왕양이의 의리를 억누르는 데 있는 것이 아니라는 점이 잘 전달되지 않고 있었고, 이 점을 우려했다. 정조가 〈사대예설〉이라는 소논문을 쓰게 된 것은 바로 이러한 사정 때문이었다.

3장에서는 《홍재전서》에 수록된 〈사대예설〉의 내용을 좇아가본다. 질문은 다음과 같다. 정조는 왜 복제에 대한 문제제기를 하고 조정의 논의를 부추겼는가. 이런 작은 소동에도 불구하고 정조는 왜 결국 옹정을묘년의 복제 규정을 고치지 않았는가. 그 이유를 알아보기로 한다.

3.

오랑캐의 천하에서 충신·독경의 천하례를 논하다: 〈사대예설〉 강독

중국 황제에 대해 참최복을 입어주는 이유

예(禮)라는 것은 본체〔體〕이면서 실행〔履〕이다. 마음에서 통어하는 것으로 말하면 본체이고, 실천하여 행하는 것으로 말하면 실행이다. 예라고 하면서 마음에서 통어함이 없이 실행하면 예가 아닌 것이 된다. 그러므로 주자가 "실행에는 때와 장소가 있는 법이니, 평소에 강론하여 밝혀두고 연습하여 익혀두지 않으면 일을 당하였을 때 합당하고 도리에 맞게 할 수 없다."고 하였다. 대저 이 예는 지극히 정미하고 지극히 엄밀하여 하늘에 헤아려보면 천리(天理)에 부합하고 사람에게 물어보면 인정(人情)에 부합하니, 속된 선비나 얽매인 유자의 지혜나 사심으로 융통성을 부릴 만한 것이 아니다.[32]

---

32) 《홍재전서》 권53, 설(說), 〈사대예설(事大禮說)〉, "禮者 體也履也 統之於心曰體 踐而行之曰履 夫旣禮云而不體而履之 則非禮也 故朱子曰 行之有時 施之有所 非講之素明 習之素熟 則臨事之際 無以合宜而應節 大抵斯禮也至精至微至嚴至密 揆諸天而合於理 叩於人而叶于情 有非俗士拘儒一己之智私所可闊狹也".

정조는 〈사대예설〉의 첫머리를 예를 정의하는 것으로 시작했다. 예란 마음에 들어와 있는 천리의 본체〔體〕이며 동시에 이를 외화해서 눈에 보이게 실천하는 것〔履〕이라는 것이다. 마음에서 하고자 하는 바가 없이 행하면 예가 아니라고도 했다. 시의적절한 예는 예를 행하는 마음과 실행이 위로 천리에 합하고 아래로 인정에 부합하는 것이어야 하는 것으로, 속된 선비나 시속에 얽매이는 유자들이 혼자만의 지혜나 사심으로 쉽게 융통할 수 있는 것이 아니라고 했다. 청나라 황제의 복제 문제에 대한 논의가 분분한 이때, 속된 선비나 시속에 얽매인 유자와 다르게 평소 올바른 예의 실천을 고심해온 사람만이 보여줄 수 있는 견해를 정조가 제시할 것이라고 예상하게 하는 단호하고 자신만만한 도입부이다.

> 《국조오례의》에서 문무관 방상(方喪, 아버지의 복에 준하여 임금의 복을 입는 것) 참최의 제도를 살펴보면, 포모(布帽)에 끈〔纓〕은 있으나 뿔〔角〕은 없고, 포단령(布團領)은 단을 감치지 않으며, 마대(麻帶)와 피화(皮靴)를 쓴다. 한나라와 당나라 때의 잘못됨을 씻고 신라와 고려 때의 누추함을 말끔히 벗어버리고 비로소 참최 삼년의 뜻을 갖추었으니, 아, 실로 천고에 유래가 없는 훌륭한 일이라 하겠다.[33]

이어서 《국조오례의》의 문무관 방상 참최의 제도에 대해 논했다. 《국조오례의》에는 황제의 상에 참최복을 입는다고 규정했을 뿐 참최복의 실제 내용에 대해서는 언급하지 않았다. 그래서 정조는 국왕 상

33) 《홍재전서》 권53, 설, 〈사대예설〉, "按國朝五禮儀 文武官方喪斬衰之制 布帽有纓無角 布團領不緝邊 麻帶皮靴 所以洗漢唐之謬 蕩羅麗之陋 而始備斬衰三年之義者 猗歟誠卓越千古矣".

례 때 왕세자 및 문무백관의 참최복 복제 규정을 살펴본 것이다.[34] 이 참최복은 예경에서의 참최복과는 다르다. 그런데 정조가 주목한 것은 이러한 외면상의 차이가 아니라 의미상의 같은 점이었다. 뿔 없는 포모에 달린 마끈, 단을 감치지 않은 포단령, 마대와 피화 등을 착용하게 한《국조오례의》참최복에는, 중국의 한·당이나 신라·고려와 달리 국왕의 상에 아버지의 상과 다를 바 없이 참최복을 입고 삼년상을 다하려는 의지가 담겨 있다는 것이다. 김집, 권상하 등 조선의 여러 예학자들이《국조오례의》참최 복제 규정이 예경의 기록이나 주자 군신복제 상의 참최복 규정과 다르다는 점을 지적하며 참최복의 내용을 고치자고 주장한 바 있으나,[35] 정조가 보기에 중요한 점은 조선이 중국의 한·당이나 우리나라의 신라·고려와 다르게 참최 삼년의 제도를 일찍부터 실천하고자 했다는 것이었다. 비록 형식은 조금 다를지라도 예경의 본의에 맞기에 '천고에 유래 없는 훌륭한 일'이라 칭송한 것이다.

명나라 혜종(惠宗) 황제는 조회에 나갈 때는 마면상(麻冕裳)을 하였다가 물러나서는 최복(衰服)과 상장(喪杖)에 요질(腰絰)을 하였고 인종(仁宗)과 효종(孝宗)도 모두 이것을 따라 행하였으니, 아, 평생토록 잊지 못하는 부모에 대한 생각은 지금도 무궁하도다. 대체로 진(晉)나라 무제(武帝)는 실행하려 하였으나 하지 못하였고, 북위(北魏) 효문제(孝文帝)는 실행하기는 했지만 미진하였다. 송(宋)나라 효종(孝宗)은 과감히 옛 제도를 회복하려고 역월제(易月制)를 폐기하고 오히려 삼년상을 지켰다. 천하에

34) 5부 1장의 각주 (10) 참조.

35)《국조보감》권55, 숙종조 15, 숙종 40년(1714) 9월.

> 두루 시행하지는 못하였으나, 맹자가 말한 "비록 하루를 더 행하더라도 그만두는 것보다 낫다."는 경우가 이것이다. 그래도 우리나라의 헌장이 영원히 천하 만세에 자랑할 수 있는 것만은 못하다.[36]

이 단락에서는 중국 한·당·송·명의 제도와 조선의 제도를 본격적으로 비교했다. 중국 명나라의 경우 역월제로 인해 참최 삼년상의 본의가 공적인 자리에서 펼쳐지지 못했다. 명나라에서는 조회에 나갈 때 즉 조정에 나아가 공무를 볼 때에는 마면상(麻冕裳)을 하고 공무에서 물러나 사적인 자리에서만 상장에 요질을 갖춘 최복을 입었다.[37] 중국에서는 한나라 이래로 3년의 상기 27개월을 '이일역월(以日易月)' 즉 달을 날로 계산하여 27일 동안 상복을 입은 후 복을 벗는 역월제를 시행했다.[38] 명나라 역시 역월제를 완전히 폐기하지는 못했다. 진 무제, 북위 효문제가 이를 벗어나고자 했으나 제대로 이루지 못했다. 송 효종이 역월제를 폐기하고 삼년상을 지켰지만 천하에 두루 시행하지 못했다는 말의 의미는 삼년상을 개인적으로만 시행하고 천하에 두루 시행하지는 못했다는 뜻이다. 명나라에서 공적으로는 역월제를 시행하고 사적으로는 최복을 입었던 것은 이러한 송 효종의 전례를 따른 것이었다. 정조는 이러한 명나라까지의 역대 중국 제도와 비교해볼 때, 역월제를 폐지하고 삼년상을 다하는 조선의 국가 상례 제도

---

36) 《홍재전서》 권53, 설, 〈사대예설〉, "皇朝惠宗皇帝 朝則麻冕裳 退則衰杖絰 仁宗孝宗 亦皆倣行 而於戱沒世之思 至今未艾 蓋晉之武帝 欲行而不能 魏之孝文 行之而不盡 宋之孝宗 慨然欲復古 易月之外 猶執通喪 而不能推之於四海 然孟子所謂雖加一日 愈乎已者 是耳 猶未若我家成憲之 永有辭於天下萬世".

37) 마면상이란 사위하는 즉위식에서 사용하는 길흉이 절충된 의복을 말한다.

38) 역대 중국에서 실행된 역월제와 조선 상제의 차이 및 그 역사적 의미에 대해서는 김지영, 2012, 〈조선시대 사위의례에 대한 연구〉, 《조선시대사학보》 61 참조.

야말로 천하 만세에 자랑할 만한 것이라 주장했다.

그런데 우리나라의 헌장 역시 매우 아름답기는 하나 지극히 선하지는 못하다는 개탄이 있다. 상기는 비록 3년이라고 하고 상복은 비록 참최를 입는다고 하지만, 그 제도를 자세히 살펴보면 이미 시사(視事)와 다르고 상(喪)을 치르는 예와도 어긋나니 의논해보지 않을 수 없다.

돌이켜보면 우리나라의 예제 규정은 일체 명나라를 따르고 있다. 명나라의 역월제가 비록 우리나라에서 삼년상을 지내는 것보다는 못하지마는, 우리나라의 모포 역시 명나라의 최복을 입는 제도에 비하면 부끄러운 점이 있다. 옛날 우리 인조 기축년(1649)에 문경공 김집이 봉사를 올려 고금 상례의 차이점을 논의하고 인하여 옛 제도를 회복하자고 청하였으나, 조정 신하들의 이론이 많아 시행하지 못하였다. 효종 기해년(1659)에는 대서(臺署)에서 합계하고 관학(館學)에서 상소를 올렸고 문정공 송시열 등이 주자의 〈군신복의(君臣服儀)〉에 의거하여 요청하였으나, 당시 의론에 의해 저지되었다. 현종 계축년(1673)에 영릉(寧陵, 효종릉)을 이장할 때 대신이 단지 흰 옷만 입었으니, 선정 송시열이 또 인조조에 목릉을 이장할 때 문원공 김장생이 신풍부원군 장유에게 서신을 보내 말한 것을 인용하여 관질(冠絰), 최상(衰裳)의 제도를 시행하자고 요청하였으나, 일이 결국 시행되지 않았다. 현종 갑인년(1674)에 복제를 개정하려고 하였으나 송시열이 조정에서 물러나면서 이루어지지 못하였다. 숙종 갑오년(1714)에 군신복제를 주자의 정론에 따라 시행하려고 대신과 유신에게 자문하여 비로소 일대 제왕의 규정을 제정하였으며, 경자년(1720)에 이르러 전일의 제도를 약간 변경하기는 하였으나 아직도 모두 개정하지는 못하였는데, 우리 영조대왕에 이르러 결연히 시행할 의지를 보이고 《국조상례보편》을 간행하게 되니, 마침내 옛날 삼대의 제

> 도를 회복하게 되었다. 성인이 다시 나온다 하여도 다른 말을 못할 것이니, 훌륭하고 위대하며 또한 더할 수 없이 선하고 아름답다고 하겠다.[39]

위에 인용한 부분에서는 우리나라《국조오례의》복제에 참최 삼년상의 의미가 담겨지기는 했지만 완전한 참최복 제도를 구현하지 못한 바 있었는데, 김집·송시열 등의 건의와 숙종 및 영조의 결단에 의해 삼대의 옛 제도를 완전히 회복하게 되었고, 그 내용이《국조상례보편》에 담겨져 있음을 설명했다. 다시 말하면《국조오례의》에서는 삼대의 옛 제도를 회복하려는 뜻〔體〕이 있었으나 형식적인 미비점〔履〕이 있었는데,《국조상례보편》에는 체와 리 양 측면에서 삼대의 예제가 구현되었다는 것이다.

> 우리나라는 역대 선왕으로부터 중국을 지성으로 섬겼다. 황제의 부음을 들으면 그날로 거애(擧哀)하고 조서를 반포함에 미쳐서도 그와 같이 하였다. 성복할 때 참최복을 입고 여러 신하들과 함께 3일 동안 거애하고 임곡(臨哭)한 다음 복색을 바꾸어 길복으로 입었다. (조선의) 여러 신하들도 스스로를 외번의 배신으로 여기지 않고 우리 조정에서 신하가 임금을 위하는 제도를 사용했다. 이는 모든 관작의 품계〔爵品〕나 내려주는 선물〔恩賚〕에 있어서 명나라가 조선을 내복 제후와 같이 여기고 우

---

39) 《홍재전서》권53, 설,〈사대예설〉, "然而亦有盡美未盡善之歎焉. 期雖曰三年 服雖曰斬衰 究其制度 則旣異於視事 又乖於莅喪 有不可以不議者. 顧我國禮律 一遵皇朝. 皇朝之易月 雖不及於我國之行三年 而我國之帽袍 亦有愧於皇朝之服衰絰. 昔我仁廟己丑 文敬公金集上封事 論古今喪禮異同 仍請復古制 廷臣多異論而未施. 孝廟己亥 臺署合啓 館學抗章. 又有文正公宋時烈等依朱子君臣服儀之請 而時議沮之. 顯廟癸丑 當寧陵之遷奉也 大臣只服白衣 先正又引仁廟朝穆陵遷奉時 文元公金長生貽書新豐府院君張維之言 而請爲冠絰衰裳之制 事遂寢. 顯廟甲寅欲改定 而因先正去國 未果焉. 肅廟甲午 以君臣服制之用朱子定論 詢于大臣儒臣 始定一王之規. 至庚子稍變前制 而尙未盡改. 及我先朝決意行之 御定補編書出 而遂復三代之舊矣 雖聖人復起 無容貳辭. 盛矣哉 大矣哉 旣盡善而又盡美矣".

> 리나라 역시 스스로를 내조(內朝)에 비하고 있기 때문이다. 더구나 부음을 알리는 사신이 오기 전에 먼저 문례사가 가서 품의하여 명을 받든 것이 있었기에 이러한 제도가 있게 되었던 것이다. 만일에 명나라가 지금까지 존재했다면 황제의 상사에 당연히 우리나라 《국조상례보편》의 규정을 따라 시행했을 것이니, 포모는 상관(喪冠)으로 바꾸고 포영(布纓)은 갈질(葛絰)로 바꾸고 교대(絞帶)는 질대(絰帶)로 바꾸고 피화(皮靴)는 관구(菅屨)로 바꾸며, 상장(喪杖)이 없던 것을 상장이 있게 했을 것이다. 또한 이 제도는 비단 우리나라에서만 행해지는 것이 아니라 천하의 모든 나라들이 함께 듣고 아는 제도가 되었을 것이다.[40]

위에서는 조선의 임금과 신하가 명나라 황제를 위해서는 어떤 복을 입어왔는지, 그러한 복을 입은 의미는 무엇인지를 설명하고 있다. 즉 조선에서는 황제의 부음을 들으면 그날로 거애하고, 중국에서 정식으로 황제의 죽음을 알리는 조서가 이르면 다시 거애하여 슬픔을 표시했다. 복은 참최복을 입고 여러 신하들과 3일 동안 거애하고 곡한 후 길복으로 갈아입었다. 즉 참최를 입어 군신 간의 의리가 있음을 표현하고, 상복을 입는 기간을 3일로 하여 외국의 제후국임을 표현했다.

여기서 중요한 것은 조선의 여러 신하들이 왕과 함께 중국 황제에 대해 참최복을 입었던 이유를 설명한 대목이다. 정조는 외번, 내복, 내조 등의 개념을 사용했다. 외번이란 중국 국내가 아닌 해외의 번국

40) 《홍재전서》 권53, 설, 〈사대예설〉, "自我列聖 至誠事大 聞皇帝訃 卽日擧哀及頒詔如之 成服服斬衰 率羣臣擧臨三日 然後易服卽吉 而羣臣亦不敢以外藩之陪臣自居 用我朝臣爲君之制者 凡爵品恩賚 皇朝則如視內服 我國則自比內朝 况於華使之來 先有問禮之行 亦必有稟命而有是制也 若使皇朝至今在者 於皇帝之喪 但當遵用我國補編見行之式 而布帽變以爲喪冠 布纓變以爲葛絰 絞帶變以爲絰帶 皮靴變以爲菅屨 無杖而有杖 則是制不惟行於我國 亦爲天下海內之所共聞知".

(제후국)을 의미한다. 중국 주나라 봉건제에서의 천자국과 제후국처럼, 중국 경내의 제후국을 내복 제후라고 칭한다. 내복 제후와 외번 제후의 개념은 중국 일국을 넘어서 상정된 천하에서만 제기될 수 있는 개념이다. 조선과 명나라는 이 천하 속에서 외번 제후국와 천자국으로 서로를 규정하며 사대(자소)관계를 맺었다. 문제는 이 사대관계이다. 사대관계를 현대인들은 일등국가와 이등국가 간의 불평등하며 굴욕적인 국제 관계로 규정한다. 이러한 규정과 굴욕적이라는 감정 위에서는 조선 사람들이 지성으로 사대하는 것을 자랑스럽게 여긴 것이나 정조의 조-명관계에 대한 설명들을 제대로 이해할 수 없다.

국가와 국가가 병렬적으로 상호 간에 완전한 타자로 존재하는 천하에서, 서로 적대시하지 않는 평화적 신뢰 관계를 맺고 이를 지속해 나가는 것은 어려운 일이다. 그러나 유교적 개념 속에서 사대관계는, 큰 나라와 작은 나라가 엄존하는 세계 속에서 상호 신뢰 속에 지속적으로 평화로운 관계를 지향하는 가운데 개념화되었다.[41] 부자, 형제, 부부, 붕우, 군신 등 모든 관계가 그렇듯이 단순 상하 관계가 아니라 각각의 이름에 걸맞은 역할을 상호 간에 행할 것을 요구하는 관계이

41) 중국의 천하 관념을 '밖이 없는 세계'의 개념으로 설명하며 서구의 원자론적 세계, 철저히 안과 밖, 나와 남을 구분하는 것에서 출발한 밖이 있는 세계 개념과 대비시킨 자오팅양의 설명이 고대 유교의 '자소사대' 개념을 이해하는 데 유용하다(자오팅양, 노승현 역, 2010, 《천하체계-21세기 중국의 세계 인식》, 길). 그는 중국 고대 이래의 밖이 없는 세계 개념은 중화와 이적을 적대적으로 개념화한 송대 이래로 변화하였다고 보았다. 이 같은 중국의 천하 체계에 대한 설명은 각기 다른 국가의 평화적 공존을 가능하게 만드는 국제 정치 철학의 가능성을 중국의 오래된 미래로부터 찾아보려는 시도이다. 조선이 건국 이래 실천한 사대외교 역시 이러한 천하체계에 대한 관념과, 장소로서는 이적의 자리〔外〕에 있지만 지향으로는 중화〔內〕였던 조선의 화이론을 이해해야만 제대로 설명할 수 있다는 것이 필자의 생각이다. 핵심은 중화〔華〕와 오랑캐〔夷〕의 개념에는 적대와 혐오, 상호 배제의 감정이 없는 국제 관계가 가능한, 강역은 있지만 경계가 없는 장소(이 개념에 대해서는 거자오광, 2016, 《전통 시기 중국의 안과 밖》, 소명출판, 1장 참조)가 존재하며, 천자와 제후국 간의 천하례는 그 경계가 없는 장소에서 이루어졌다는 사실이다.

다. 임금이 임금답고 신하가 신하다울 때 군신 관계가 맺어지고 유지되듯이[42] 대국과 소국 역시 주나라 봉건제 하의 천자국과 제후국 같은 상호 신뢰 관계가 있을 때 사대관계로 맺어지는 것이다. 즉 천자국와 제후국의 자소사대관계 역시 '천하위공(天下爲公)'하며 제후국을 성심으로 아끼고 돌보는 천자국과 천자의 '천하위공'을 성심으로 도우며 존중하는 제후국을 전제로 한다. 우월한 군사력과 경제력으로 소국을 침략하고 천하를 모두 사유화하려는 천자국의 존재나 군사력과 경제력을 키워 스스로 천하를 사유화하려는 제후국의 존재는 사대관계를 위태롭게 하며 결국에는 해체시킨다.[43] 천자국과 제후국의 봉건적 군신 관계-사대관계가 흔들리거나 해체되면, 천하는 춘추전국시대 때처럼 끊임없는 전쟁과 폭력으로 혼돈에 빠질 것이다. 다시 일통(一統)의 천하가 이루어지기 전까지.

이제 다시 본문으로 돌아가 보자. 정조는 조선을 외번 제후국으로 규정했고, 더 나아가 조선과 중국 사이에는 천자국과 내복 제후국의 신뢰가 존재했다고 말했다.[44] 외번 제후국의 신하는 천자에 대해 참최복을 입지 말아야 하지만, 양국이 두터운 신뢰와 은의의 관계로 내외의 구별이 없을 정도였기 때문에 기꺼이 참최복을 3일 동안 입고 천자를 위해 곡을 했다고 정조는 주장했다. 또한 이 복제가 문례관을 보내어 협의한 일임을 언급하여, 그러한 신뢰 관계가 조선만의 주

---

42) 잘 알려져 있듯이 《서경》과 같은 유교 경전에서는 임금이 임금답지 못하여 민심(=천명)이 떠나면 그 임금은 더 이상 임금이 아닌 필부에 불과하게 되며, 군신 관계는 해체된다고 주장했다. 주자학자들은 이러한 혁명론을 적극적으로 해석한 맹자의 후예들이었다.

43) 《맹자》〈양혜왕하〉, "惟仁者爲能以大事小 是故湯事葛 文王事昆夷 惟智者爲能以小事大 故大王事獯鬻 句踐事吳 以大事小者樂天者也 以小事大者畏天者也 樂天者保天下 畏天者保其國".

44) 내복(內服)과 같은 신뢰 관계는 실제는 외번이라는 것을 전제로 한다. 그 신뢰 관계의 끈끈함을 강조하기 위한 비유로 읽어야지, 스스로 중국의 일부라고 생각했다는 식의 속국론으로 오해해서는 안 된다.

장이 아니라 명과 상호적인 것이었음을 강조했다. 참최복이라는 복제는 대국과 소국, 각각 영토와 백성이 있는 나라들 사이에서의 최고 수준의 친밀함과 신뢰 관계를 표상했다. '만일 명이 지금까지 존속했다면' 조선의 군신은 계속 명 황제에 대해 3일간 참최복을 입었을 것이며, 그때의 참최복은 당연히 조선 안에서 지금 입고 있는《국조상례보편》의 참최복이었을 것이다. 또한 이러한 복제가 조선뿐 아니라 천하의 다른 국가에서도 통용되었을 것이라는 것이 정조의 주장이었다.

정조의 글은 이렇게 조선과 명의 관계를 복제를 통해 설명한 후 조-명 관계가 더 이상 존재하지 않는 현재의 상황에 대한 고찰로 나아갔다. 비록 외국이지만 내부 사람들 사이처럼 신뢰와 은의의 관계를 맺어왔던 명 대신에, 지금은 폭력적이고 억압적인 방식으로 관계 맺기를 강제한 청이 천자국이 되었다. 대일통이 무너진 현실 속에서 조선은 이제 어떻게 해야 하는가.

> 그런데 지금은 상황이 그렇지 못하다. 주례(周禮)가 비록 노나라에 있었어도, 월(越)나라는 오(吳)나라에 날마다 뇌물을 바쳤으니 속마음과 겉모습이 제각각 다르고 정리(情理)와 형적(形跡)이 달랐다.[45] (지금은) 시기로 보면 하지 않아야 할 시기이며 처지로 말한다면 시행할 수 없는 처지이다. 시기상 시행해서는 아니 되고 처지로 보아도 시행할 수 없다 하더라도, '평원의 풀이 우북하니 묵은 풀뿌리를 파서 버리고 새 씨를 뿌린다'는 식으로 주례를 버리고 새로운 예를 따르는 일을 어찌 차마 할 수

45) 여기서의 주례(周禮)는《주례》텍스트를 의미한다기보다는 주나라의 예악을 의미한다. 따라서 번역에서 책 표시를 하지 않았다. 주나라가 쇠퇴하면서 예악이 사라지고 패도가 횡행했으나, 노나라에 살던 공자가 이 예악의 중요함을 알고 가르쳐 보존하여 중국이 오랑캐가 되는 것을 막았다는 것이 유학의 중요한 서사이다.

있겠느냐. 고려시대에 완안(完顔, 금나라 황제)의 상을 치르면서 모든 관리들이 현관(玄冠)과 소복(素服)을 입고 3일 만에 상복을 벗어 이것이 하나의 전례가 된 바 있다. 이를 오늘날 끌어다 쓸 수도 있다. 그러나 시기적으로는 비슷한 점이 있지만 처지로 보면 전혀 같지 않다. 명분과 의리를 포기한 시절과 슬픔을 참고 원통함을 삼키는 처지를 당했다고 해서, 죽은 듯이 묵묵하게 가슴속에 담아두고 거론조차 하지 못하고 있다가 오직 백세 뒤에나 성인에게 의심을 풀어야 하느냐. 그 해답을 찾으려고 논란점을 설정하여 혹자의 말을 들으려 하니, 그 설이 일곱 조항이다.[46)]

정조는 지금 천하의 상황을 춘추시대에 견주었다. 주 왕실이 쇠퇴한 후 여러 제후국들이 영토를 각축하며 싸우기 시작했고, 제(齊)·진(晉)·초(楚)·오(吳)·월(越)나라 등이 주변국들을 병합하며 차례로 패자가 되었다. 노나라는 이러한 패권 국가에 들어가지 못했으나 주나라의 예는 공자를 통해 노나라에 보존되어 있었다.[47)] 싸움에 진 월나라는 싸움에 이긴 오나라에 예물을 바치며 신하 노릇을 했다. 외적인 모양으로는 나라들 사이에 군신 관계가 있었으나 마음으로 군신 관계가 있었던 것은 아니었던, 신뢰라고는 전혀 찾아볼 수 없는 채 형식적으로만 행해지는 사대례였다. 정조는 지금의 시대가 바로 그때와 같다고 보았다. 주나라가 사라진 시대, 주나라와 은의의 관계를 맺어온 나라의 처지와 주나라와의 관계를 핍박하여 억지로 끊게 했던

---

46) 《홍재전서》 권53, 설, 〈사대예설〉, "而今也則不然 周禮雖在於魯越 賂日入於吳 心貌殊歧 情跡異貫 以時則不當爲之時也 以地則不可施之地也 時不當爲 地不可施 而原田每每舍舊從新 亦何忍哉 勝國於完顔之喪 百官玄冠素服三日而除 遂以爲例 今日之所可援用者 類於其時 而其所處之地 則又比之亦不似萬萬矣 當此拚名弁義之時 忍痛含寃之地 泯泯默默 存而不論 惟將俟百世 而決疑於聖人乎".

47) 노나라야말로 작지만 중화(中華)를 보존한 중화국가였다는 의미이다.

일을 생각해보면, 청과의 사대관계는 있을 수 없다. 그러나 "시기상 시행해서는 아니 되고 처지로 보아도 시행할 수 없다 하더라도, 주례를 버리고 새로운 예를 따르는 일은 할 수 없다."는 것이 정조의 생각이었다. 평원의 풀이 우북해서 보기 싫다고 풀뿌리를 모두 파버리고 새 씨를 뿌리는 식, 즉 기왕의 제도에 문제가 생겼다고 해서 완전히 갈아엎은 후 새 제도로 대체하는 방식은 안 된다는 것이다.

청에 대해서 고려가 금나라 황제의 상에 입었던 복제를 참조해서 검은 관모에 흰 관복의 제도를 쓸 수도 있다는 의견이 있다. 그러나 정조는 시기로 보면 비슷하나 처지로 보면 전혀 같지 않다고 말한다. 시기로 보면 비슷하다는 것은 이해하기 쉽다. 중원에 패권 국가가 들어서서 천자에 대한 사대례를 요구한다는 시대 상황을 말한다. 처지가 다르다는 의미는 무엇일까. 여기서 처지란 조선이 처한 입지, 즉 입장을 말한다. 그 처지가 무슨 처지인지는 뒷부분에서 논하기로 하자. 문장 그대로의 뜻을 보면, 시대 상황이 어쩔 수 없다고 해서 분함을 참고 조선의 처지에서 아무 말도 없이 묵묵히 있으면서 훗날 성인이 이 문제를 해결해주기를 바라서야 되겠냐는 것이 정조의 견해였다. 정조가 조정에 슬쩍 문제를 던져서 각각 의견을 내보도록 하고 이에 응해서 올린 상소에 일일이 답하며 '사건화'시켰던 것은, 바로 조선의 처지에서 닥치고 사대례를 행하는 것 외에 어떤 방안이 있는지 생각해보도록 하려 한 것이다.

일곱 가지 복제 논의, 정리 및 반박

앞에서 살펴보았듯이 조정 신하들은 반응했고 각각 생각해서 의견을 제출했다. 정조는 이를 일곱 가지로 구분해서 정리했다.

> ① 이치는 하나일 뿐이며 의리는 둘이 될 수 없다. 하나면 떳떳하고 올바른 것이며, 둘이 된다면 문란하고 패역한 것이다. 털끝만 한 차이가 천리의 차이로 어긋나는 것이니 두렵고 무섭지 아니한가. 포모의 제도는 혁파되어 사용하지 아니하며, 선왕의 아름다운 법은 《국조상례보편》에 태양과 별처럼 게시되어 있다. 《국조상례보편》은 무인년(1758, 영조 34)에 완성되었고 저들 황제의 죽음은 그 후로 처음 있는 일이다. 숭덕(崇德) 연간에 신하된 일은 매우 수치스러웠다. 계미년(1643), 신축년(1661), 임인년(1722), 을묘년(1735)에 저들에게 일이 있었을 때 곧바로 참최를 입는다고 칭하였는데, 지금 와서 보니 《국조오례의》와 《국조상례보편》의 제도는 판이하게 다르다. 저들에게 포모 대신에 최질(衰絰)을 사용하여서는 안 되지만, 이미 개혁한 포모를 다시 사용하고 그 호칭을 참최라고 한다면, 이것은 참최에 두 가지 제도가 있는 것이 된다. 옛날의 제도를 그대로 사용한다면 오히려 핑계거리가 있으니 명나라 때에도 사용했고 우리나라에서도 사용하는 것으로 동일하여 혐의할 것이 없다. 지금 만약 귀일하는 것을 어렵게 여겨 억지로 오늘날 없는 제도를 취하여 굳이 저들만을 위하는 도구로 삼는다면, 신하된 일만 하여도 이미 수치스러운 일인데 두 가지 참최를 만들어 또 모욕을 취하는 것이 된다. 과연 이치는 오직 하나뿐이라는 뜻에 위배되지 않겠으며, 또한 떳떳하고 올바른 일이라고 할 수 있겠는가.[48]

정조가 정리한 첫 번째 설은 다음과 같다. 이치는 하나이고 둘이어서는 안 된다. 지금 청 황제 부음을 듣고 입으려는 상복은 《국조오례의》 참최복인데 우리나라에서는 《국조상례보편》의 참최복을 쓴다.

《국조상례보편》의 참최복은 최질 즉 마음에서 우러난 최고의 슬픔을 표현하는 참최 상복 제도로, 청나라에 대해서 쓸 수는 없다. 그러나 저들만을 위해서 이미 사용하지 않는 포모의 제도를 써서, 두 가지 참최복이 사용되도록 할 수는 없다. 하나의 제도로 귀일시켜야 한다면 청에 대해서나 조선의 국상복제 모두《국조상례보편》의 참최복으로 해야 한다는 것이다.

> ② 수교(受敎)는 수교이고 비난(譏議)은 비난이다. 이미 시행하여오던 포모의 제도를 버리고 시행하지 않던 최질이라는 예를 시행할 경우, 처음 보는 사람들이 "명나라에도 하지 않던 예를 갑자기 저들에게 행하느냐."고 한다면 장차 어떻게 해명하겠는가. 그러니 옛날과 같이 하려면 즉시 옛날과 같이 하고 제도를 개정하려면 즉시 제도를 개정할 것이지, 먼저 사방의 비난부터 초래하고 나면 어떻게 할 것인가.[49]

두 번째 설의 핵심은 더 완전한 참최복을 청나라에 입어주어 사방의 비난을 초래해선 안 된다는 것이다. 비난 여론을 고려한다면《국조상례보편》의 신 참최복을 입어서는 안 되고, 이전 전례를 그대로 쓰든지 제도를 개정해야 한다는 주장이다.

---

48) 《홍재전서》 권53, 설, 〈사대예설〉, "一則曰 理一而已 義無二致 一之則常與正 二之則亂而悖 秋豪之差 千里之謬 可不懼哉畏哉 袍帽之制 革而不用 先王成法 揭若日星 而補編成於戊寅 彼中事 其後初有 崇德臣事 昔已包羞之甚矣 癸未辛丑壬寅乙卯 彼中有事 輒以服斬衰爲號 到今五禮儀與補編之制判異 若謂衰絰之代以袍帽 爲不當用於彼 而更用已革之袍帽 其號則斬 而斬有二制 昔之襲用 尙可諉之 用於皇朝 用於我國之不嫌其同 而今若難於歸一 強取無於今之制 牢作獨爲彼之具 則臣事旣包羞 二斬又取侮 果不背於理惟一之義 而亦可曰常與正乎"

49) 《홍재전서》 권53, 설, 〈사대예설〉, "二則曰 受敎自受敎 譏議自譏議 袪袍帽已行之制 用衰絰未行之禮 則人之創覩者 其將曰不於皇朝而爲之者 忽然加之於彼 將何以自解乎 然而仍舊則便當仍舊 改制則便當改制 而先招四方之譏 奈何".

③《의례》〈상복〉조에, "세최(繐衰)는 제후의 대부가 천자를 위하는 것이다."라고 하였고, 그 전(傳)에 "(제후의) 대부는 때때로 천자를 접견한다."고 했다.《석거례(石渠禮)》에는, "천자를 위하여 세최를 입는데, 장례를 치르고 나서 벗는다."고 하였으며, 왕소우(王昭禹)는 "제후의 대부는 자기 군주를 하늘로 삼기 때문에 왕을 위하여 세최를 입을 뿐이다."라고 했다. 주자는 "군주와 아비를 위하여 모두 참최복을 입는데, 제후의 대부가 천자를 위하여 자최복(齊衰服) 3개월을 입는 것은 예에 참최를 두 곳에 입는 경우가 없기 때문이다."라고 하였으며, 대덕(戴德)은 "제후의 대부가 천자의 상을 들으면 십일승의 세포최상(繐布衰裳)을 입고 백포관(白布冠)에 영연(纓緣) 십일승이며 대(帶)도 역시 같게 하고 질(絰)은 시마(枲麻)를 사용하는데 장례를 마치면 제거한다."고 하였으며, 사자(射慈)는 "제후의 대부는 비록 회견하지 않았더라도 상복을 입으며 사 이하는 복이 없다."고 하였고, 학경(郝敬)은 "배신은 참최를 입을 수 없다."고 하였다. 진(晉) 간문제(簡文帝)의 상에 소전(邵戩)이 진군부(鎭軍府) 참좌(參佐)인 강기(綱紀)의 상복을 논의하였는데, 제후의 대부의 복제를 인용하여 세최를 입었다. 그렇다면 변화한 오늘날에 처하여 오늘의 예를 논의하자면 장차 어떻게 하여야 옳겠는가. '슬픔을 참고 원통함을 품으며 어쩔 수 없이 절박하여(忍痛含冤 迫不得已)'라는 여덟 글자의 의미는, 어느 때이고 해당되지 않는 때가 없고 어느 곳이든 그렇지 않은 경우가 없다. 그렇다면 우선 삼대 시대에 통행하던 예대로 할 뿐이다. 복색을 개정하는 일은 단지 일시의 보고 듣는 사람들의 이목을 놀라게 하는 것이지만, 상제(喪制)의 정당함을 잃게 되면 만세토록 비난을 면할 수 없는 것이니, 어느 것을 따라야 하고 어느 것을 어겨야 할 것인지는 대략 알 수 있을 것이다.[50]

세 번째 설은 매우 길고 어렵지만 그 핵심은 참최복을 개정하여 삼대 시대에 제후의 대부가 천자를 위해서 입었던 세최로 돌아가야 한다는 것이다.

④ 오늘날의 일은 당연히 복(服)이 없는 것이다. 복을 설정한 것은 은혜와 의리를 말미암은 것인데, 저들이 우리에게 무슨 은혜와 의리가 있기에 그들을 위하여 상복을 입겠는가. 임인년과 을묘년의 일은 숭덕 연간의 신하된 일과 시기가 가깝고 또한 핍박을 받은 때문이라고도 할 수 있지만, 지금은 을묘년으로부터 60여 년이 지났다. 한없이 위축되기만 하여 사장된 법을 고수하기만 하고 변통할 줄을 몰라서야 되겠는가.[51]

네 번째 설은 가장 과감한 '무복(無服)'의 주장이다. 청을 겁내어 위축될 것이 없다. 받은 은혜와 지켜야 할 의리가 없는 청 황제에 대해 복을 입지 말아야 한다는 것이다.

⑤ 포모의 제도에서 상복의 단을 깁지 않고 마대를 쓰는 것이 참최를 두 곳에 입는 혐의가 있는 것이라면, 단을 감치고 마대를 착용하지 않으면 된다.[52]

---

50) 《홍재전서》 권53, 설, 〈사대예설〉, "三則曰 儀禮之喪服 有曰繐衰 諸侯之大夫爲天子 傳曰 大夫以時接見於天子 石渠禮曰 爲天子繐衰 旣葬除之 王昭禹曰 諸侯之大夫 自天其君 則爲王繐衰而已 朱子曰 爲君爲父 皆服斬衰 諸侯之大夫 却爲天子服齊衰三月 禮無二斬故也 戴德曰 諸侯之大夫 聞天子之喪 服繐布衰裳 十一升 白布冠纓緣十一升 帶亦如之 經用枲麻 葬已而除 射慈曰 諸侯之大夫 雖未會見 猶服 士以下則無服 郝敬曰 不可以陪臣服斬 晉簡文之喪 邵戬議鎭軍府參佐綱紀之服 而用諸侯大夫之制服繐衰 然則處今日之變 而議今日之禮者 其將如之何而可也 忍痛含寃迫不得已八箇字 無時不在 無地不然 然則姑爲三代通行之禮而已 服色之有改 但駭一時之觀瞻 喪制之失正 不免萬世之疵議 則其從其違 大可見矣".

51) 《홍재전서》 권53, 설, 〈사대예설〉, "四則曰 今日之事 但當無服 服之設 緣恩義也 彼於我 何恩何義 而爲之服也 壬寅乙卯之事 近且逼也 今去乙卯六十餘年 豈容畏約無窮 膠守死法 而不知變也".

⑥ 연경(燕京)에 가 있는 우리 사신들은 오모(烏帽)에 백포(白袍)로 성복하였다고 하는데, 이것을 모방하여 시행한다 하여도 안 될 것은 없다.[53]
⑦ 칙사 일행이 객관에 머무는 날은 며칠밖에 되지 않으니, 우선 4일 만에 성복하는 것은 예가 아니므로 7일 만에 성복하겠다고 저들에게 말해 준 뒤, 그들이 돌아간 뒤 권정례(權停禮)에 의거하여 천담복으로 (성복례를 거행)한다면 별일은 없을 것이다.[54]

⑤~⑦의 주장은 자잘한 편법을 쓰자는 제안이다. ⑤는 청 황제에 대해 참최복을 입어줄 수는 없으므로 포포의 가장자리를 기우고 마대도 쓰지 말아 참최의 의미를 담지 말자는 것이다. ⑥은 조선 사신들이 연경에서 행했던 성복례에 따라 오모와 백포를 쓰자는 주장이다. ⑦은 성복은 4일째에 시행해야 하는데 7일째에 해야 한다고 주장한 후 그 사이에 사신이 떠나고 나면 천담복을 입자는 주장이다. 모두 청에 대해서 참최복을 입을 수는 없다는 전제하에 가능한 방안을 제시한 것이었다.

이러한 일곱 가지 복제 논의에 대해 정조는 다음과 같이 의견을 개진했다.

대저 의리란 천하에 공변된 것이다. 오늘날에 비록 천담복의 제도를 사용한다 하더라도 명칭을 참최라고 하면 곧 참최가 되는 것이다. 복색이 담박하든 희든 베올이 거칠든 곱든 간에 참최라면 바로 참최인 것이다.

---

52) 《홍재전서》 권53, 설, 〈사대예설〉, "五則曰 袍帽之制 不緝邊又加麻帶 果有二斬之嫌 緝邊而去帶則差可".

53) 《홍재전서》 권53, 설, 〈사대예설〉, "六則曰 我使之在燕者 以烏帽白袍成服云 以此倣用 未爲不可".

54) 《홍재전서》 권53, 설, 〈사대예설〉, "七則曰 勅行留館不過數日 則我以四日成服之非禮 而退以七日爲言於彼 待其回程之後 依權停禮 用以淺淡服 則可謂無所事矣".

> 의리가 있는지를 파악하려면 먼저 명실이 상부하는지를 살펴야 할 일이지, 어째서 굳이 시속 이목의 놀람과 뭇사람들의 시비 따위로 이랬다저랬다 할 수 있겠느냐. 다시 포모의 제도를 사용하게 되면 참최를 두 곳에 입는 결과가 된다는 것은 진실로 말한 대로이지만, 시대와 입장으로 보아 시행해서는 안 되는 때이고 시행할 수도 없는 상황이라는 점은 미처 생각하지 못한 것이다.[55]

①번 주장에 대한 반박이다. 정조는 이 논의가 핵심을 비껴가고 있다고 보았다. 참최에 두 가지 제도가 있을 수 없다는 말은 맞지만 핵심은 그것이 아니다. 문제의 핵심은 '참최'라는 이름이다. 청 황제에 대해 '참최'라는 이름이 붙은 복을 입을 것인지가 더 중대한 사안이었다. 두 가지 참최가 있는 혐의를 피하기 위해《국조상례보편》의 신 참최복을 입자는 첫 번째 논자의 설은, 조선이 청에 당한 수치를 잊지 않고 절치부심하는 시기와 처지에 있다는 점을 고려한다면 펼 수 없는 주장이라는 것이 정조의 견해였다.

> 먼저 비난을 초래하게 되면 어떻게 해명할 것이냐는 말에 대해서는, 과연 혹 그러할 수도 있다고 하겠지만, 이것 역시 단지 비난을 두려워하고 시비를 모면하기 위해 나온 말이다. 내가 크게 두려워하는 것은, 춘추대의를 울타리 밖에 버려둔 지 오래되었는지라 온 세상 사람들이 그릇된 견문에 젖어 태연하게 수치를 모른 채 모두 수염 난 부인으로 바뀌는 것

---

55) 《홍재전서》 권53, 설, 〈사대예설〉, "夫義理者 天下之公也 今日之服雖用淺淡之制 名之曰斬衰 則便爲斬衰 卽無論服色之淡素 布升之麤細 斬則斬也 欲求義理之所在 先觀名實之相副 豈必以俗眼之駭瞻 衆口之聚訟 有所增損於其間哉 更用袍帽 斬有二制 誠如云云 而猶未思夫時與地之不當爲不可施也".

이다. (이렇게 되면) 주자가 말한 진짜 오랑캐 무리와 가깝게 되는 것이다. 이러한 때에 이러한 입장에 처하여 포모의 제도를 고쳐 최질을 행한다면 사람들이 이것을 보고 이전에 행하던 예와 비교하게 되고, 혹 도리어 다시 중하게 한다고 여기는 이도 있을 것이다. 비난과 시비는 본래 있으나마나 한 것이지만, 만약 진실로 후하게 하고 중하게 한다고 잘못 인식하고 오해하게 된다면 인심이 점점 빠져드는 것이 더욱 어떠하겠느냐. 예절이 어느 정도 들쭉날쭉한 것은 걱정할 겨를이 없겠으나, 대의(大義)가 차츰 소멸되는 것을 염려하지 않을 수 없다.[56]

②번 주장에 대한 정조의 반론이다. 포모의 제도를 최질로 바꾸지 못하는 것은 세간의 비난이나 시비 때문이 아니고, 자신이 두려워하는 것은 세상 사람들이 진짜 청이 중요한 나라가 되었고 후하게 대접해야 하는 나라가 되었다고 받아들이고, 사람들이 청에 점점 더 빠져들게 되는 것이라면서 대의가 점차 희미해지는 때에 이 예〔포모의 제도를 최질로 바꾸는 예〕를 시행할 수 없다고 했다.

세최의 제도는 주나라의 바꾸지 못할 법이고, 주자가 이미 결정한 교훈이다. 한(漢)나라, 진(晉)나라 이래 여러 선비들의 학설이 넉넉한 근거가 있다. 그러나 그 근본을 논한다면 세최는 역시 천자를 위한 복이다. 합당하지 않는 복을 입고 맞지 않는 예를 행한다면 참최를 하는 것과 무엇이 다르겠느냐. 곧 오십보백보의 차이일 뿐이니, 마음에 무슨 상쾌함이

56) 《홍재전서》 권53, 설, 〈사대예설〉, "先招譏議 何以自解 果或然矣 而此亦但爲畏譏免議而發也 予所大懼者 一部陽秋 置之笆籬久矣 習熟見聞 恬不知愧 滔滔髾婦 世入陶輪 朱夫子所謂眞胡族類不幸近之 當此之時 處此之地 改袍帽而爲衰絰 則人之見之者 比方於已行之例 或認以反復重焉 譏議之至 固不足有無 若又眞箇以從厚從重 錯認而誤解 則人心之陷溺 尤當如何 禮節之少有出入 有未暇恤 大義之漸至漫漶不可不念矣".

있겠느냐.[57]

③번 주장에 대한 정조의 반박이다. 최복을 입지 않기 위해 세최 논의를 꺼내들었으나 세최 역시 천자에 대한 복제이다. 최복이 문제가 되는 것은 청 황제를 천자로 조선 왕을 제후로 용인하는 복제이기 때문이다. 최복을 세최로 바꾼다고 해도 청과 조선이 천자-제후/군-신 관계에 있다는 점은 바뀌지 않는다. 이것이 정조의 반론이다. 매우 길고 일견 정교해보였던 세최론자의 주장을 단번에 무색하게 만드는 반박이라 할 수 있다.

가령 복이 없다는 설과 같은 것도 어찌 틀렸다고만 하겠느냐. 진정 이와 같이 한다면 어려울 일이 없을 것이니, 어찌 다만 복만 없을 뿐이겠느냐. 교외에서 맞아들이는 예와 뜰에 참석하는 절차도 또한 일제히 제거할 수 있는 것이다. 현종 임인년(1662)에 집의 권격(權格)이 서장관으로 연경에 갔을 때 마침 청나라 군주의 상을 맞게 되었는데, 일어나지 않고 고집스럽게 누워서 성복에 참여하지 않았으니 이것이 진실로 제일 좋은 도리이다. 온 국가를 통틀어도 이 도리를 지켜내지 못한다고 하면 원수를 갚을 계책은 없는 것이다. 조공을 바쳐야 하는 수치는 깊지만 형세가 모자라니 어떻게 하겠느냐.[58]

---

57) 《홍재전서》 권53, 설, 〈사대예설〉, "繐衰之制 成周不易之典也 朱子已定之訓也 漢晉以來 諸儒之說 不啻綽有可据 而論其本 則繐衰亦爲天王之服也 服不當服 禮不稱禮 顧何異於斬制 直五十步百步之間耳 有何恔於情快於心乎".

58) 《홍재전서》 권53, 설, 〈사대예설〉, "若無服之說 豈云非矣 審如是也則無難事矣 奚但無服而已 郊迎之禮 庭臨之節 亦可以一切除之矣 顯廟壬寅 執義權格 以書狀赴燕 適値淸主之喪 堅臥不起 不爲成服 此固第一等道理 而擧一國有不可以守此道理 薪膽之計左矣 玉帛之恥深矣 形格勢禁謂之何哉".

④번 무복의 주장에 대한 반박이다. 복도 안 입고 교외에서 맞이하는 의식도 안하고 영칙 의식도 안 할 수 있으면 제일 좋다. 모든 나라 사람들이 이를 행할 수 있어야 원수를 갚을 수 있을 터인데 지금 형세상 그렇게 할 수 있는가. 시원하나 비현실적인 주장이라는 것이다.

> 단지 포모의 제도를 사용하면서 상복의 단을 감치고 마대를 착용하지 않는 것 또한 어떠한 의식의 제도이냐? 제복(祭服)이라고 부르겠느냐, 관복(官服)이라고 부르겠느냐? 또한 경문(經文)에서 보았다고 할 수 있겠느냐, 우리나라의 예(禮)에 실려 있다고 할 수 있겠느냐? 따를 수 없는 일이 확실하다. 가까이 나라 안에서 시행하고 있는 포모(《국조오례의》)나 최질(《국조상례보편》)의 제도를 버리고 멀리 사신이 연경에 들어가 받아 입는 규정을 모방한다는 것은 더욱 예에 어긋난다. 당당한 예의의 나라로서 도리어 저들에게서 법을 취한다면, 어찌 높은 곳에서 내려와 깊은 곳으로 들어가는 격이 아니겠으며 주공의 응징을 모면할 수 있겠느냐. 또한 칙사 일행이 동으로 나올 때 반드시 의절을 구하여 전례와 비교하는 것이 바로 저들의 법이다. 지금 비록 제도를 고쳐 천담복을 입거나 혹은 상복의 단을 꿰매어 입는다 하더라도, 우리가 등사하여 저들에게 보여주는 의절에는 당연히 옛날과 같이 '참최'라고 적어야 할 것이니, '참최'라고 호칭하게 되면 나머지야 거론할 것이 있겠느냐.[59]
> 성복을 7일 만에 하지 아니하고 4일 만에 하는 것은 본래 중도에 폐지되어 의거할 바가 없으나, 속여서 보고하고 그들이 돌아가는 것을 엿보는

59) 《홍재전서》 권53, 설, 〈사대예설〉, "只用袍帽而緝邊去帶 是又何等儀制 可以祭服名乎 可以官服稱乎 見於經文乎 載於邦禮乎 其不可從也決矣 近捨國中袍帽衰絰之制 遠倣行人入燕受服之規 尤是非禮之禮 以堂堂禮義之邦 乃反取法於彼 豈非所謂出喬入幽 而能免乎周公之所膺乎 且況勑行之東來也 必求儀節以較前例 卽彼中之法也 今雖改制 而爲淡袍或緝邊 我所以謄示彼人者 當依舊以斬衰矣 號爲斬衰 餘何可論".

것처럼 불성실한 행동을 하려면 차라리 수치를 당하는 것만 못하다. 사람이 일을 처리함에 있어 당연히 대담하고 활달하게 하고 광명정대하게 하여 티끌만 한 의심도 없어야 만맥(蠻貊)의 지방에서도 행할 수 있고, 천하의 밖이나 천추만대의 후에라도 자연히 부끄러운 점이 없을 것이다. 승평의 세월이 오래되어 다른 걱정이 없을 것을 보장한다고 말하지 말라. 국가를 꾀하는 도리는 마땅히 만전을 도모하여야 할 것이니, 만의 하나라도 저들에게 누설되어 우리에게 질문을 해온다면 장차 무슨 말로 대답을 하겠느냐. 문정공 송시열의 말에 "구차하게 유지하려고만 구구하게 도모한다면 어느 일 하나라도 구차하게 되지 않는 것이 없다. 자잘한 득실 따위는 비교하여 헤아릴 것이 없다."고 한 것이 진정 격언이며 지론(至論)이다.[60]

⑤~⑦ 주장에 대한 반박이다. 예경에도 없는 희한한 제도를 만들자는 주장, 나라 안에서 시행되고 있는 복제를 두고 청나라의 제도를 쓰자는 주장, 청나라 사신을 속여서 모면하자는 주장 모두 크게 잘못되었다. 어떤 형식의 옷을 입든 의주에는 '참최'라고 규정되어 있고 청과 조선이 참최복을 입어야 하는 군신 관계에 있다는 사실은 변하지 않는다. 예는 당당하고 광명정대해서 시대와 공간을 초월해서 부끄러움이 없어야 한다. 정조는 조선의 상황이 기본적으로 수치스러운 상황이라는 것을 부인하지 않았다. 수치를 극복할 근본적인 방책이 없는 가운데 속이고 엿보면서 불성실한 행동을 하는 것은 수치를

---

60) 《홍재전서》 권53, 설, 〈사대예설〉, "成服之不以七日而以四日 固半上落下 無所據依 而瞞其告而覵其回 欲爲此不誠之擧 反不若包羞之爲矣 人之處事 當磊磊落落 光明正大 無纖芥可疑 然後可以行於蠻貊 而八紘九垓之外 千秋萬代之後 自無愧色然矣 莫曰昇平旣久 保無他虞 謀國之道 宜圖萬全 萬有一洩露於彼 質問於我 則我將以何說對之 宋文正之言曰 爲區區苟存之計 則無一事不出於苟 其小小得失 何足較量 眞格言至論也".

당하는 것만 못하다는 것이 정조의 생각이었다.

> 대체로 첫 번째와 두 번째 설은 각자 고집하는 바가 있지만 편견에 치우친 점이 있고, 세 번째 설은 고지식한 데 얽매인 것에 가까우며, 네 번째 설은 지나치게 경쾌하고, 그 아래로 세 가지 설은 더욱 비천하고 잘못되어 있다.[61]

일곱 가지 설에 대한 정조의 총평이다. 모두 조금씩 잘못된 바가 있지만 ⑤~⑦번은 더더욱 크게 잘못되었다. 모두가 잘못되었다면 어떻게 해야 하는가.

충신·독경의 천하례를 보존하고 실천하다

앞서 살펴본 바와 같이 답은 나와 있었다. 오례의 규정대로 포모의 참최복을 입는 것이다.

> 여동래(呂東萊, 여조겸)가 상중에 글을 지었는데, 육자정(陸子靜, 육구연)이 "마음이 편안치 않으니 이치에 부합되지 않는다. 요컨대 번거롭게 설명하고 널리 인용하지 않더라도 알 수 있다."고 평했다. 주자도 그 설이 사리에 맞는다고 인정하였다. 마음이 이미 불안하면 이치도 또한 부합되지 않는 것이니 굳이 문사를 허비할 필요가 없는 것이다. 옛날 하던 대

---

61) 《홍재전서》 권53, 설, 〈사대예설〉, "蓋第一第二說 各有所執 而猶蔽於偏 第三說近於泥 第四說傷於快 其下三說 尤卑淺而紕繆矣.

로 하려던 것은 잘못임을 인정하기 싫어서가 아니다. 또 지금 잘못을 알고자 하는 이유도 또한 박부득이해서이다. 수치를 참은 것을 이미 권도라고 한다면 잘못을 아는 것은 왜 권도가 아니겠는가. 이 권도를 저 권도와 비교해보면 장차 같은 점이 없다고 할 수 있다. 비유하자면 백정이 불교를 믿는 것과 같으니, 어떻게 교리의 하나둘을 법승(法乘)의 위아래와 비교하고 평가할 수 있겠느냐.[62]

정조는 청 황제에 대한 복제 논의를 구구하게 하고 있는 지금 상황이 바로 육구연이 말했던, 마음이 편안치 않은 상황이라고 보았다. 일곱 가지의 설 모두 이치에 꼭 들어맞지 않는 것도 청 황제를 천자로 받아들여야 하는 일그러진 현실 때문이었다. 그렇다면 왜 옛날 그대로 하려 하면서 여러 논의를 불러일으키며 잘잘못을 따지고 있는 것인가. 비유하자면 살생을 업으로 삼는 백정이 불교를 믿는 것과 같다. 그가 교리 하나 둘을 어기는 것을 불법의 큰 의리를 따르려는지 여부와 비교할 수 없다. 중요한 것은 예절 하나하나의 잘잘못보다 조선이 행하는 천하례가 큰 의리의 본령을 지키는지를 살피는 것이다.

우리 왕조가 대대로 명나라를 섬길 때 배신도 참최복을 갖추어 입기를 국내와 같이하였다는 것은 바로 위에서 말한 바와 같다. 또 명나라에 들어가 벼슬살이하여 경대부가 되었던 이가 우리나라로 돌아와 또 우리나라의 공경이 되었다. 양절공 한확(韓確) 같은 이는 진실로 더 말할 것이

62) 《홍재전서》 권53, 설, 〈사대예설〉, "呂東萊居憂 有文字之事 陸子靜以爲不安於心 不契於理 要不待煩說博引而後喩 朱子亦許其說之有理 心旣不安矣 理又不契矣 顧何必費辭乎 今所以仍舊者 非不曰知非 而其所以知非者 蓋亦迫不得已也 包羞旣云權矣 知非獨非權乎 以權較權 可謂將無同耳 譬如屠家之學佛 夫豈以義諦之一二 法乘之上下 有足較絜而軒輊哉".

없거니와, 윤봉(尹鳳)과 정동(鄭同) 같은 사람들이 앞뒤를 이었다. 또한 집양(執壤)의 사신이 황화(皇華)의 존귀함을 겸하기도 하였으니, 이는 제나라 관중(管仲)과 진(晉)나라 순식(荀息)이 주나라에 대해 행한 것과 다를 것이 없다. 그러므로 복을 입는 제도를 모두 명나라에 아뢰고 재가를 받아왔다.[63]

이른바 잘못을 아는 것과 수치를 참는 것은 매한가지이다. 만약 잘못을 씻으려고 하면 의혹만 심해지고 구차하나마 옛날 하던 대로 한다면 허물이 적을 것이니, 의혹이 심해지는 것보다는 차라리 허물이 적은 것이 낫지 않겠느냐고 한다면, 이 설을 듣는 이는 "잘못인 줄 알면서 고치지 않는다면 잘못을 분식하는 것인데, 어떻게 의리를 말하면서 잘못을 분식하는 자가 있을 수 있나."라고 할 것이다. 그러나 이것 또한 그렇지 않은 점이 있다. 하지 말아야 할 것을 해서 예에도 부합되지 않는다면 진실로 예라고 할 수 없다. 허나 예에는 없지만 행하여 예와 부합된다면 좋은 것이다. 아니면 옛 것을 따른 잘못은 작고 의혹을 생기게 한 혐의는 크다. 이른바 의심나는 것은 비워두라(闕)는 말은, 의심나는 것은 의심나는 대로 전하고 믿을 수 있는 것은 믿을 수 있는 대로 전하는 것, 이런 것을 말하는 것이 아니겠느냐.[64]

정조는 조정 관료, 황실, 외교 사절 간에 긴밀한 인적 교류가 있었

63) 《홍재전서》 권53, 설, 〈사대예설〉, "若我列聖之事皇朝也 陪臣之俱服斬衰 如內朝之義 卽如右云云 而我朝公卿之入仕皇朝而爲卿大夫者 還歸我朝 又爲我朝之公卿 如襄節公韓確固尙矣 尹鳳鄭同諸人 前後相望 又以執壤之使 或兼皇華之尊 無以異乎齊管晉荀之於周家也 故受服之制 一皆稟裁於皇朝 而及夫宋室之涒灘頻更 漢官之儀衛未覩 則絳雲青簡 何嗟及之".

64) 《홍재전서》 권53, 설, 〈사대예설〉, "夫所謂知非與包羞一也 若爲洗謬則滋惑 姑且仍舊則寡過 與其滋惑 曷若寡過 聞此說者 其將以爲知非而不改則飾非也 焉有曰以義理而乃有飾非者乎云 而此亦有不然者 不當爲而爲之 不合於禮 則固非可謂禮也 若無於禮而合於禮則善矣 否則仍舊之失小 滋惑之嫌大 所謂疑者闕之 而疑傳疑信傳信者 非此之謂耶".

던 사실을 들어, 과거에 조선이 명나라와 나라 안 사람과 같은 우의 관계를 맺어왔다는 점을 강조했다. 조명 관계가 관중이나 순식이 이끌던 춘추시대 제후국과 주나라의 관계와 같다고 비유하기도 했다. 정조는《국조오례의》의 참최복을 그런 돈독한 신뢰 관계의 표상으로 이해했다. 비록 예경의 제도에 맞지는 않지만, 이른바 '예에는 없지만 행하여 예와 부합되는' 것이었다. 주나라 시절 천자-제후국 간의 예제가 의도했던 큰 뜻에는 오히려 꼭 들어맞는 예법이었다는 것이다. 이는 어설프게 변경해서 예에도 부합되지 않고 의혹만 불러일으키는 것보다는 훨씬 나았다. 예경의 참최복을 제대로 입어야 한다며 청나라에 대해 완전한 참최복을 입어 세간에 명나라보다 청나라를 더 중시한다는 신호를 주게 되는 일, 참최를 두 번 입으면 안 된다는 명분을 끌어다가 세최로 바꾸려 하지만 여전히 청나라가 천자국이라는 사실만 재확인시키는 일 등이 이에 해당한다.

> 한나라의 제도에서는 높은 관리는 중한 상을 당하더라도 복을 입지 아니하고 낮은 관리는 가벼운 상을 당하더라도 모두 관직을 벗었는데, 경중(輕重)이 질서를 잃었다며 사관이 비난하였다. 오늘날 논설을 하는 이가 지금의 제도로써 옛 제도를 비교하여 대소(大小)와 경중의 분별을 가한다면, 중화를 존중하고 이적을 물리치는 대의명분에 어찌 해롭지 않겠느냐. 그리고 최복을 입은 이는 대문을 나가지 않는 법인데, 이름하여 최복이라고 하면서 최복 차림으로 교외에 나가 칙사를 전송한다면 어찌 이 같은 예법이 있겠느냐. 만약 관복으로 전송을 하다가 저들의 질문을 초래한다면, 비록 예설에 능통한 비심(裨諶)과 같은 사람이 없더라도 역시 답변하기에 어려움은 없을 것이다. 예경에 "군자의 예는 곧게 행하는 것이 있고 구부려 감쇄(減殺)하는 것이 있으며, 경상(經常)의 예로 동

등하게 하는 것이 있고 질서에 순응하여 제거하는 것이 있다."고 하였다. 또한 "군자가 예를 행할 때는 시속을 변경하려고 하지 않고 삼가 그 법을 보완하여 살펴서 행한다."고 하였으니, 이것도 참고해야 할 사항의 하나이다. 당나라에는 승도 등 출가한 사람들에게도 상복을 입게 하는 제도가 있었는데, 송나라 예서에는 실려 있지 않다. 사마온공(司馬溫公)과 두 정자(程子) 및 주자의 깊은 예학으로도 이에 대해 한 번도 언급하지 않은 것은 어째서이냐? 진정 저들 승도들에게 복이 있느니 없느니 하는 따위는 두서가 잡히고 나면 굳이 따져 거론할 것이 없기 때문이 아니겠느냐.[65]

복제를 바로잡는다는 것은 정명(正名)하는 것, 각자의 책임을 일깨우는 것이다. 한나라에서 고위 관료는 복을 입지 않았다는 것은 공직자의 책임을 말하며 부모의 상에 복을 제대로 입지 않았다는 뜻이다. 나랏일을 위해 부모를 버리는 일은 있을 수 없고 그런 불인한 자에게 민생을 책임지는 중책을 맡긴다는 것은 어불성설이다. 사관들이 한나라의 예제를 비난했던 것은 바로 공천하의 출발점이 되는 효제의 마음을 그 제도가 중시하지 않았기 때문이었다. 옛 예제가 크게 잘못이라면 바꿔야 하지만 지금과 비교해서 과거의 예제를 섣불리 평가하고 고칠 수는 없었다. 천자에 대한 복제 개정에서 중요한 것은 존왕양이의 본래 정신을 제대로 관철시키는지 여부였다. 천자의 상에

---

65) 《홍재전서》 권53, 설, 〈사대예설〉, "漢制 大吏則重喪亦不持服 小吏則輕喪尙皆解官 輕重失序 史氏非之 今之爲說者 以今而較昔 加之以大小輕重之別 則豈不有傷於尊攘之義乎 且服衰者 不得出門 而名之曰衰 以衰而送勑行於郊外 亦豈有似此禮律 若以官服而送之 以速彼人之問 則雖無野獲之裨諶 亦無難於辭命矣 禮曰 君子之禮也 有直以行也 有曲以殺也 有經而等也 有順而摭也 又曰 君子行禮 不求變俗 謹修其法而審行之 是亦旁照之一端 唐制有僧道出家者之服制 而宋則不載於禮 以司馬溫公兩程夫子及朱子之邃於禮學 不一議及者 何也 誠以彼類之有服無服 不須較論於頭顱已判之後也".

최복을 입도록 했던《국조오례의》의 제도는 조선이 국내 및 국제 관계 속에서 모두 삼대 예교의 본의[충신·독경(忠信·篤敬)의 정치·외교 관계]를 보존하고 실천하려 했던 문명국이라는 하나의 증거였다. 조선은 이런 지향 속에서 예제를 제정하고 실천해왔고, 이는 누적된 습속으로 조선의 문화 전통이 되었다. 지금 복제를 변화시킨다면 이런 전통을 제대로 계승하는 방식이어야 했다. 청나라 황제가 진정한 천자 자격이 없다고 해서 예를 이리저리 변경시키면서 예의 정신에 어긋난 예를 행한다면, 그리고 그 과정에서 스스로 오랑캐와 다를 바 없어진다면, 이것이야말로 존왕양이를 중시했던 조선의 오랜 전통을 저버리는 것이었다. 위력으로 선 가짜 천자를 당장에 버리고 형식상의 사대관계를 완전히 끊어버릴 수 없다면, 차선책은 공자와 이후 성현들이 행한 바와 같이 '주나라의 예'를 기억하고 가르치며 훗날을 기다리는 것이다. 무엇을 보존하고 무엇을 버릴지 그 두서가 잡히면 나머지는 구구절절하게 따질 것도 없다.

> 나는 여기에서 역시 여러 말이 섞여 문란할 때는 성인에게서 절충을 하여야 한다고 생각한다. 주자도 "제도가 어려운 것이 아니라 실을 갖추는 것이 어렵고, 작은 절차가 어려운 것이 아니라 큰 대목이 어렵다."고 말하지 않았느냐. 세상의 모든 군자는 옛것을 답습하여 따르는 것에 구구하게 얽매이지 말고 제도를 개정하는 것에 다투지 말며, 춘왕일통(春王一統)의 대의를 내걸고 비풍삼장(匪風三章)의 뜻을 강구하라. 문란함이 극에 달하면 다스려지기를 생각하게 되는 것이다. 양기를 부양하고 음기를 억제하여 천하가 하루에 인(仁)에 의귀하게 한다면 복색을 바꾸는 것은 단지 순간적인 일이다. 이것이 바로 주자가 말한 실속이며 큰 것이다. 이 어찌 규범(體)과 실천(履)의 근본이 아니겠느냐.[66]

이 문단은 〈사대예설〉의 결론에 해당한다. 정조는 말한다. 청 황제에 대한 올바른 복제란 어떤 것인지 논의가 구구하고 어지러운데, 이럴 때에는 성인의 말에서 절충해야 한다. 자잘한 문(文, 의문/제도)이 어그러지는 것을 어려워하지 말고 큰 실질이 어긋나는 것을 어려워해야 한다고 했던 주자의 말이야말로 지금 꼭 참고해야 한다. 옛 제도를 답습하는 것이나 자잘하게 제도를 개혁하는 것에 얽매이지 말라. 춘추 대일통의 의리를 드높이고, 주나라가 사라짐을 슬퍼했던 비풍삼장의 뜻을 강명하자. 춘추대의를 드높이고 삿된 오랑캐의 풍속을 억눌러 천하가 인(仁)에 귀일할 수 있도록 한다면 복색을 바꾸는 일은 지나간 옛일이 될 것이다.

정조가 이 복잡한 복제 논의를 통해 말하려던 바는, 복제를 입는 본의는 무엇인지, 정당한 관계가 도착된 현실에서 구할 수 있는 권도란 어떤 것인지에 대한 것이었다. 천자와 제후의 신뢰가 사라지고 힘으로 위협하여 굴복시키는 패권적 세계 속에서도 정조는 이이제이의 방법을 말하지 않았다. 거짓으로 속이고 모면하는 예제를 쓰는 것은 오랑캐를 이기기 위해 진짜 오랑캐가 되는 방법이었다. 오랑캐에게 이긴 후의 세상이 다시 오랑캐의 세계라는 것만큼 허무한 일은 없다. 천하 만민이 더불어 살아가는 세계를 만들고자 했던 고대 성왕의 인의의 정치와 인의의 국제 정치(사대교린)의 방법을 조선 땅에서 충신 독경하게 보존하는 것, 자격이 없는 상대에게도 충신하고 독경하게 대함으로써 자신을 잃지 않는 것, 그것이 정당한 천자가 사라진 시대에

---

66) 《홍재전서》 권53, 설, 〈사대예설〉, "吾於此 亦云衆言淆亂折諸聖 朱子不云乎 不難於文 而難於實 不難於小 而難於大 世之凡百君子 毋拘拘於仍舊 毋斷斷於改制 而揭春王一統之義 講匪風三章之旨 亂極而思治 扶陽而抑陰 俾一日而天下歸仁焉 則易服色 特一轉移間事 卽朱子所謂實而大者也 此豈非體履之本歟".

제후왕 정조가 선택한 천하례의 실천 방법이자 복수의 방법이었다.

> 내가 남쪽의 왜국과 교린하고 북쪽의 중국에게 사대하는 일을 혹시라도 소홀히 한 적이 없었던 것은 바로 충신(忠信)·독경(篤敬)이 모두 나에게 있는 도이기 때문이다. 그러나 섬나라 사신이 온다는 말을 들으면 곧 명나라가 구원해준 은혜를 기억하고, 청나라에 공물을 올리는 사신이 떠날 때가 되면 명나라가 돌보아준 은택을 매번 생각하게 되어, 오호불망(於戲不忘)의 생각과 비풍하천(匪風下泉)의 감회가 또한 마음에 절실하지 않은 적이 없었다.[67]

67) 《홍재전서》 177, 《일득록》 17, 훈어 4, 김조순 병진년(1796).

맺음말

만민의 마음을 기르는 제도와 정치

정조 즉위 당시 조선의 상황은 오랫동안 지속된 주자학적 예교의 효과를 의심하게 했다. 정조는 조선의 대변통을 꿈꾼 개혁군주였다. 문제는 개혁의 방향성과 기준이었다. 정조는 왕과 몇몇 사람의 노력으로는 세상을 바꿀 수 없다고 보았다. 만민에게 더불어 살아가고자 하는 마음을 길러주고 가르쳐서 자율적인 도덕주체로 변화시키고, 도덕감정에 맞는 자발적 실천들이 누적되어야 선정에 이를 수 있다고 보았던 주자학적 예교론에 공감했다. 그러면서도 앞서의 예제를 고수하지 않고 가례, 향례, 학교례, 국가례, 천하례의 영역에서 적극적으로 예제변통을 시도했다. 조선의 오래된 주자주의적 입장과 기준들을 재환기시켰지만 누구보다 미래를 향해 있었다. 이하 각 부별로 예제변통의 실상을 살펴보았다.

1부에서는 가정을 '정상적' 장소로 회복하기 위한 정조의 노력을 살펴보았다. 정조는 아버지에 대한 효심이 국가 공동체의 공도를 해치지 않는 선을 지키기 위해 노력하며 사도세자에 대한 궁원의례를 실천했다. 본래 신유학에서 가족을 전례 단위로 중시했던 것은 모든 인간에게 부여된 공공의 마음을 일깨우고 자발적 주체를 길러주는 교육의 장소로 만들기 위해서였다. 조선에서도 국초 이래 오랫동안 신유학적 가족을 창출해내기 위해 노력해왔다. 그러나 정조대 당시 조선에서는 혈육에 대한 사랑이 가족 밖으로 확장되지 않고, 정치·경제·사회적 이해관계 때문에 친족 집단 내에서 골육을 해치거나 오랜 신뢰 관계를 저버리는 일이 빈번하게 일어나고 있었다. 국가에서 가례의 변통 방향을 일일이 지시할 필요는 없었지만, 가족 간의 지나친 경쟁과 이기적 기풍을 조금이라도 바꿀 수 있도록 모범을 보여야 했다. 정조는 즉위 이전부터 아버지를 왕으로 추숭하지 않되 한도 내에서 효를 다하겠다고 하고, 재위 내내 이를 지켰다. 정조에게는 아버지에 대한 복수나 관료제 내의 탕평에만 관련된 사안이 아니라 공도와 사정이 부딪칠 때 가장 지혜롭게 해결하는 차원의 문제였다. 지배층 내부까지 만연했던 친친(親親)으로의 치우침을 조정하고 '가'를 공천하의 첫 장소로 회복시키려는 것, 그것이 그의 문제의식이었다. 사도세자에 대한 '궁원의례'와 왕실의 친인척들에 대한 '가인의 의리'를 강조한 정치적 처분과 조정에서의 퍼포먼스를 통해, 정조는 조선에서 가례를 실천해왔던 본의를 회복하고 정상적 '가'를 회복하는 방법을 예시하였다.

2부에서는 향례 방면에서의 정조의 개혁을 살펴보았다. 타인과의 공존적 조화를 배우는 첫 장소가 가정이라면, 지역사회는 그것을 더욱 넓혀 혈연관계가 없는 타인들과 삶을 꾸려나가는 장소였다. 혈연관계 속 타자와의 조화를 배우는 것을 넘어 더 넓은 범위에서 타인들과 만나 다투지 않고 소통하며 살아갈 수 있어야 했다. 정조는 민의 사회경제적 안정을 도모하는 일을 국정 운영의 4대 사안 중 하나로 삼았지만, 이는 교화의 정치를 제대로 실천하기 위한 바탕을 마련하려던 것이었다. 1795년 무렵부터는 풍속 교화 즉 '교속(矯俗)'의 정치를 본격화했고, 지역사회에서 만민의 풍속 교화를 도울 제도를 마련하고자 했다. 정조대 후반 전개되었던 '교속'의 정치론은《향례합편》의 편찬 과정과 깊이 연계되어 있었다.《향례합편》의 예교적 의미를 이해하기 위해 우선 경전, 중국의 역대 제도, 조선의 국가 전례서 등을 검토하여 정조대 이전 지방의 자발적 도덕화를 돕는 제도들이 어떻게 존재했는지 살펴보았다. 조선의 국가 향례의주는 기본적으로 중국 당 왕조 이후의 예제에서와 같이 교속의 의례를 지향했고, 독약 절차를 포함하여 일반 백성까지 가르쳐 이르게 한다는 신유학의 이상을 표방하였다. 정조는 향례 실행 규정에 강제적 독률 규정을 담은 명대 향례 대신 주자 향약만을《향례합편》에 포함시켜 민간에 배포함으로써 국가의 강제적 방식이 아니라 민간의 자발성을 독려하는 가운데 예교의 목표에 다가가고자 함을 천명했다. 한편 정조는《향례합편》을 펴낼 때 백성들의 풍속 교화를 위해 사관례와 사혼례를 집어넣도록 했다. 상장례 및 제례에 치우쳐 불균형하게 실천되고 있는 가례의 문제를 해결하고, 성인(도덕주체)으로 책임지우는 관례와 부부의 결합을 통해 이루어지는 가족이 안정적으로 유지되도록 한 혼례가 제대로 실행되도록 했다. '가'의 형성과 유지, 도덕주체를 길러내는 '가'에서의 교육이야말로 가례의 본의임을 일깨우고, 이의 실천을 통해 주자학적 예교가 선순환되도록 했다.

3부에서는 공교육 정상화를 위한 노력이라는 시각에서 학교례 개편을 살펴보았다. 즉위 초 정조가 두 번째 국정 목표로 설정한 것은 인재 배양이었다. 정조는 태학을 교화가 시작되는 곳으로 인식하고, 민간의 자발성에만 의지하지 않고 공교육을 통해 조선의 교육 방향을 제시하려 했다. 또 가정과 향당에서의 교육을 잇고 보완하며 제대로 된 인재를 길러내는 제도적 기구로 만들고자 했다. 1785년 편찬된《태학지》를 분석하여 정조대 학교 교육의 목표와 제도 속에 드러난 공교육 주체와 대상에 대한 인식, 구체적인 공교육 정상화 방안들을 살펴보았다. 정조는 도기과와 과시 제도를 통해 학교에 오래 머물면서 꾸준히 독서하는 기풍을 만들고자 했다. 과거시험이 결과를 중시하는 수능이라면, 과시 제도는 과정을 중시하는 내신수행평가 제도라고 할 수 있다. 학교를 관료로 진출하기 위한 사다리로만 여기지 않고 풍속과 문화를 바꾸기 위한 교육의 장소가 되게 하려던 경장책이었다. 교육의 향배와 관련된 '선거'에도 손을 댔다. 생획과의 액수 증원과 원점과 강경 복구는 모두 경전을 제대로 읽은 유생에게 혜택이 돌아가게 하는 제도였다. 시험 제도의 개편을 통해 삼대의 도덕문화를 담은 고전 읽기를 강화하려 했다. 이러한 제도 개혁 외에 정초(旌招)와 빈흥 제도를 통해 정부가 중시하는 인재의 기준을 세우고자 했다. 정조대 궁궐 및 성균관에서 실행된 식당례는 서치로 양보하는 법을 일상에서 배울 수 있게 한 예제였다. 정조는 학교에서 배워야 할 것이 단순한 지식이 아니라 양보하고 사양할 줄 아는 마음가짐과 실천 행위임을 강조하고, 이런 배움이 있는 어린 선비들을 귀하게 대해 그들이 자부심을 가지고 나라를 위한 귀한 인재로 양성되기를 기대했다.

4부에서는 충과 효의 교육이라는 차원에서 국가례를 검토했다. 국가례에서 가장 중요한 것은 의례가 수행되는 전 과정에서 발산되는 메시지이다. 조선 정부는 국가례를 통해 과시적인 방법으로 국가의 위엄과 권위를 보이는 것에 그치지 않고, 왕조가 중시하는 가치와 덕목을 국가 구성원들에게 가르치고 선양하려 했다. 정조의 국가례 시행에서 특별히 돋보이는 두 방면의 주제를 검토해서, 정조가 왕조의 가치를 어떤 면에서 강조하려 했는지 알아보고자 했다. 우선 정조는 기왕에 제대로 평가받지 못한 충의의 인물들을 부식하는 데 힘을 기울였다. 당파적 관점이나 왕권 강화의 관점에서가 아니라 만민이 살아가는 나라를 위한 '충의'의 관점에서 충의를 분간하고 교육하고자 했다. 관왕묘를 무묘로서 정립한 일과 송시열이나 최명길 등 충의 인물을 재평가한 사례 등을 검토하였다. 한편, 정조는 정리원행의례를 통해 어버이에 대한 효에서 출발하여 공천하에 이르는 것이야말로 제대로 된 효의 실천이라는 점을 보여주었다. 효가 가족 안에만 머물지 않고 공공을 향한 실천으로 확장되는 것을 보여주었던 이 방례는 당대인에게 왜 유교정치에서 '효'를 강조하는지 이해시키는 교육이기도 했다.

5부에서는 조선의 대청 의례를 생존을 위한 이중적 외교 의례로서가 아니라 '평천하'라는 큰 원칙에 동참하는 조선의 방법이라는 차원에서 살펴보았다. 패권적 형세론의 입장 위에서 안으로는 대명의리라는 명분론으로 왕실과 기득권 정치 세력의 정당성을 마련하고 밖으로는 청의 눈치를 보며 왕조의 생존을 도모했다는 기존 학계의 평가를 극복할 대안적 독법을 제시하고자 했다. 1799년 청나라 건륭제가 죽자, 죽은 청 황제를 위해 조선의 군주와 신하가 입을 복제가 어떤 것이어야 하는지를 둘러싼 논의가 분분하게 전개되었다. 정조는 조정의 복제 논의의 향방에 유의하면서 여러 차원의 복제 논의를 부추겼다. 〈사대예설〉은 이렇게 전개된 복제 논의를 정리하면서 정조가 쓴 소논문이다. 정조는 이 글에서 조선이 주변국과의 평화로운 공존을 가장 중요한 가치로 삼고 실행해왔던 전래의 외교 의례 원칙을 재확인했다. 동시에 자국의 이익을 위해 거리낌 없이 침략을 자행하는 청-일본과 함께하는 천하에서 함께 오랑캐로 전락하지 않으면서 평화를 지켜나갈 방안을 마련하고 실천해나가고자 했다. 근대적 의미의 '생존을 위한 외교'와 '패권적 세계에서의 국제 정치'라는 개념에 익숙한 현대인들에게 '충신·독경'을 강조하는 정조의 대응은 생소하다. 거듭 고민해도 외교의 장에서 신뢰란 어떤 것보다 중요한 자산이라는 차원에서 이해할 수 있을 뿐이다. 정조의 천하례에 대한 고심은 이러한 차원을 넘어섰다. 생존을 위한 싸움이라도 싸워서 얻고자 하는 미래에도 통용될 만한 방식이어야 한다는 사실, 적을 이기고 난 후에도 세상은 계속된다는 것, 그 세상을 살아가는 것 역시 조선 사람들이라는 점을 정조는 알았다. 국가 간의 외교 의례의 구체적 절목을 정하는 논쟁 과정을 통해 정조는 바로 이 지점을 환기시키고자 했고, 충신·독경의 천하례를 보존하고 실행하며 타 국가와의 공존적 조화가 조선의 지향임을 표방하고자 했다.

정조는 왕이었기에 자신의 생각에 기반해서 자기 정치를 설득해볼 수 있었다. 정치의 기준과 방향에 대한 확신은 '군사(君師)'라는 표현에 묻어났다. 예제를 시행한 24년의 시간은 결코 짧지 않았다. 그 이전 350년 전통을 계승한 것이었기 때문이다. 정조에 의해 계술되었던 조선 예제의 목표는 그 이후의 시기에 서서히 형해화했지만, 정조대에 정점을 이루었던 만민의 마음을 길러주는 정치의 누적된 효과, '조선적 문명 구축'의 시도가 남긴 흔적은 결코 작지 않다. 이러한 정조대 예교의 정치를 어떤 역사적 자산으로 삼을 것인지는 우리 시대가 풀어야 할 과제이다.

부록

참고문헌

1. 자료

《고운당필기(古芸堂筆記)》
《국조보감(國朝寶鑑)》
《국조상례보편(國朝喪禮補編)》
《국조오례의(國朝五禮儀)》
《국조오례통편(國朝五禮通編)》
《대당개원례(大唐開元禮)》
《대명률(大明律)》
《만기요람(萬機要覽)》
《명집례(明集禮)》
《명회전(明會典)》
《목민심서(牧民心書)》
《몽오집(夢悟集)》
《무명자집(無名子集)》
《서경집전(書經集傳)》
《성재집(惺齋集)》
《성호사설(星湖僿說)》
《송사(宋史)》
《승정원일기(承政院日記)》
《어정삼례수권(御定三禮手圈)》
《여유당전서보유(與猶堂全書補遺)》
《연원직지(燕轅直指)》
《오례통고(五禮通考)》
《원행을묘정리의궤(園幸乙卯整理儀軌)》

《의례경전통해(儀禮經傳通解)》
《의례주소(儀禮註疏)》
《일성록(日省錄)》
《임하필기(林下筆記)》
《조선왕조실록(朝鮮王朝實錄)》
《주례(周禮)》
《주자가례(朱子家禮)》
《추서경선(鄒書敬選)》
《춘관통고(春官通考)》
《태학지(太學志)》
《통감강목(通鑑綱目)》
《풍고집(楓皐集)》
《향례합편(鄕禮合編)》
《홍무예제(洪武禮制)》
《홍재전서(弘齋全書)》

2. 단행본

Patricia Buckley Ebrey, 1991, *Chu Hsi's Family Rituals: A Twelfth-Century Chinese Manual for the Performance of Cappings, Weddings, Funerals, and Ancestral Rites*, Princeton University Press,
거자오광, 2016,《전통 시기 중국의 안과 밖》, 소명출판.
거자오광, 이연승 역, 2019,《이역을 상상하다》, 그물.
고지마 쓰요시, 신현승 역, 1999,《사대부의 시대》, 동아시아.
고지마 쓰요시, 신현승 역, 2004,《송학의 형성과 전개》, 논형.
권두환 외, 2011《정조의 비밀 어찰, 정조가 그의 시대를 말하다》, 푸른역사.
김문식, 2000,《정조의 경학과 주자학》, 문헌과해석사.
김문식, 2007,《정조의 제왕학》, 태학사.
김상준, 2011,《맹자의 땀 성왕의 피-중층근대와 동아시아 유교문명》, 아카넷.
김성윤, 1997,《조선 후기 탕평정치 연구》, 지식산업사.
김인걸, 2017,《조선 후기 공론정치의 새로운 전개-18, 19세기 향회, 민회를 중심으로》, 서울대학교출판문화원.
김인걸 · 한상권 외, 2012,《정조와 정조시대》, 서울대학교출판문화원.

김지영, 2017,《길 위의 조정-조선시대 국왕 행차와 정치적 문화》, 민속원.
김호, 2013,《정약용, 조선의 정의를 말하다》, 책문.
마르티나 도이힐러, 이훈상 역, 2003,《한국 사회의 유교적 변환》, 대우학술총서(재역본, 2010,《한국의 유교화 과정-신유학은 한국 사회를 어떻게 바꾸었나》, 아카넷).
미조구치 유조, 김용천 역, 2011,《중국 전근대 사상의 굴절과 전개》, 동과서.
미조구치 유조, 서광덕 외 역, 2016,《방법으로서의 중국》, 산지니.
미조구치 유조, 정태섭 역, 2004,《중국의 공과 사》, 신서원.
미조구치 유조 외, 동국대동양사연구실 역, 2001,《중국의 예치 시스템》, 청계.
박광용, 1998,《영조와 정조의 나라》, 푸른역사.
박례경 · 이원택 역주, 2013,《의례역주2-향음주례》, 세창출판사.
박종천, 2008,《다산 정약용의 의례 이론》, 신구문화사.
박종천, 2011,《예, 3천년 동양을 지배하다》, 글항아리.
박종천 편, 2015,《조선 후기 사족과 예교질서》, 소명출판.
박현모, 2001,《정치가 정조》, 푸른역사.
박현순, 2014,《조선 후기의 과거》, 소명출판.
배우성, 2015,《독서와 지식의 풍경-조선 후기 지식인들의 읽기와 쓰기》, 돌베개.
성균관대학교 동아시아학술원 편, 2009,《정조어찰첩》, 성균관대학교출판부.
송정수, 1997,《중국 근세 향촌 사회사 연구》, 혜안.
양넨췬, 명청문화연구회 역, 2015,《강남은 어디인가》, 글항아리.
오금성, 2007,《명청시대사회경제사》, 이산.
와타나베 히로시, 박홍규 역, 2004,《주자학과 근세 일본 사회》, 예문서원.
와타나베 히로시, 김선희 외 역, 2017,《일본 정치사상사(17~19세기)》, 고려대학교출판문화원.
우경섭, 2013《조선중화주의의 성립과 동아시아〉, 유니스토리.
위잉스, 이원석 역, 2015,《주희의 역사세계》(상 · 하), 글항아리.
유봉학, 2001,《정조대왕의 꿈》, 신구문화사.
유봉학, 2009,《개혁과 갈등의 시대-정조와 19세기》, 신구문화사.
유봉학, 2012,《실학과 진경문화》, 신구문화사.
이범직, 1984,《조선시대 예학 연구》, 국학자료원.
이태진, 1985,《조선 후기의 정치와 군영제 변천》, 한국연구원.
이태진, 1989,《조선유교사회사론》, 지식산업사.
이태진 · 김백철 편, 2011,《조선 후기 탕평정치의 재조명》, 태학사.
이현진, 2008,《조선 후기 종묘전례 연구》, 일지사.
자오팅양, 노승현 역, 2010,《천하체계-21세기 중국의 세계 인식》, 길.
정병설, 2012,《권력과 인간》, 문학동네.

정약용, 박종천 역주, 2010,《국조전례고》, 심산.
정약용, 실시학사경학연구회 역, 1985,《정체전중변》, 한길사.
정옥자, 1998,《조선 후기 조선중화사상 연구》, 일지사.
정옥자, 2000,《(정조의 수상록) 일득록 연구》, 일지사.
정옥자, 2001,《정조의 문예사상과 규장각》, 효형출판.
정옥자 외, 1999,《정조시대의 사상과 문화》, 돌베개.
정해득, 2009,《정조시대 현륭원 조성과 수원》, 신구문화사.
정호훈, 2004,《조선 후기 정치사상 연구-17세기 북인계 남인을 중심으로》, 혜안.
최성환, 2009,〈정조대 탕평정국의 군신의리 연구〉, 서울대학교 박사학위논문.
카이윙 초우, 양휘웅 역, 2013,《예교주의》, 모노그래프.
태학지 번역사업회, 1994,《국역 태학지》, 성균관.
피터 볼, 심의용 역, 2008,《중국 지식인들의 정체성-사문을 통해 본 당송시대 지성사의 대변화》, 북스토리.
피터 볼, 김영민 역, 2010,《역사 속의 성리학》, 예문서원.
한국역사연구회 19세기 정치사 연구반, 1990,《조선정치사》, 청년사.
한상권, 1996,《조선 후기 사회와 소원 제도》, 일조각.
한영우, 2008,《규장각-문화정치의 산실》, 지식산업사.
한영우, 2017,《성군의 길-정조 평전》, 지식산업사.
허버트 핑가레트(Herbert. Fingarette), 송영배 역, 1993,《공자의 철학-서양에서 바라본 예(禮)에 대한 새로운 이해》, 서광사.
허태구, 2019,《병자호란과 예, 그리고 중화》, 소명출판.
혜경궁 홍씨, 정병설 역, 2010,《한중록》, 문학동네.

3. 논문

上山春平, 1982,〈朱子の家禮と儀禮經傳通解〉,《東方學報》51.
고영진, 1998,〈조선 중기 향례에 대한 인식의 변화〉,《국사관논총》81, 국사편찬위원회.
구범진, 2014,〈조선의 청 황제 성절 축하와 건륭 칠순 '진하외교'〉,《한국문화》68.
김문식, 2018,〈1807년 경상감사 윤광안의 향음주례〉,《조선시대사학보》87.
김문식, 2009,〈정조 말년의 정국 운영과 심환지〉,《대동문화연구》66.
김문식, 2016,〈다산 정약용의 향례 이해〉,《한국실학연구》31.
김성윤, 2012,〈정조의 경세론과 효제 윤리〉,《한국실학연구》23, 한국실학학회.
김지영, 2012,〈조선시대 사위의례에 대한 연구〉,《조선시대사학보》61.

김지영, 2013, 〈정조대 사도세자 추숭 전례 논쟁의 재검토〉, 《한국사연구》 163.
김지영, 2014, 〈전향사 제례등록을 통해 본 조선 후기 국가제례와 일상〉, 《사학연구》 16.
김지영, 2015, 〈1795년 《정리통고》 편찬과 정리의 의미〉, 《역사학보》 228.
김지영, 2018, 〈조선시대 국가 향례의주의 예교론 검토〉, 《조선시대사학보》 87.
김지영, 2018, 〈예교의 가늠자-조선시대 경상도 지역 지리지 '풍속'조 검토〉, 《규장각》 51.
이성형, 2014, 〈대명의리론의 추이와 조선 관왕묘-선조~숙종년간을 중심으로〉, 《한국한문학연구》 53.
김한식, 1969, 〈명대 이노인제(里老人制)의 연구〉, 《대구사학》 1.
김현수, 2010, 〈17세기 향촌교화론과 향례 인식〉, 《동양고전연구》 39.
김호, 2013, 〈조선 후기 화이론 재고-'역외춘추(域外春秋)'론을 중심으로〉, 《한국사연구》 162.
김호, 2007, 〈정조의 俗學 비판과 正學論〉, 《한국사연구》 139.
김호, 2013, 〈다산 정약용의 '민주' 기획〉, 《다산과 현대》 6.
김훈식, 1997, 〈15세기 후반기 향당 윤리의 보급 배경-향에 대한 인식의 변화를 중심으로〉, 《한국사연구》 99-100 합본.
박사랑, 2016, 〈15세기 조선 정부의 향례 논의와 향촌 질서 구축〉, 서울대학교 석사학위논문.
백민정, 2010, 〈정조의 학문관과 공부방법론〉, 《동양철학》 34.
백민정, 2010, 〈《경사강의》를 통해 본 정조시대 학문적 논쟁의 양상〉, 《국학연구》 16.
백민정, 2014, 〈정약용 경세서의 향례 규정과 공동체 운영의 특징〉, 《동양철학》 41.
백민정, 2020, 〈정조의 경학 이해와 정치의 문제〉, 《한국문화》 89.
백승호, 2013, 〈정조시대 정치적 글쓰기 연구〉, 서울대학교 박사학위논문.
송재윤, 2010, 〈가족, 의례, 선정〉, 《국학연구》 16.
송정수, 2007, 〈향촌조직〉, 《명청시대사회경제사》, 이산.
오수창, 2012, 〈18세기 조선 정치사상과 그 전후 맥락〉, 《역사학보》 213.
옥영정, 2012, 〈《효경간오》, 《효경대의》, 《효경언해》의 간행본과 그 계통 연구〉, 《정신문화연구》 35-1, 한국학중앙연구원.
우경섭, 2012, 〈조선 후기 《효경》·《충경》 이해와 효치론-김육과 영조를 중심으로〉, 《정신문화연구》 35-1, 한국학중앙연구원.
윤정, 2007, 〈18세기 국왕의 문치사상 연구〉, 서울대학교 박사학위논문.
윤정분, 2001, 〈《대학연의보(大學衍義補)》의 조선 전래와 그 수용(상)-정조의 《어정대학유의(御定大學類義)》를 중심으로〉, 《중국사연구》 14-1.
윤정분, 2002, 〈《대학연의보》의 조선 전래와 그 수용(하)-정조의 《어정대학유의》를 중심으로〉, 《중국사연구》 17.
이봉규, 2015, 〈《임원경제지》를 통해 본 풍석의 예학과 경제관〉, 《풍석 서유구 연구》(하), 성균관대학교출판부.
이태진, 2002, 〈민본의식의 변천과 18세기 민국이념의 대두〉, 《국가이념과 대외인식》, 아연출판부.
이태진, 1992, 〈정조의 《대학》 탐구와 새로운 군주론〉, 《이회재(李晦齋)의 사상과 그 세계》, 성균관대학교 대동문화연구원.
임민혁, 2006, 〈조선 후기 영조의 효제 논리와 사친 추숭〉, 《조선시대사학보》 39.
정옥자, 1978, 〈정조의 학예(學藝) 사상-《홍재전서》《일득록》 문학조를 중심으로〉, 《한국학보》 4-2.
정옥자, 1996, 〈정조의 교화(敎化) 사상〉, 《규장각》 19.
정일균, 2012, 〈정조의 맹자론_추서춘기를 중심으로〉, 《한국실학연구》 23.
최성환, 2012, 〈사도세자 추모 공간의 위상 변화와 영우원 천장〉, 《조선시대사학보》 60.
한명기, 2007, 〈재조지은(再造之恩)과 조선 후기 정치사-임진왜란~정조대 시기를 중심으로〉, 《대동문화연구》 59.

찾아보기

ㅇ

정조학 총서 3

정조의 예치

예를 바로잡아 백성의 마음을 기르다

1판 1쇄 발행일 2020년 11월 30일

지은이 김지영

발행인 김학원

발행처 (주)휴머니스트출판그룹

출판등록 제313-2007-000007호(2007년 1월 5일)

주소 (03991) 서울시 마포구 동교로23길 76(연남동)

전화 02-335-4422 **팩스** 02-334-3427

저자·독자 서비스 humanist@humanistbooks.com

홈페이지 www.humanistbooks.com

유튜브 youtube.com/user/humanistma **포스트** post.naver.com/hmcv

페이스북 facebook.com/hmcv2001 **인스타그램** @humanist_insta

편집주간 황서현 **편집** 최인영 강창훈 **디자인** 김태형

조판 이희수 com. **용지** 화인페이퍼 **인쇄** 청아디앤피 **제본** 경일제책사

ISBN 979-11-6080-511-6 94910

ISBN 979-11-6080-508-6 94910 (세트)